民國歷史與文化研究

十 八 編

第 **19** 冊

胡先驌年譜
（第九冊）

胡 啟 鵬 著

花木蘭文化事業有限公司

國家圖書館出版品預行編目資料

胡先驌年譜（第九冊）／胡啟鵬 著 -- 初版 -- 新北市：花木
蘭文化事業有限公司，2024〔民 113〕
目 4+242 面；19×26 公分
（民國歷史與文化研究　十八編；第 19 冊）
ISBN 978-626-344-648-9（精裝）
1.CST：胡先驌 2.CST：年譜
628.08　　　　　　　　　　　　　　　　112022508

民國歷史與文化研究
十八編　第十九冊　　　　　　ISBN：978-626-344-648-9

胡先驌年譜
（第九冊）

作　　者　胡啟鵬
總 編 輯　杜潔祥
副總編輯　楊嘉樂
編輯主任　許郁翎
編　　輯　潘玟靜、蔡正宣　美術編輯　陳逸婷
出　　版　花木蘭文化事業有限公司
發 行 人　高小娟
聯絡地址　235　新北市中和區中安街七二號十三樓
　　　　　電話：02-2923-1455 ／傳真：02-2923-1452
網　　址　http://www.huamulan.tw 信箱 service@huamulans.com
印　　刷　普羅文化出版廣告事業
初　　版　2024 年 3 月
定　　價　十八編 22 冊（精裝）新台幣 55,000 元　版權所有‧請勿翻印

胡先驌年譜
（第九冊）

胡啟鵬 著

目次

第一冊

凡　例

前　言 ……………………………………………………………… 1

名　言 ……………………………………………………………… 5

名人論胡先驌 ……………………………………………………… 7

胡先驌年譜 ………………………………………………………… 11

　身世 ……………………………………………………………… 11

　清光緒二十年甲午（1894）一歲 ……………………………… 30

　清光緒二十一年乙未（1895）二歲 …………………………… 33

　清光緒二十二年丙申（1896）三歲 …………………………… 34

　清光緒二十三年丁酉（1897）四歲 …………………………… 34

　清光緒二十四年戊戌（1898）五歲 …………………………… 35

　清光緒二十五年己亥（1899）六歲 …………………………… 36

　清光緒二十六年庚子（1900）七歲 …………………………… 37

　清光緒二十七年辛丑（1901）八歲 …………………………… 39

　清光緒二十八年壬寅（1902）九歲 …………………………… 40

　清光緒二十九年癸卯（1903）十歲 …………………………… 41

　清光緒三十年甲辰（1904）十一歲 …………………………… 41

　清光緒三十一年乙巳（1905）十二歲 ………………………… 42

清光緒三十二年丙午（1906）十三歲……………44

清光緒三十三年丁未（1907）十四歲……………45

清光緒三十四年戊申（1908）十五歲……………46

清宣統元年己酉（1909）十六歲……………48

清宣統二年庚戌（1910）十七歲……………49

清宣統三年辛亥（1911）十八歲……………50

民國元年壬子（1912）十九歲……………51

民國二年癸丑（1913）二十歲……………55

民國三年甲寅（1914）二十一歲……………57

民國四年乙卯（1915）二十二歲……………65

民國五年丙辰（1916）二十三歲……………74

民國六年丁巳（1917）二十四歲……………84

民國七年戊午（1918）二十五歲……………91

民國八年己未（1919）二十六歲……………97

民國九年庚申（1920）二十七歲…………… 116

民國十年辛酉（1921）二十八歲…………… 167

民國十一年壬戌（1922）二十九歲…………… 186

第二冊

民國十二年癸亥（1923）三十歲 ………… 241

民國十三年甲子（1924）三十一歲 ………… 278

民國十四年乙丑（1925）三十二歲 ………… 296

民國十五年丙寅（1926）三十三歲 ………… 316

民國十六年丁卯（1927）三十四歲 ………… 351

民國十七年戊辰（1928）三十五歲 ………… 375

民國十八年己巳（1929）三十六歲 ………… 402

民國十九年庚午（1930）三十七歲 ………… 422

民國二十年辛未（1931）三十八歲 ………… 460

第三冊

民國二十一年壬申（1932）三十九歲………… 499

民國二十二年癸酉（1933）四十歲 ………… 543

民國二十三年甲戌（1934）四十一歲⋯⋯⋯⋯⋯⋯ 603

民國二十四年乙亥（1935）四十二歲⋯⋯⋯⋯⋯⋯ 695

第四冊

民國二十五年丙子（1936）四十三歲⋯⋯⋯⋯⋯⋯ 747

民國二十六年丁丑（1937）四十四歲⋯⋯⋯⋯⋯⋯ 813

民國二十七年戊寅（1938）四十五歲⋯⋯⋯⋯⋯⋯ 864

民國二十八年己卯（1939）四十六歲⋯⋯⋯⋯⋯⋯ 886

民國二十九年庚辰（1940）四十七歲⋯⋯⋯⋯⋯⋯ 908

第五冊

民國三十年辛巳（1941）四十八歲⋯⋯⋯⋯⋯ 1005

民國三十一年壬午（1942）四十九歲⋯⋯⋯⋯⋯ 1140

第六冊

民國三十二年癸未（1943）五十歲⋯⋯⋯⋯⋯ 1287

民國三十三年甲申（1944）五十一歲⋯⋯⋯⋯ 1402

民國三十四年乙酉（1945）五十二歲⋯⋯⋯⋯ 1447

第七冊

民國三十五年丙戌（1946）五十三歲⋯⋯⋯⋯⋯ 1577

民國三十六年丁亥（1947）五十四歲⋯⋯⋯⋯⋯ 1711

第八冊

民國三十七年戊子（1948）五十五歲⋯⋯⋯⋯⋯ 1821

1949 年（己丑）五十六歲⋯⋯⋯⋯⋯⋯⋯⋯⋯⋯ 1970

第九冊

1950 年（庚寅）五十七歲⋯⋯⋯⋯⋯⋯⋯⋯⋯ 2003

1951 年（辛卯）五十八歲⋯⋯⋯⋯⋯⋯⋯⋯⋯ 2113

1952 年（壬辰）五十九歲⋯⋯⋯⋯⋯⋯⋯⋯⋯ 2153

1953 年（癸巳）六十歲⋯⋯⋯⋯⋯⋯⋯⋯⋯⋯ 2167

1954 年（甲午）六十一歲⋯⋯⋯⋯⋯⋯⋯⋯⋯ 2175

1955 年（乙未）六十二歲⋯⋯⋯⋯⋯⋯⋯⋯⋯ 2206

第十冊

1956 年（丙申）六十三歲 ……………………… 2245

1957 年（丁酉）六十四歲 ……………………… 2302

1958 年（戊戌）六十五歲 ……………………… 2335

1959 年（己亥）六十六歲 ……………………… 2393

1960 年（庚子）六十七歲 ……………………… 2402

1961 年（辛丑）六十八歲 ……………………… 2413

1962 年（壬寅）六十九歲 ……………………… 2435

1963 年（癸卯）七十歲 ………………………… 2453

1964 年（甲辰）七十一歲 ……………………… 2472

第十一冊

1965 年（乙巳）七十二歲 ……………………… 2501

1966 年（丙午）七十三歲 ……………………… 2539

1967 年（丁未）七十四歲 ……………………… 2542

1968 年（戊申）七十五歲 ……………………… 2544

譜後 ……………………………………………… 2546

附錄一：胡家玉資料 …………………………… 2623

第十二冊

附錄二：胡湘林資料 …………………………… 2687

附錄三：胡承弼資料 …………………………… 2721

參考文獻 ………………………………………… 2727

補遺一 …………………………………………… 2755

補遺二 …………………………………………… 2809

後　記 …………………………………………… 2889

1950 年（庚寅） 五十七歲

1月3日，計劃局對機構調整計劃。

> 計劃局提出科學院各研究所初步調整計劃：以中研、北研兩動物所為基礎成立水生動物研究所，以北研植物學所和靜生生物調查所為基礎成立植物分類館，以中研植物所、北研生理學所為基礎成立實驗生物學研究所，並附設昆蟲學研究室。中研醫學研究所成立生理研究所。實驗生物研究所和水生動物研究所的名稱略有主次，而分別側重學理和應用的含義。〔註2258〕

1月11日，中科院靜生所整理委員會召開第2次會議，胡先驌又被召往參加。在會上，胡先驌首先轉達了靜生所委員會中的尚志學會的委員的意見，即對自己在上次會議上所提的建議做了補充或修正，兩次都提到要求保留靜生二字，希望繼續使用靜生所得牌子，因為有20多年歷史，在世界上有很高的知名度，都知道中國有個植物研究機構叫靜生所。認為中國植物科學家的使命就是要完成本國植物分類，摸清家底，即完成《中國植物誌》，取名「植物分類研究所」。云：

> 范靜生先生之家屬情況極為清苦，現與范旭東夫人同住，兩家之間感情不睦，英子又有病，精神十分痛苦，前靜生所委員會在滬委員江庸、范鴻疇、林□□三君會談，僉認在目前新形式下，靜生所既經歸併，中基會之務亦已告停頓，事有下列三建議：
>
> 1. 靜生所基金係由尚志學會捐助，為提倡我國生物科學研究調查之用，此時如以基金一部分作為靜生夫人養老費，用意固善，但與捐款用途不符，似有未妥，范鴻疇君特別希望撤消此議，以免有損公共事業經費。
> 2. 靜生先生紀念堂最好設在將來合併後的研究所之內。
> 3. 石駙馬大街舊址為靜生先生私人故居，如不能捐助給靜生所使用，范鴻疇君表示最好能將產權退還，房屋由胡先驌借住或暫作所中工作部門，手續不妨去辦清楚。」
>
> 石駙馬大街之房捐予靜生所用已二十一年，在日本佔領期間，

〔註2258〕劉曉著《國立北平研究院簡史》，中國科學技術出版社2014年11月版，第209頁。

此房曾租與外人，接收後四年，由經費缺乏，房屋失修，華北大學農學院接管時，曾略加修理，但窗門仍甚不整，本人以為在交還范家前應加以修整。

可將植物標本室稱作靜生標本室，如此永久性可大些。尚志學會會址太大，不宜於住宅，現尚志學會會員多七十或八十歲之老人，陳叔通先生想把他捐於靜生研究所，但因靜生研究所名義不能保留而不能決定，對名義之保留，在美國國家博物館有保留紀念創始人而掛一個空牌子之事，我們不妨一效法，用以鼓勵人們之研究，即對范家與尚志學會之情緒亦好些。（何成湘插話：此可提到科學院去考慮）科學院討論結果請通知本人，以便回覆任鴻雋先生，任先生來信也有紀念之意。

中國植物種類繁多，有一萬五千多種，植物誌完成為我們之遠景，亦將成世界偉大之作品，因此本人認為採用「植物分類研究所」為正名，很合適。植物所將來之業務極大，單由所長與副所長，恐有不周密處，錢先生曾提議多選數人作籌備委員，本人贊成此建議，請諸位研究。（吳征縊【著者注：鎰】：籌備人員可有九人，主任委員一名、副主任一名、靜生所三名、北京所三名、科學院一名，至南方參加與否，請科學院決定。）準備工作，在人力物力上要求集中分工，已往沒有總的組織，集中全國研究後，再求進入世界性的研究，世界性的研究步驟可分：一、東亞各國標本之搜集；二、歐洲標本之搜集；三、美洲植物標本之搜集。目前工作應向編纂植物誌的方向做，在做全國植物誌之前，要編地方植物誌，定好體裁後，才能做全國之植物誌，編中國植物誌時要有兩國文字，在中文方面術語要求其統一。

植物分類研究所成立之後，立刻可組織植物園，則二三十年後可利用許多植物資源，經費可約有十萬斤小米，即十分充足，是否今年可開始成立植物園，陳封懷先生為中國植物園專家，對園庭學有特殊天才，中國新都一切花木需一園庭學顧問，並且是否要建立一首都植物園，如需建立，本人建議請陳封懷先生來參加工作。〔註2259〕

〔註2259〕 靜生生物調查所整理委員會第二次會議記錄，北京：中國科學院檔案館。胡宗剛著《靜生生物調查所史稿》，山東教育出版社，2005年10月版，第228～229頁。

1月12日，對植物分類研究所工作定位。

　　靜生生物調查所整理委員會主任錢崇澍報告委員會意見，主張名稱改為植物分類學研究所，設籌備委員會。將來主要工作為編全國植物誌。馮德培的生理研究所保持獨立，名稱最終改為生理生化研究所。其他部分的整合則經過了充分討論。〔註2260〕

1月21日，合併後，靜生生物調查所諸事安排。

　　靜生所整理委員會對兩次會議的結果做出《工作報告》，前已引用了一部分，此再引用一部分：

　　（第一次）會議之後，即根據各項原則分別由專人計劃執行。後來在一月十四日又開會一次，將未了的問題也作了原則性決定，截至一月廿日止，已經清點遷移或處理者分述如後：

一、房屋：文津街三號，計房九十六間，除工作室及宿舍尚待解決一些問題外，均已騰空，石駙馬大街產權亦已經院方決定不退還范景星堂，范夫人生活費另案幫助。

二、人員：事務員一人已調至院本部，工人一人預調到石駙馬大街。

三、書籍：北京圖書館方面已原則上同意書籍由工作部門繼續使用，但尚須詳細協商辦法。清點結果計各種圖書八三八四冊（內靜生所五一〇冊），抗日戰爭中損失八三四冊，均已分別包紮妥當外，有各類小冊子數千本，因分類不易，擬先搬走，再長期清理，新所圖書室動物部分寬敞，植物部分顯得擁擠。

四、本所印刷品，計各種彙報、圖譜、專誌、目錄等共二九九一六冊外，未裝訂圖片約十萬張，均已交編譯局。

五、植物標本：高等植物正號標本計一三一櫃，約八萬號，均已搬完，副號標本約三萬號，三十餘架，在新所無所安置，暫擬不動，也未清點。低等植物計苔蘚四櫃、菌類六櫃、藻類四櫃，均已搬清，植物標本室頗擁擠。第二次會議擬設一范靜生標本室，以作紀念。未上臺紙的標本，靜生及北研兩方面及附屬機構有萬號，擬請得購紙預算後，即行黏貼清點，原目錄被日軍

〔註2260〕劉曉著《國立北平研究院簡史》，中國科學技術出版社2014年11月版，第209頁。

毀去，幸野外記載尚全部存留外，文獻卡片尚有數櫃，模式標本照片底板約二萬張，亦已搬走。

六、動物標本：原來損失者頗多，現由朱弘復、張春霖兩先生負責遷移，薰蒸修補清點整理等物，這也是長期工作，目前已全部遷畢者，計鳥類九十二櫃、貝殼十櫃、昆蟲標本二櫃、瓶浸標本六四〇〇瓶（內魚類爬蟲兩箱，約四〇〇〇瓶，海產無脊椎動物等約二四〇〇瓶）約標本三十餘萬件，目錄及文獻卡片均大部分存留，已送北海大眾博物館陳列者尚未清點登記，整理中又送去玻璃櫃十個，第二次會議中並決定以後標本陳列應由專家按習見，完好尚有複本，加以選擇，產權仍歸科學院。

七、家具什物及普通機件、共約二三二三件，內一大部分均已隨標本遷移，餘留待科學院移入時最後清點，有一部分鏡櫃擬借給大眾博物館。

八、儀器：共三九件，已清點遷移。

九、印刷器材：即四四件，外鉛字一三〇〇磅、八十磅道林紙六令、報紙二令（一令留供印靜生所彙報最後一期），須會同華大農學院共同清點。

十、房契、藍圖、帳目、餘款、日偽交結清冊等，均已清點交院本部，與研究有關之信件續有發現。

靜生所在江西設有廬山植物園，在昆明設有雲南農林植物研究所，北平研究院在武功與昆明各有工作站，應請本院接收。

上述未完事件將來由本院分別辦理外，現靜生所與北平研究院植物研究所已正式合併，擬改稱植物分類研究所，此後工作為整理新所，故靜生所整理委員會至此可告結束。本會工作因事先從思想上發動，按人才分工，所以情緒熱烈，計劃周密，節省了人物力不少，工作速率超過原定計劃，經費僅用了原預算的一半，例如木箱全部借自各所，湊出四五十個，未費一斤小米，雇用排子車，節省人工不少，裝箱時用稻草或他物填充，先行試運，保證了一切標本不壞，而在估計方面也很精密，動物標本估計裝箱一百六十箱，裝了一百四十箱，無論標本室、圖書室的位置都是恰恰夠用，尤其值得提出的是同人們都發揮了高度合作精神，動物所甚至連飯廳也讓

出來，這都是值得表揚的地方。〔註 2261〕

1 月 25 日，討論生物所改組諸事。

竺可楨與王家楫、伍獻文、朱洗、羅宗洛等談生物各所改組問題。從事胚胎學研究的貝時璋和童第周均願意來科學院。貝時璋也寫了一個建議，主張動物分成分類、水產與以理化方法解決生物問題三部分。〔註 2262〕

1 月 28 日，生物所改組問題分歧。

貝時璋、童第周與王家楫、羅宗洛、鄧叔群、朱洗、伍獻文等所長和原中研院院士討論，王家楫主張分設研究室，童第周與貝時璋贊成分立實驗生物研究所與水生生物研究所，以寄生動物研究屬諸水生動物，而以植物生理屬實驗，完全改變了原有的動、植物的劃分方法。〔註 2263〕

1 月，Taiwania，the Monarch of Chinese Conifers（中國針葉樹之王，臺灣杉屬）刊於 Journ. N. Y. Bot. Gard.《紐約植物園期刊》（1950 年第 51 期，第 63～67 頁）。

1 月，《水杉及其歷史》文章在《中國植物學》雜誌（第 5 卷第 1 期，第 9～13 頁）發表。摘錄如下：

雖不夠專門，亦可使一般讀者對於水杉的歷史有相當的瞭解，而增加他們對於我國現存的最可寶貴的孑遺植物的興趣與重視。

水杉化石在一萬萬年前的白堊紀地層中，在歐、亞、北美三洲都有很多的發現。最早的發現為在格林蘭的奴格刷克半島（Nugsuak peninsula）的柯母（Kome）地方的萊氏水杉（Metasequoia reichenbachii Geinitz et Chaney），其時期為下白堊紀。這種水杉分布極廣，繼續出

〔註 2261〕中國科學院靜生生物調查所整理委員會工作報告，北京：中國科學院檔案館。胡宗剛著《靜生生物調查所史稿》，山東教育出版社，2005 年 10 月版，第 229～231 頁。

〔註 2262〕劉曉著《國立北平研究院簡史》，中國科學技術出版社 2014 年 11 月版，第 209 頁。

〔註 2263〕劉曉著《國立北平研究院簡史》，中國科學技術出版社 2014 年 11 月版，第 209 頁。

現於此半島的中白堊紀的阿達系（Atane series）與上白堊紀的巴突特系（Patoot series），美國大西洋岸平原，南下至南北加羅蘭那（Narth and South Carolina），阿拿巴馬（Alabama），北美西部的達柯地（Dakota），蒙但拿（Montana），尼瓦達（Nevada），南下到新墨西哥（New Mexico）與柯羅納多（Colorado）。在歐洲，則見於法國、德國、捷克與匈牙利。阿達系地層中有四種水杉，其中的叢技水杉（M. fastigata）與硬葉水杉（M. rigida）亦遠分布到東歐，M. ambigua 則分布到意大利，巴突特的 M. concinna 亦分布到意大利。水杉最北的分布為格林蘭東北的斯匹次北爾根群島，已達北緯八十度，離北極只有十度；最南的分布為東歐與美國南部諸州，達北緯四十度。水杉在第三紀始新世分布到北緯八十二度的格林納耳島（Grinnell island）。水杉分布所以如此之廣，乃由於白堊紀時代，北大陸為一整體，北美洲的西部與歐亞洲（Eurasia）為一大阿留申陸地（Aleutian land）所連接，而格林蘭與北美洲北部各島則與北美洲東部連為一體，故產生於北極圈內之水杉，乃能廣布於北半球各地。

《水杉及其歷史》文章

　　水杉在白堊紀發生於北極圈內，到第三紀乃逐漸南移。自一萬萬年前的白堊紀至四千萬年前的第三紀的始新統，地球上的氣候甚為溫暖，因為印度洋的暖流可以經由特西士海（Tethys sea）流往北冰洋，今日所有的北極冰帽是不存在的，所以水杉與很多的樹木可以生存在距北極只有八度的地區。北極的冬天雖是很溫暖，但有半年的長夜，對於植物之生長活動是有妨害的，所以北極地帶的樹木，乃育成了一種落葉休眠的習性。水杉是落葉的，水松（Glyptostrobus），落羽杉（Taxoclium）……等也是落葉的。這些落葉樹到第三紀因為氣候逐漸變冷乃逐漸南移，到了三千萬年的中新統（Miocene）乃南移到中國的東北及朝鮮，北美西部的俄勒岡（Oregon），加利福尼亞，北美東部的大西洋海岸各州，這種落葉植物群，被稱為北極第三紀植物群（Arcto-tertiary flora），又稱為中新統植物群（Miocene flora）。

　　此種北極第三紀植物群自北極南下時遵循三條路線前進：一為亞洲東部，一為北美洲西部，一為北美洲東部。西歐則受暖流的影響，氣候極暖，一般植物乃屬具有常綠革質全緣之葉的始新統植物群。北極第三紀植物群遵循三條路線的分布，格雷教授在其《紅杉及其歷史》演講中即已指出，並指出榧（Torreya）與紅豆杉（Taxus）兩屬亦遵循此三條路線分布。格雷教授指出在今日兩種紅杉生於北美洲西部，其近親落羽杉則生北美洲東部，其另一近親水松則生中國東部。然在第三紀時，紅杉、落羽杉、水松尚存於歐洲，榧則北美洲東部有一種，北美洲西部有一種，日本有一種，中國有三種。中國的三種榧樹，有兩種短葉的，與北美東部及日本所產的相似，一種長葉的則與北美西部加利福尼亞所產的相似。紅豆杉北美洲東部有一種，北美洲西部有一種，日本有一種，中國東部有二種，中國西部有一種，此屬並且由喜馬拉亞分布到西歐，直至阿速爾（Azore）島上，格雷教授指出此三群松杉植物皆有此特殊的地理分布，實則就化石與生存的松杉植物而言尚有他例，如杉（Cunninghamia）在今日只中國與臺灣各有一種，而在白堊紀則格林蘭與北美洲東部、西部皆有之。又如粗榧今日只日本有一種，中國有四種，而在白堊紀北美洲東部亦發現與粗榧相似的種子。又如穗花杉

（Amentotaxus）在今日只中國有一種，在北美加利福尼亞始新統地層中亦發現一種，在北美東部第三紀地層中將來或亦能發現此屬。

在第三紀的中新統時，亞洲東部與北美東、西部的植物主要為與水杉並生的落葉植物群，但到了中新統的末期，北美洲西部的氣候起了重要的變化，利於落葉植物的夏日多雨的氣候變為夏旱冬雨的地中海氣候，許多北極第三紀的植物如水杉、水松、落羽杉、銀杏、樺木、鵝耳櫪、山毛櫸、栗、紫荊葉、楓、椴薩、桑、榆等均不能生存。代之而起的乃為墨西哥高原與智利系統的常綠植物，代水杉而起的，則為中新統的常綠的藍氏紅杉（Sequoia langsdorfii）的後裔——兩種存於今日的紅杉 Sequoia sempervirens 與 Sequoiadendron giganteum。此一結果，使得在今日北半球的植物分布呈現一特殊現象，即北美洲東部的植物與北美洲西部迥不相同，而與日本與中國的卻十分相似。……至於北美東部、西部與東亞共有之種屬亦甚多，而北美西部與東亞所共有之種屬，則僅有四十五種（據格雷教授之統計），蓋因北美洲西部氣候之變遷，中新統時代之北極第三紀之溫帶植物甚難存在於該區域之故。

在中國植物之分布亦遵循東、西兩路線，每每同屬之植物出現於中國之東都與西部，而不見於中間之地區。此乃由於中國地形之變遷，因而影響氣候，氣候再影響於植物之分布，如臺灣之植物百分之三十七與雲南、安南、暹羅之植物有關係，即其著例。……北極第三紀植物在中國亦循東、西兩路線南下，故水杉化石發現於中國東三省，而生存之水杉則發現於中國西部之四川與湖北西部。作者前曾研究山東北部臨朐縣山旺地方大批上、中新統之植物化石，其中所含之種屬為楊，柳……等，皆為顯明之北極第三紀植物。所覺遺憾者，未發現水杉，然他日再大規模搜尋，或能發現亦未可知，否則其時之氣候對於水杉已嫌過於乾燥。然以山旺植物群與水杉壩水杉植物群相比，則見其各屬一部分大致相同。可見水杉及其並生之植物群，乃三千萬年前遺留至今之植物群，其在植物發現史上之重要性可以想見，我們由此也可以瞭解中國植物分布的歷史。〔註2264〕

〔註2264〕張大為、胡德熙、胡德焜合編《胡先驌文存》（下卷），中正大學校友會出版發行，1996 年 5 月，第 367～373 頁。

1月，靜生生物調查所植物部、國立北平研究院植物學研究所和中央研究院植物研究所（高等植物學和森林學部分）合併為中國科學院植物分類研究所。1953 年改名為中國科學院植物研究所。所址設在前北平研究院植物學研究所原址。5月19日，政務院第33次政務會議批准錢崇澍為所長。

解放後思想漸有轉變。

> 當決定將靜生所與北研的植物所合併的時候，文教會派人來瞭解我是否一定要當所長，我表示只要有研究的機會，不要當所長。後來錢（錢崇澍）先生來當所長，我尤其高興，因為他同我是有宗派關係的。〔註2265〕在北京將要解放的時候，我會見了共產黨工作人員，讀了些文件，我便決定留在北京了。我那時對於共產黨與華北區人民政府便抱了如周總理所說的「觀察」態度，在靜生所歸併入科學院以後，我知道將來植物分類學有充分發展的機會，我感覺快慰。我安心做植物分類學的業務工作，同時院中對我個人和生活多方照顧，那時我的感覺是以我過去的歷史，以及反動行為，人民政府卻對我非常重視，可見得共產黨是重視科學與科學工作者的。……現在正可杜門養晦，從事研究與著述。對於政治是抱著旁觀者態度來觀察，但是對本所的事業還是願意積極參加的。後來錢老來任所長，我尤感高興，我對於所中的同人，卻是想誠心團結，一同作集體工作的。〔註2266〕

1月，建議將廬山森林植物園歸中科院管理。

> 中科院將靜生生物調查所與北平研究院植物學研究所合併，成立中國科學院植物分類研究所。交接之時，胡先驌以廬山植物園與靜生所之淵源關係，要求中科院將植物園也納入植物分類所，作為下屬之工作站。1月20日，靜生所整理委員會作出「靜生所在江西設有廬山植物園，在昆明設有雲南農林植物研究所，北平研究院在武功與昆明各有工作站，應請本院接收」之決定。〔註2267〕

〔註2265〕胡先驌著《對於我的舊思想的檢討》，1952 年 8 月 13 日。《胡先驌全集》（初稿）第十五卷人文科學文章，第 629～640 頁。
〔註2266〕胡先驌著《對於我的舊思想的第三次檢討》，1952 年 9 月 4 日。《胡先驌全集》（初稿）第十五卷人文科學文章，第 647～654 頁。
〔註2267〕胡宗剛編《廬山植物園八十春秋紀念集》，上海交通大學出版社，2014 年 8 月版。第 032～033 頁。

2月2日，人員進行分工。

　　北平靜生生物調查所、北平研究院植物學研究所等兩所合併中國科學院植物分類學研究所，靜生所全部遷入陸謨克堂，原文津街所址作為中國科學院院部。在搬遷之後，研究所內部機構尚未正式成立之前，吳征鎰先為成立一些專門領導小組及會議制度。植物分類所召集全體人員在陸謨克堂213室開會，討論工作如何展開。出席會議的有唐進、夏緯瑛、胡先驌、郝景盛、林鎔、趙繼鼎、崔友文、王雲章、傅書遐、張肇騫、簡焯坡、吳征鎰、王宗訓，公推吳征鎰為臨時主席。隨即吳征鎰報告召開此次會議之意義。此為植物分類所召開的第一次會議，其後工作即以此日為起始。吳征鎰在會上所講甚為重要，此錄其主要內容，藉此亦可知當時情形。其云：「最近接到錢先生從上海來的兩封信，現在我把這兩封信來讀一下。接到這兩封信後，經與林先生談過，認為有與大家開會之必要。開會的內容想諸位全都知道，主要是為了幾個問題，希望能有決定。現因組織尚未正式成立，但我們不便讓時間白白過去，商議如何度過此過渡時期，以為將來打下一個基礎。前已與此間同人交換過意見，並以與靜生同人交換過意見。

　　靜生同人現全已來工作，本人處在兩面橋的地位，所以希望工作立時能進行起來。因此感覺現在還沒有一個正式組織，我們是等待下去，還是做一個臨時的分工擔當下去，俟正副所長發表後，再行另論，以便工作不間斷。我們或者成立一個工作委員會，或其他組織。上次所提的建議成立一個常委會，院方已同意否？現在還不知道，且南方的人還未來。照現在的情形，我們可否先成立一臨時機構，工作起來。來清點資材，便由形式而變為實質，合理的合併在一起。又河北及其鄰省植物誌的編纂，如何進行。」〔註2268〕

2月2日，成立多個委員會，全面開展工作。

　　植物分類所同仁召開會議，討論中研院植物所一些非分類人員如饒欽止、鄧叔群、王伏雄加入分類所問題。議決在本所正式機構

〔註2268〕《植物分類學研究所會議記錄》，1950年，中科院植物所檔案，A002-05。胡宗剛、夏振岱著《中國植物誌編撰史》，上海交通大學出版社，2016年9月版，第22～23頁。

成立之前，臨時組織行政小組、工作計劃委員會、標本整理小組、圖書整理小組，並推定人選。行政小組由吳征鎰、林鎔、張肇騫組成，吳征鎰為召集人；工作計劃委員會由胡先驌、吳征鎰、林鎔、張肇騫、郝景盛、王雲章、汪發纘組成，吳征鎰為召集人；標本整理小組由唐進、夏緯琨、簡焯波、崔友文組成，唐進為召集人；圖書小組由夏緯瑛、呂烈英、王宗訓、傅書遐組成，傅書遐為召集人。在會上，胡先驌就新成立的植物分類所的研究工作，應集中人力和財力於分類學研究，並談自己工作打算。〔註2269〕

2月2日，胡先驌提出兩項建議工作。

胡先驌中國科學院植物分類研究所成立之後第一次人員會議上，在吳征鎰提出集體編纂《河北植物誌》後，仍然毫不含糊地提出自己將要研究的工作，胡先驌說：「另有兩項與本人有關工作：一中國植物屬誌，此項工作本人在哈佛時即已著手，將來仍擬完成之；二中國森林樹木圖誌，此項工作本人也已做了多年，且已出了一本，其範圍約共二千五百種，將來本人亦擬完成之。但本人亦擬請教專家，惟請誰參加，由本人決定。」……在如此背景之下，胡先驌兩項宏大計劃，自然是無從實現，但他也較少投身到集體工作之中，是從事個人研究，還撰寫一些教科書之類，此後完成了《植物分類學簡編》《經濟植物學》《經濟植物學手冊》等，但這些從未列入研究所計劃，也不曾作為研究所的成果，此為其時之特例。〔註2270〕

2月3日，動物研究所機構成立。

計劃局召集動植物所座談會，除竺可楨、錢三強、丁瓚、汪志華外，到生物學家張景鉞、陳楨、湯佩松、貝時璋、朱洗、童第周、錢三強、王家楫、伍獻文、沈嘉瑞、張璽和朱弘復。決定將前北研動物所、植物所、生理所、中研動物所、植物所、醫學所及前靜生所調整

〔註2269〕 王希群、楊紹隴、周永萍、王安琪、郭保香編著《中國林業事業的先驅與開拓者——胡先驌、鄭萬鈞、葉雅各、陳植、葉培忠、馬大浦年譜》，中國林業出版社，2022年3月版，第083頁。
〔註2270〕 《植物分類學研究所會議記錄》，1950年2月2日，中科院檔案館藏植物所檔案，A002-05。胡宗剛、夏振岱著《中國植物誌編撰史》，上海交通大學出版社，2016年9月版，第32～33頁。

成立四個單位。即上海的實驗生物研究所、水生生物研究所、生理生化研究所和北京的植物分類研究所。生理生化研究所仍由馮德培領導。水生生物所準備在青島設立青島海洋生物研究室，在無錫設立太湖淡水生物研究室。後來童第周兼任青島海洋生物研究室室主任，曾呈奎、張璽為副主任，伍獻文兼太湖淡水生物研究室室主任。〔註2271〕

2月14日，中華人民共和國與蘇維埃社會主義共和國聯盟簽定《中蘇友好同盟互助條約》同年4月11日起生效，有效期為30年。「但是解放以後，我看見蘇聯對於中國在工業建設上，在農業改進上，教育改進上，把他們先進技術與經驗毫無保留的傳授與我們的工作者，使我們在各方面都有劃時代的進步，最重要的還是《中蘇友好條約》，使中蘇兩國能合力抵禦外來的侵略……。我一向羨慕蘇聯的科學，但並不知到他的內容。現在我讀了幾本蘇聯的科學著作以後，我感受到蘇聯的科學家掌握到馬列主義以研究科學，處處有新的觀點與新的成就，為資本主義國家的科學家所不及。」〔註2272〕

2月15日，胡先驌解救秦仁昌。

　　2月15日在新組建的中國科學院植物研究所召開全體工作人員會議上，胡先驌作臨時動議：「秦仁昌為世界蕨類植物權威，近聞在昆明被捕，請林鎔先生函辦公廳轉函，請昆明軍委會對之積極處理，從寬發落。」〔註2273〕

2月，《京師大學堂師友記》文章在黃萍蓀主編《四十年來之北京》雜誌（第2集，第52～58頁）發表，大東圖書公司。摘錄如下：

　　中國近代之大學，成立最早者，為北京大學，去年為其創辦之五十週年。今日談北大之掌故者，類皆談蔡元培先生出任北大校長以後，其能談光宣間京師大學堂之掌故者，已不甚多。實此北大前

〔註2271〕劉曉著《國立北平研究院簡史》，中國科學技術出版社2014年11月版，第210頁。

〔註2272〕胡先驌著《對於我的舊思想的第三次檢討》，1952年9月4日。《胡先驌全集》（初稿）第十五卷人文科學文章，第647～654頁。

〔註2273〕中國科學院植物分類研究所會議記錄，中科院檔案館藏中科院植物所檔案。胡宗剛著《秦仁昌在雲南的一段經歷》，公眾號註冊名稱「近世植物學史」，2021年05月10日。

身，亦有甚多之故事，可供談助也。

——編者識

清德宗，光緒二十年，歲甲午，我國海陸軍敗於日本，士大夫怵於國恥，漸有興學之議。二十一年：康有為、梁啟超設強學會於北京，講學之外，兼議朝政；二十二年：清政府就學會改設官書局，延請外國教習選譯書報，兼授西學。其年，刑部左侍郎李端棻疏請立大學於京師，御史王鵬運亦疏請興學。端棻之流，尤明切有識，相傳謂稿出於梁啟超之手。疏上，得旨允行，終以頑固樞臣之陰厄，遷延未辦；直至二十四年（一八九八）五月，始設立京師大學堂，派工部尚書孫家鼐為管學大臣，余誠格為總辦、許景澄為總教習、美教士丁韙良為西總教習，朱祖謀、李家駒為提調。學生分三種：凡進士舉人出身之七品以上京官稱「仕學院學生」；進士舉人貢生監生官不及七品，或未登仕版而年在二十以上者「通稱學生」；年不滿二十則稱「小學生」。其時新進科名之士多，守舊來學者寡，合全堂不過百餘人，即後來所稱戊戌同學，或亦稱此時之大學為戊戌大學，以其年十二月（陰曆）十七日開學。二十六年春，改派許景澄為管學大臣。值拳匪禍作，聯軍迫京，人心皇皇，景澄遂有暫停大學之議。大學以景澄諫清廷勿信拳眾遭冤殺，於是師生紛散，儀器圖書，盡數散失，大學遂停辦二年餘。二十七年冬，詔復興大學，令將創於同治元年之同文館亦並歸管理，派張百熙為管學大臣，桐城文學家吳汝綸摯甫為總教習；汪詒書、蔣式星、三多、榮勳、紹英為提調，嚴復為譯書總辦。二十八年，張百熙奏請設預備、速成二科；預備科分政、藝二科，速成科分仕學、師範二館。所併同文館學生，則為設英、俄、法、德、日五國語言文字專科。時宗室「覺羅八旗官學」改為中小學堂，亦附入辦理。二十九年春清政府以張百熙喜用新進之人，有奏請增設滿大臣隱為監督者，乃命榮慶同為管學大臣。五月命榮慶會同張之洞釐定大學章程；七月增辦譯學館及醫學實業館。譯學館分授英、俄、法、德、日五國語言文字，即令前辦之專科學生入館學習；醫學館兼辦施醫局。十一月張之洞等奏行大學堂章程。先是大學所設管學大臣兼統全國學務，至是始設學務處，置總理學務大臣任其事，另置大學堂總監督專辦大學，派孫家鼐為

總理學務大臣，張亨嘉為大學堂總監督；三十年四月教習進士館開學，將速成科之仕學館並歸辦理，簡稱進士館，與大學不相系統，但仕學館併入之學生，在畢業時仍由大學給文憑。同年學務處改為學部，設尚書侍郎等官與他部等。三十二年正月張亨嘉辭職，以曹廣權代理大學堂事務，不日即派李家駒為總監督；八月將進士館改設法政學堂；十一月醫學實業館學生畢業，館即停辦。三十三年李家駒辭職，派朱益藩為總監督；七月設博物品實習簡易科，教授製造標本模型圖畫。三十四年十一月朱益藩辭職，派劉廷深為總監督。宣統元年改師範館為優級師範學堂，不歸大學管轄，是為今日北京師範大學前身；五月，籌辦大學本科：設經、文、法政、醫、格致、農、工、商，等科，以柯劭忞為經科監督、孫雄為文科監督、林薿為法政科監督、屈永秋為醫科監督、汪鳳藻為格致科監督、羅振玉為農科監督、何遹時為工科監督、權量為商科監督，商衍瀛為預科監督。二年二月，分科舉行開學典禮，惟醫科未能辦。八月劉廷深去京，以柯劭忞署其職；三年十月，派勞乃宣為總監督，乃宣請假，以劉經繹代。時革命軍聲勢甚盛，京師震恐，學生紛紛離京，大學學務停頓數月。是年清帝遜位，（一九一二）三月，改學部為教育部，任蔡元培為教育總長，嚴復為大學堂總監督；五月改京師大學堂為北京大學，而冠以國立二字，改總監督為大學校長，改分科及預科監督為各科及預科學長。嚴復以總監督繼任大學校長。於是京師大學堂結束，而大學另開展其新歷史之一頁矣。

作者於宣統元年春負笈入京師大學堂預科，已在此校創辦十年之後。以前校中故實，未能親歷，偶或得之於傳聞。但大學堂自創辦至民元改為北京大學之十三年中，以預備科之歷史為最久，又躬逢大學本科之創立，雖不及與戊戌大學堂及仕學館、師範館之盛，然視北大新同學，已有白髮宮娥閒坐說天寶遺事之心情焉。

關於傳聞者有：如管學大臣張百熙與學生在膳堂共飯，自起盛飯之美聞；與夫某次有若干學生深夜進謁朱益藩總監督，談至夜半，朱命廚司為學生煮麵點心之事。諸監督類皆宿儒顯宦，皆能愛學生如子弟，在今視之，固無足異，在昔則斷非晚清之一般官吏所能及者矣。

其時學生之待遇甚優，除校中供伙食外，且月有膏火之資，每夜自修給洋燭一支。故學生之清貧者，可以膏火銀寄贍家屬。寒假回家省親，帶回所積聚之洋燭，每至盈箱。惟至宣統元年，則膏火銀與洋燭均已取消，伙食雖由校中代辦，但須學生出膳費矣。

進士館與師範館之師生，今已不易稽考。但知在民國初年任眾議院議長之大政客號稱為大頭之吳景濂即師範館學生。而交通系要人，後以詩文刊書著名之葉遐庵先生恭綽，則仕學館學生也。同文館出身出任各國公使者大有人在，惜不能舉其名。名外交家後出家為天主教主教之陸徵祥似即出身於同文館也。

當余入學時，九江劉幼雲先生廷深任總監督，廣東漢軍旗商雲亭先生衍瀛任預科監督。劉先生有理學家之名，故以朱子白鹿洞書院講學之規條揭櫫講舍，惜時代已非，不免誨爾諄諄，聽之藐藐耳。幼雲先生以書法有名於時，然聞每用新筆必先微以剪剪去其鋒，庶能得其樸厚之氣象，人因有譏其作偽者。先生對於諸教習，極為尊禮。校中故事每逢月朔，總監督必公服率領諸教習學生在大禮堂外廣庭中謁聖。有經科教習夏震武者，亦有理學家之名，獨以為教習乃經師，而總監督實為一校之主人，在禮節上不應居諸教習之上，故謁聖時夏先生必岸然立於中位，幼雲先生亦聽之而侍立其側，不以為忤焉。辛亥革命，幼雲先生辭去總監督之職，臨行時以校中尚留有遠方同學多人，恐城中大亂時，生活困難，曾陸續補助學生旅費，復購存米麵甚多，以供留校學生之用，其撫愛學生之熱情可見。至張勳復辟時，出任議政大臣，則殷頑之心理，並不足責諸老先生也。

商雲亭先生性外嚴肅而內慈祥，有幹才而能領導學生，學生咸敬畏之。幼以痘瘢毀容，故學生背其面戲呼為麻子。豪放不羈之同學如姚忞雛，王伯舉等，或私出校作狹邪遊，咸相戒勿令麻子知也。然學生學業優異者則獎勸之不遺餘力。每月國文英文最佳之課卷，皆貼出以供眾人之觀摩，故劭學之風甚盛。宣統二年先生以在翰林院積資得開坊之升遷，多數同學咸為之喜慰不置。辛亥改步後，命運塞仄，寄居大連瀋陽間，生事甚為蕭索；然食貧自守，清操皭然。勝利後移居北平，賴大公子供菽水，去年屆八十之耆齡，而齒髮如中年人。所謂仁者壽，信然。

　　預科講席頗多名師；如國文教習郭立山先生者，著名之桐城文家也。先生雖以文名，然口訥不善講授，體甚胖。在第一講堂（最大之講堂）講課時，每以其臍部緊頂講臺之尖角，操湘鄉土音，稱讚蘇子由之文，而言辭實不能發揮之，學生頗難獲益。至改文則以簡潔為尚，試卷之矜才使氣者，皆痛被刪，數百言之文，能存百十字則大幸矣。姚忞雛兄錫鈞為文極豪放，下筆千言不休，而每得三十分，觀者每為之扼腕焉。先生繼娶女經學家戴禮女士，以細故反目，竟至涉訟公庭，可稱怨偶矣。然戴女士仍盛稱先生之文，謂彼須數十句始能說明之事，先生十餘言即敷陳詳盡，自愧勿如云。其敬佩之情，有不能自己者。陳石遺先生在《石遺室詩話》中，為左袒戴女士而醜詆先生，殊不足盡信也。繼郭先生主講國文者為安徽之陳劍潭先生，其宗派與郭先生有南北極之別。郭先生墨守桐城家法，陳先生則宗尚《孟子》《戰國策》與《史記》，尤喜為縱橫家言，其命題非上美國羅斯福總統（老羅斯福總統）書，即上德皇威廉第二書。今日回憶，亦殊可哂矣。發講義則為筆削《戰國策》或《史記》。《戰國策》之文素以支蔓沓冗著，經先生筆削後倍覺峻潔有力，學生讀之，獲益真非淺鮮矣。先生既標榜《戰國策》與《史記》，故對於學生之課文，亦喜其才氣縱橫者。姚鵷雛兄在郭先生手下月課只能得三十分，陳先生則每次皆給以一百分云。

　　諸師中最令人懷念者為林琴南先生。先生幼孤寒以苦讀成名，少時不能得書，則代人補綴破書以得讀書之機會，或以賤價收買殘書以研習，故其學駁雜而包羅萬象。善屬文，以《史記》《漢書》為圭臬。少時教蒙館自給，鄉薦後境始稍裕。清末來北京主講五城學堂，已垂垂老矣。先生以翻譯歐西小說成名，雖不通西文，賴譯者口授而先生筆述；以史漢之筆而能曲盡原著者之意，一時無二。故林譯小說，不脛而走。司各脫、狄更司、小仲馬、柯南道爾之名著，皆先生所介紹也。而所譯小仲馬之《茶花女遺事》，司各脫之《撒克遜劫後英雄略》，狄更司之《塊肉餘生述》與《賊史》，尤為有聲。首以司各脫比況太史公者先生也。惜自身不諳西文，而合譯者之文學修養亦不高，遂每至浪費筆墨，以選譯哈葛德等二三流之小說，殊可惜也。

先生素精技擊，每每在授課時述及技擊故事，輒眉飛色舞，津津有味。曾著筆記小說曰《技擊述聞》，皆述耳聞目睹之實事，虎虎有生氣，武士之鬚眉，若可觀也。

入民國後，先生以雄於文為徐樹錚所尊禮。蔡孑民先生出長北大後，胡適之陳獨秀輩提倡白話文，先生乃攘臂起與相抗，惜不通西文，未能以子之矛攻子之盾，終不能居上風，遂在一時代之風尚下，首作犧牲矣。實則林先生豈真能代表封建者，胡陳輩所攻，殆亦最弱之一環耳。

先生在預科所授之課為人倫道德。此學科在表面看來必定枯燥無味，而腐氣四溢，再進亦不過以宋元明學案，作系統哲學之敘述，除能引起少數劬學之學生注意外，必為多數學生所厭棄。而先生之授此課則不然。先生之語言妙天下，雖所講授者為宋明學案，而以其豐富之人生經驗以相印證，又繁徵博引古今之故事以為譬解，使人時發深省，而能體認昔賢之明訓。於是聆斯課之學生，咸心情奮發，不能自己。所謂循循善誘，惟先生能蓄之也。常憶此課在下午一點鐘講授，適在午餐之後，又值夏初長日，睡思襲人之時，上他課則不免昏睡，上人倫道德之課，則無人不興奮忻悅，從可知歐西名牧師講演號召之魔力所由來也。

本科有名之諸師，有著《新元史》為日本贈與名譽博士學位之經科監督柯劭忞先生，有著《道咸同光四朝詩史》之文科監督孫雄先生，有以收藏甲骨古器研究甲骨金石文字著名之農科監督羅振玉先生，有以著《石遺室詩話》及《近代詩鈔》著名之陳衍先生，有以理學名家之夏震武先生；惜皆未在預科上課，無由親炙，亦不獲知其掌故耳。

講授理科諸先生，殊少可以紀念之人。只有長於理論物理學之何育傑先生，曾在預科教授物理學。其時先生初從英國畢業歸來，教書尚無經驗，殊不為同學所尊禮。後此在東北大學主講時，頗負盛名，則已為民國以後之事矣。

預科諸同學中以學術事功成名者頗不乏人，而最偉大者為陝西水利局長李協先生。李先生字儀祉，陝西人，光緒三十二年入京師大學堂肄業，習德文，三十四年畢業，即留學德國習水利工程。歸

國後，在南京水利工程學校任教授。予之識先生，即在任南京高等師範學校農業專修科教授之時。蓋予入預科時，先生已畢業他去，未及晤見也。先生自幼即以恢復陝西之鄭國渠為職志。鄭國渠者，戰國時韓王畏秦王之侵略，遣水利工程師鄭國說秦王，引涇水開渠，以灌溉關中。渠成，關中益富饒。在開渠之時，秦王以全力從事此巨大工程，無暇興兵侵韓，韓以苟全者十餘年。後有人間鄭國於秦王，以為鄭國之開渠非為秦，實欲使韓免兵禍。秦王怒欲殺鄭國。鄭國云：開渠固使韓免數歲之禍，但秦以興水利而關中益以富饒，故於秦並無不利。秦王領其言，乃釋之。後以歷經兵禍而渠廢，於是關中又以荒旱而變為貧瘠。後世以四川灌縣之都江堰水利至今猶存，咸知俎豆馨香李冰父子，而久忘卻此古代偉大之水利工程家鄭國矣。李先生離水利工程學校後即返陝任水利局長，苦心擘畫，手胼足胝，在重重困難之下，歷多年而渠始成；渠成後適值前東南大學農科主任鄒秉文兄提倡種植美棉，在上海銀行主持農貸時，藉涇惠渠（即鄭國渠之遺址）之水利，大量貸款與農民種植美棉，於是大獲巨利。昔自貧瘠之關中，今已變為殷實，茅舍變為夏屋，鄉間且能興辦中學，農民之經濟，整個改觀矣。嗣又興渭惠渠與洛惠渠。後者以須通過一流沙地層，屢掘屢陷，工程異常困難，直至前數年始竣工，李先生已身不及見，然一切工作計劃，皆李先生所親訂，故此渠之成，實亦先生之功也。

先生之任陝西水利局長，工作之辛勤，成績之卓著，久為全省人士所欽佩。其時陝西群盜如毛，但匪徒一聞係水利局之工作人員，即不加害，所謂「黃巾不入鄭公鄉」者非耶。西安事變時楊虎城有殺害蔣中正之意，當時李先生以蔣為現階段領導中國之人，殺之則不易抗日，乃向楊虎城力爭，楊亦幡然改圖也。先生終以積勞病故，出殯之日，巷哭者數萬人，靈柩經過之處，比戶路祭。葬後，陝西人士就其墓側立廟，稱為灌口二郎復生。至今春秋掃墓時，弔奠者嘗數千人，為近代所未見。科學家立此不世之勳名，猗歟偉矣。

此外預科同學以學術成名者則有秉農山（志）兄。兄本姓翟，其先人曾入滿洲籍，入關後隨軍駐紮河南，是為開封人。年十七舉於鄉，科舉廢後，入京師大學堂預科肄業。宣統二年應留學美國試，

出國入康南耳大學農學院，習昆蟲學，得博士學位。復入賓夕凡尼亞大學之韋士他研究院研究三年，治神經學，造詣甚深。平日以為在中國大學領導學生，必須各門學科皆精通，斯能為廣大教主，故對於動物學中之各部門如解剖學、生理學、分類學、遺傳學皆有甚深之造詣。涉獵所及，如英國文學與哲學，亦皆有心得。民國七年予任南京高師農科植物學教授，遂與鄒秉文兄同邀兄來校主講動物學。講學之時即建立最高之標準，自始即提倡研究。時國內各校，除北大之地質系在丁文江、翁文灝兩兄領導下，開始研究中國地質外，各校尚無此種風氣也。其時南高握大權者為數理部某君，自身不能研究，對於他人之能研究者，則疾視之。研究事業不能進行，兄乃與予相約，在中國科學社創立生物研究所，以極少之經費進行動植物學之研究。東大生物系畢業生來所從事研究而成名者輩出，與丁翁兩氏所創辦之地質研究所媲美。兄今年逾六十，精力尚健，孜孜於研究，一如往昔，而不騖虛名。此次被邀出席政治協商會議，政府請其出任科學院長，謙退不就，仍欲從事固有之研究工作，並世尤不多覯。

與予同期而學術事功成有建樹者，有李麟玉（聖章）兄。兄隸籍河北，出身南開中學，入預科，屬一類一班，中英文皆精通，每試，非冠軍即亞軍。後留學法國，政治化學，得博士學位。廿餘年來主持中法大學，桃李盈門，誠大教育家也。

同學以文學成名者，不乏其人，而姚鵷雛尤擅才名。在預科時作文萬言，倚馬可俟，前已言之矣；亦工為詩，為人豪放不羈，廣顙團面，故亦有大頭之號。在校時風流自賞，嘗以梅村體作《梅郎曲》以贈梅蘭芳，是以每造梅門必設席，日造二次，則設席二；三次則設席三。每席銀十二兩，雜費在外，大非鵷雛所能任；而又不忍捨，乃折柬邀同好而有貲者若干人，每每空囊而徵歌設席，席終則他人醵資為之會賬，其狂誕有如此者。辛亥改步以後，筆耕滬上，頗享時名，亦南社健將也。三十年來浮沉郎署，今亦垂垂老矣。

吾鄉汪國垣兄（辟疆），亦同學之以詩鳴者也。兄江西彭澤人，少年隨宦河南，入客籍學堂，宣統元年入京師大學預科肄業，不長於英文，而於國學有甚深之造詣；其治宋詩，得風氣之先，藏書甚

富，故長於版本目錄之學。嘗佐吾鄉熊純如先生辦心遠大學，任國文講席。其後主講中央大學有年，平生喜交遊，名詩宗如陳散原、鄭海藏、陳庵、陳仁先諸先生，皆與之為忘年交，以作《光宣詩壇點將錄》有聲於時，至今精力尚健，詩益入爐火純青之境矣。

同學中與汪辟疆兄同以詩名者為王曉湘（易）兄。兄南昌人，為香如先生之長子，原名朝綜。少年隨宦至卞，入客籍學堂，與汪辟疆兄為同學，又同考入大學預科，在校時即以能詩名，然辟疆治宋詩時，曉湘方學義山。擅書法，則先習靈飛經，後乃改習宋詩，意境酷似陳簡齋，書法則改宗鍾王，兼擅褚楷，已步趨鄉賢趙聲伯矣。辛亥後，隨其父商邱公寄居萍鄉。父沒後與其弟王然父侍母來南昌，主持《江西民報》副刊。曉湘詩學簡齋，然父則學山谷，蓋由李長吉轉手者，其句法且時突過乃兄，大為陳散原所稱。其昆弟又善倚聲，一度效法劉龍洲成詞一卷，曰《南州二王詞》，大為先輩所激賞。然父尤擅為駢儷文，曉湘亦然。曉湘幼承家學，又擅音律，鼓琴品簫，莫不盡善。篆刻則得皖人黃牧父之傳，造詣亦不下於陳師曾也。主講第二中學與心遠大學有年，後乃遠遊北京任北京師範大學講席，繼任中央大學國文系教授，乃陸續刊布其重要著作如《國學概論》《詞曲史》《樂府通論》諸書。其學問之淵博，文辭之美妙，雖岸傲自善之黃季剛亦不能不心折也。廿九年予回江西創辦大學於戰時省會之泰和，曉湘任國文系主任。予去職後蕭叔玉校長聘之為文學院院長。曉湘為人多才而博學，少年欲以文人成名，中歲以後，精治樸學，造詣益深，尤有他人所不能企及之絕學則曆學是也。嘗深研吾國歷代之曆學，而精密堆步，於歲差之研究，有重大之貢獻。

預科同學中有一至奇特之人物，是為林庚白。庚白閩人，原名學衡，號瀋南，後改為眾難，與予為甲午同庚生。入京師大學堂預科時為宣統二年，所習為法文，時年僅二十，已以駢儷文與詩鳴於時。在中學時，孫師鄭為監督，學衡即與之論文不相下，入太學後頗為閩中各詩老所青眼。早年即加入同盟會，故與汪兆銘、張繼諸人均有淵源。辛亥後，異常活躍，時年尚少，乃書履歷遞增十年，以為易於記憶也。以大學預科生之學歷太低，自稱巴黎大學畢業，然美於言辭，豪於文筆，故人亦信之。所結交者皆國民黨要人，一

時頗自得。然亦屢經蹉跌。一次自稱為唐繼堯之代表，至南京游說齊燮元，為齊所識破，終善遣之。其詭誕有如此者。自負有相人術，曾著《人鑒》一書，以星命之說判人之休咎，據云曾預斷廖仲愷先生之死，又曾斷言汪兆銘必為「元首」。汪後任偽主席，其言似頗驗？終以非蔣介石嫡系，不甚宜達。抗戰時任立法委員，予於重慶晤見時，已不甚矜才使氣矣。其詩亦有進境，而自視特高。中年與女詩人林北麗結婚，伉儷甚篤。居重慶時，推算己命以為該年將死於命非，而其夫人之命運則甚佳，故出入必緊相依倚，際藉其夫人之庇以免於難；復以居重慶有生命危險，乃相偕赴香港。抵港未久，而日機偷襲珍珍港，繼即佔領香港。一日庚白偕其夫人出門，為日哨兵所擊斃，其夫人亦受傷昏絕。庚白死後，至陳屍數日始能成殮。以避禍而遭禍，豈定數真不可逃耶？甚盼其夫人能整理其詩集行世也。

預科同學中另一特殊人物是為龔雲伯兄（家驊）。雲伯南京人，與予年相若，平日課績亦不過人，而慷慨有奇氣，嘗語予以曾納交淮泗一帶江湖異人，睹滿清末造之朝政紊亂，常懷革命之志；然以父母在堂，終未敢向離膝下也。辛亥以後，曾赴南洋任教職，期年而歸，以末職養親，恬然自得。其婦翁精研佛教華嚴宗，雲伯亦從而受業，中年精進甚猛，視世務已如塵芥。惜把晤之時少，不能時相參證也。予北來後音問益稀，在抗戰末期，聞張君勱在大理創辦文化書院，曾聘雲伯主講佛學。文化書院不久停辦，於是又不悉其蹤跡。解放後聞尚在南京，鐘魚粥鼓，慧業如何，殊可念也。

本科同學以少與往還故知之頗少，知名者有經科同學吾鄉余仲詹兄（謇）。仲詹南昌人，為經訓書院高材生，曾領鄉薦，精音韻訓故之學，故在經科亦為諸名師所禮重。改步後，在本省各中學任講席，甚有聲譽，後乃主講廈門大學十餘年，今已屆退休之年，尚未歸來。解放後，不知其近況如何。

另有一煊赫一時之同學，一為閩侯黃秋嶽（濬），一為閩侯梁鴻志（眾異）。二人皆閩人，皆年少有異才，同入文科。黃擅詩與駢文，梁亦以詩鳴，為文科之二雋；故汪辟疆在《光宣詩壇點將錄》中比之於呂方、郭盛。在校時黃頗為夏震武先生所賞識，以為可以傳道，後為陸鳳石作壽序，夏先生乃大怒，認為不可教訓云。入民國後，

以達官多闒人，故二人皆入仕；而梁以為段祺瑞所賞識而得居機要，黃則名秘書而已。然詩酒之交，二人甚為相得。梁以居機要，故升沉甚大。黃則事齊事楚，終不失其為名記室也。後為汪兆銘所賞識而任行政院簡任秘書，參與機密，其子亦任職外交部。終以習於奢淫，俸入不足以供外室之豪費，遂不惜為間諜，被摘發後，父子相偕授首。梁則更倒行逆施，為偽維新政府主席，汪兆銘斃命後，陳公博繼之，夏劍丞先生勸其勇退，而戀戀不肯捨，勝利後終於伏法。文人結局，未有慘過黃梁二人者。梁曾有感時詩云：「鞭笞六國尋常事，只恐秦人不自哀」。明知日人必敗，而不能見機而作，終於身敗名裂，何文人無行至於此極也。

當時學校之生活，在回憶中亦殊可念。其時管理甚嚴，下課後必須在自修室自修，直至晚九時下自修課時始能回宿舍就寢。自修室與寢室，均在歷史悠久之西齋，自修室容十餘人，冬日只有一小號火爐，寢室則六人同居，雖嚴寒亦無爐火。此種斯巴達式之生活，以視後來宿舍之爐火熊熊者迴不侔矣。然伙食之美，則又非日後北大諸同學自由吃小館者所能望其項背也。其制為八人一桌，每餐四盤四碗，五葷三素，每逢星期三、六，則除大米飯外，尚有饅首兩大盤。食品如不新鮮，告諸監學，尚能罰廚司添菜，而膳費只每月銀幣五圓，可謂廉矣。

回憶學校生活三年中，有二事乃值得記憶者：一為送西太后與光緒帝之殯。送殯之學生由學校挑選，作者身預其役，時經冬令，五更即在地安門外鵠候，直至晌午，靈柩始過，儀仗扈從之盛，自非平生所得見，諸生咸匍匐道左竊視。至今思之，此固封建惡習，使人為其奴而不之覺；然在個人人生經驗中，亦難逢之機會也。一為與張之洞一同謁聖。張在當時號為革新人物，庚子亂後入相，西太后極倚重之，庚子以後新政，咸為其所擘畫，文章政事，皆能領袖群倫。時李鴻章已死，物望所歸，是惟之洞。故入相後，恩遇極隆也。一日來大學視察，適值月朔，乃以元老之尊，率領教習學生，一同謁聖，因得一見顏色。時張年逾七十，行動須人扶持，身短小瘦削，面尖如猿猴，身著貂褂，年雖邁而神采奕然。

京師大學堂民元改為北京大學，嚴幾道先生復任校長，不久即去，何適時先生繼之。故事預科畢業生，直接升入本科，而何先生堅持須與他校學生，一同參加入學考試，預科學生，乃相率不考而投考他離，是為母校精神一大打擊。何先生離職後，胡仁榮（源）先生繼任校長，始建沙灘之「紅樓」。

胡先生辭職後，而蔡子民先生繼之。自北大歷史言之，蔡前蔡後，實為劃時代之兩大階段。今第三階段又開始，前塵如夢，回望西齋宿舍，悵惘之情，有非筆墨所能形容者矣。〔註2274〕

2月，雲南農林植物研究所由人民解放軍代表接收。

2月，農林植物所由人民解放軍代表接收，時有職工21人（其中研究人員2人），土地30畝，工作用房237平方米。原在昆明西站農華農業學校內的北平研究院植物研究所植物園管理人員劉偉心、劉偉光及其所有苗木轉入農林植物所。〔註2275〕

2月，成立南昌大學校務委員會及人員職務。

經中南軍政委員會批准，南昌大學成立校務委員會，取代改革委員會負責全校領導工作。新成立的校務委員會由劉乾才任主任委員，工學院蔡方蔭、農學院楊惟義、理學院郭慶棻、法學院魏東明四位院長擔任副主任委員，萬泉生、林希謙、楊克毅、李如沆、張天才、張安國、吳士棟、章瑞麟、張傑任委員，魏東明兼秘書長。〔註2276〕

3月3日，開始編撰《河北植物誌》工作。

中國科學院植物分類研究所召開《河北植物誌》編纂會議，因與北京農業大學、北京大學、清華大學、北京師範大學就合作事宜需分別進行協商，而費時日。會議在西郊公園內歷史研究所會議室

〔註2274〕 王世儒、聞笛編《我與北大——「老北大」話北大》，北京大學出版社，1998年4月版，第16～27頁。

〔註2275〕 中國科學院昆明植物研究所簡史編纂委員會《中國科學院昆明植物研究所簡史（1938～2008）》，2008年10月版，第4頁。

〔註2276〕 王希群、楊紹隴、周永萍、王安琪、郭保香編著《中國林業事業的先驅與開拓者——胡先驌、鄭萬鈞、葉雅各、陳植、葉培忠、馬大浦年譜》，中國林業出版社，2022年3月版，第083頁。

舉行，由吳征鎰主持。參加會議除分類所的胡先驌、汪發纘、唐進、夏緯瑛、夏緯琨、呂烈英、傅書遐、崔友文、林鎔、郝景盛、王宗訓外，還有北京各大學之教師王富全、馬毓泉、董世仁、汪振儒等人。會議認定出席會議人員皆為《河北植物誌》工作委員會委員，並推定吳征鎰、林鎔、張肇騫、唐進、汪振儒五人為常務委員，負責推動、聯繫、計劃等工作；會議確定此前分類所工作計劃委員會所制定之編寫體例，各人所承擔的任務予以分工，標本採集也制定出計劃。整個工作預計兩年完成，而當年任務為總任務之三分之一。具體任務分配如下：胡先驌：樺木、榛、山毛櫸、榆、桑、木樨、鼠李等科；汪發纘、唐進：單子葉植物各科，禾本科除外；崔友文：石竹科；夏緯琨：錦葵科、田麻科；馬毓泉：龍膽科；夏緯瑛：藜科；吳征鎰：Corydalis（罌粟科紫菫族）；錢崇澍、郝景盛：忍冬科；郝景盛：楊柳科；簡焯坡：虎耳草科；呂烈英：瑞香科；傅書遐：葡萄科；張肇騫：Viola（菫菜科）；張肇騫、林鎔：菊科；林鎔：Cuscuta（菟絲子屬）；王富全：玄參科；王文采：紫草科；汪振儒、孫衍耿、董世仁：豆科；汪振儒、孫衍耿、董世仁、王宗訓：禾本科。〔註2277〕

4月7日，雲南農林植物研究所物品移交明細。

在中科院接收雲南農林植物所之前，雲南軍事管制委員會文化接管委員會已接管農林植物所，此日，農林植物所趕造財產清冊，由軍事代表魏瑛和副所長蔡希陶在移交清冊上簽字。清冊所載物品大到房屋、地畝等，小到筷子幾雙，無論鉅細，均一一記錄，此摘錄重要者如下：

1. 辦公室 3 間、標本室、陳列室、會客室各 1 間。
2. 宿舍飯廳 8 間、廚房 1 間、烤煙房 5 間。
3. 溫室 1 座、蔭棚 1 座。
4. 北平研究院房屋共 96 間。
5. 茨壩高田山地 150 畝及各處租借用地 60 多畝。
6. 各種盆栽花木 837 盆、煙草種子 30 種。

〔註2277〕《河北省植物誌工作會議第一次會議記錄摘要》，1950 年，中國科學院檔案館 A002-4。胡宗剛、夏振岱著《中國植物誌編撰史》，上海交通大學出版社，2016 年 9 月版，第 29～30 頁。

7. 蠟葉標本 30 櫥，正號和副號標本共 11 萬餘份。

8. 各種圖書雜誌 2565 冊。

9. 農林植物所檔案卷宗 21 類 597 件。

此時農林植物所人員有蔡希陶、馮國楣、曾吉光、禹平華、李繼科、李祿三、邱炳雲等 7 人，還有技工 2 人、長工 4 人。農林植物所與北平研究院植物所昆明工作站合併，該站僅有劉偉光、劉偉心兩人。〔註2278〕

4 月，《水杉樹原產地的生態學調查》論文發表。

曲仲湘與美國 William S. Cooper 教授合作，在美國《生態學雜誌》上發表《水杉樹原產地的生態學調查》（Kwei-Ling Chu，Willim S. Cooper《An ecologiealreconnaissance in the native home of Metasequoia ghyptastroboides》刊於 1950 年《Ecology》第 31 卷第 2 期 260～278 頁）論文，引起國際學術界極大的關注和稱讚。這篇具有國際水平的學術論文，是曲仲湘的代表作。該文在國際水杉研究中的貢獻和價值在於填補生態環境和群落學方面研究的空白，更進一步豐富國際水杉研究資料。同時，也為水杉的生長、繁殖、引種、栽培和保護利用提供了科學依據。〔註2279〕

4 月，中國科學院植物分類研究所接管農林植物所，改名為中國科學院植物分類研究所昆明工作站（簡稱昆明工作站）。〔註2280〕

6 月 23 日，中國科學院院址遷至北京文津街 3 號靜生生物調查所原址；1966 年，中國科學院院址遷往北京西郊友誼賓館北館；1970 年 7 月，中國科學院院址遷往北京三里河路 52 號原國家科委舊址。

6 月 25 日，朝鮮內戰爆發。1950 年 10 月 8 日，毛澤東發布命令，組建

〔註2278〕 雲南農林植物研究所現有財產器物及員工清冊，1950 年，中國科學院檔案館藏昆明植物所檔案，J259-0002。胡宗剛著《雲南植物研究史略》，上海交通大學出版社 2018 年 7 月版，第 209 頁。

〔註2279〕 王希群、董瓊、宋維峰、王安琪、郭保香編著《雲南林業科學教育的先驅與開拓者——張福延、曲仲湘、徐永椿、任瑋、曹誠一、薛紀如年譜》，中國林業出版社，2019 年 10 月版，第 037 頁。

〔註2280〕 中國科學院昆明植物研究所簡史編纂委員會《中國科學院昆明植物研究所簡史（1938～2008）》，2008 年 10 月版，第 4 頁。

以彭德懷為司令員兼政治委員的中國人民志願軍。19 日跨過鴨綠江，同朝鮮軍民配合作戰。1953 年 7 月 27 日，雙方在停戰協定上簽字。

在抗美援朝運動發動之初，平心論之，我是看不清社會的。吳征鎰先生要我向《人民日報》發表意見，我沒有敢答應，我說我看不清，卻是過了抗美援朝戰爭一週年，敵我雙方始終膠著在三八線左右，而中朝軍越戰越強，這不能不說是奇蹟，這也證明共產黨所領導的中國志願軍已經發揮了中國軍人最高的美德與能力。〔註 2281〕抗美援朝這個運動發生之初，我是恐懼的。我只知道美國有優越的武力，而且用的是聯合國的名義，力量更加強大，同時美國的軍閥現在已赤裸裸揭開了他們的法西斯面孔，我們抗美援朝可能把戰爭惹到中國本土來。我們的志願軍雖然是超人的英勇，但是以血肉和無情的炮火相搏，是否有勝利的把握呢？中國經過八年的抗日戰爭與三年的解放戰爭，瘡痍未復，若再將戰爭引到中國本土來，如何支持？若因此引起第三次大戰，結果何堪設想，萬一美帝用起原子彈來，中國的美好都市豈不要遭到廣島長崎同樣的命運；而且與美帝作戰，我們的經濟受到了這種消耗嗎？然而，志願軍在抗美援朝戰役中，英勇無比的表現，以及美軍的無能，使我的恐懼之心漸減；尤其是我們的經濟竟沒有受到影響，國防反而比以前更堅強多了。打了兩年多，中朝人民軍節節勝利，便是美軍所發動毀滅人性的細菌戰，也被我們控制住了。我的恐美思想由於我的崇美思想而來，完全因為我不瞭解人民的力量是無比的偉大的，解放了的中國人民是不會被帝國主義所嚇到的，中國的志願軍有無比的英勇與無比的智慧，這種軍隊是美帝國侵略軍所不能比擬的。因為我不瞭解人民的偉大力量，所以使我有怯懦卑鄙的恐美思想，這是應該嚴格批判的。〔註 2282〕

6 月 30 日，中央人民政府公布施行《中華人民共和國土地改革法》，提出保存富農經濟，不動中農土地，限制沒收地主財產範圍等，以保護中農和分化

〔註 2281〕 胡先驌著《對於我的舊思想的檢討》，1952 年 8 月 13 日。《胡先驌全集》（初稿）第十五卷人文科學文章，第 629～640 頁。

〔註 2282〕 胡先驌著《對於我的舊思想的第三次檢討》，1952 年 9 月 4 日。《胡先驌全集》（初稿）第十五卷人文科學文章，第 647～654 頁。

地主階級，減少土地改革阻力，促進生產的恢復和發展，成為指導新解放區土地改革的基本法律依據，到 1952 年底，土地改革基本完成。10 月，中共中央發出《關於鎮壓反革命活動的指示》，決定對罪大惡極、怙惡不悛的反革命分子實行堅決鎮壓。到 1951 年 10 月底，全國規模的鎮壓反革命運動基本結束。對這兩個運動表示擁護和必要。

在土地改革，鎮壓反革命與抗美援朝三大運動開始時，我雖不無彷徨之感，但不久即體識到土地改革乃推翻封建制度，建立民權的必要革命手段。土豪惡霸不能徹底消除，幾千年來的剝削制度不能推翻，新秩序不能建立。雖我有少數親友被捲入這革命浪潮中，也是愛莫能助，而不能影響到我對於這一革命運動的擁護。鎮壓反革命是澄清社會的必要的工作，其有裨益於新秩序之建立，自不待言。〔註 2283〕我對於土地改革運動是擁護的，雖然我所主張的土地改革方案與人民政府的土地改革是根本不同的，但在瞭解人民政府的土地改革政策，我也接受了我自己的土地被徵收，我是心悅誠服的。尤其是在劃分階級的辦法中，像我這種政府幹部與自由職業者，不算是地主，我是感到僥倖的。但是，我聽見在土改工作中發生了偏差，使我覺得不滿意，尤其是我知道了我大哥家中所受到的遭遇，不免感到同情。後來我的女兒與侄兒都參加了土改，在同他們談話與通信中，我對於土改的意義更有了深切的瞭解。我瞭解土改是民主建設的必要的政治革命手段，地主階級若不打到，幾千年來根深蒂固的封建制度不能推翻，新社會不能建立，人民民主專政無法實現。為要達到這個偉大的革命目的，少數的偏差是值不得掛齒的，所以我對於土改這一個運動是絕對擁護的。〔註 2284〕我對於鎮壓反革命運動，更是無條件擁護的。報章所發表反動道會門與天主教反革命分子的罪惡活動，使我震驚，完全出於我意想之外。至於青紅幫與哥老會等，本來是封建惡霸流氓地痞的地下組織，與反動道會具有同樣的性質，對於建設新社會是十分有害的。這次來一個全國

〔註 2283〕胡先驌著《對於我的舊思想的檢討》，1952 年 8 月 13 日。《胡先驌全集》（初稿）第十五卷人文科學文章，第 629～640 頁。

〔註 2284〕胡先驌著《對於我的舊思想的第三次檢討》，1952 年 9 月 4 日。《胡先驌全集》（初稿）第十五卷人文科學文章，第 647～654 頁。

性大刀闊斧的鎮壓，一舉而推陷廓清之，對於澄清社會，除舊布新獲得莫大的效果。尤其是鎮壓天主教反革命分子有迫切的需要。天主教在中國傳教已有幾百年的歷史，一向是帝國主義的侵略先鋒，而其勢力深入民間窮鄉僻壤，無孔不入，因為他是一種世界性的大宗教，有國外的經濟來源，又辦學校、醫院與其他事業，不將其反革命分子予以無情的鎮壓，其對於革命事業之為害，必遠在反動道會門之上。中國舊社會藏污納垢在任何國家之上，只有人民政府有徹底肅清帝國主義與這些反動分子的決心與魄力，所以在短短的三年中，能將腐朽黑暗的社會予以根本的革新，這是使我衷心感激的。〔註2285〕

7月24日，中國植物學會產生新一屆理事。

中國植物學會在北京舉行代表大會，錢崇澍向大會作「在毛澤東旗積下的中國植物學工作者——中國植物學會第一屆全國代表大會開幕詞」。在會議最後的一天選舉產生植物學會理事會，錢崇澍、李良慶、王志稼、林鎔、張肇騫、俞德濬、羅士葦、吳征鎰、方文培、陳邦傑、吳印禪、王雲章、汪振儒、辛樹幟與馬毓泉等十五人當選理事；鄧叔群、婁成後、黃宗甄、孫仲逸、孫祥鍾、何景與蔣英等七人當選候補理事。在這份名單中，舊植物學家除錢崇澍、李良慶、林鎔、辛樹幟等四人在列，而胡先驌、劉慎諤、陳煥鏞等均排斥在外，就是1949年擔任理事長之張景鉞亦不在其列，確實體現出新植物學的開始。……舊植物學的領袖胡先驌也參加了這次植物學會會議，他有何感想，今不得而知。但從一幅會議人員合影照片看，他仍坐在前排靠近中間的位置。或者可以說，在人們歡呼新植物學的時候，並不能立即將舊植物學徹底否定。還有照片中的人士，大多著新式衣裝，只有胡先驌一人依然舊式長衫，似也證明其不變的立場。〔註2286〕

7月29日，以「國立」冠名的學校不再稱呼。

〔註2285〕 胡先驌著《對於我的舊思想的第三次檢討》，1952年9月4日。《胡先驌全集》（初稿）第十五卷人文科學文章，第647～654頁。
〔註2286〕 胡宗剛、夏振岱著《中國植物誌編撰史》，上海交通大學出版社，2016年9月版，第43～44頁。

新中國成立後，經政務院核定，凡「國立、省立、縣立各級學校校名上，概不加冠國立、省立、縣立或公立字樣」。以「國立」冠名事物正式走進歷史。〔註2287〕

7月，Plant Resources of Chian《中國的植物資源》刊於《科學》（第32卷第7期。第209～214頁）。

中國科學院植物研究所

7月，《中國的植物資源》文章在《科學》雜誌（第32卷第2期，第209～214頁）發表。文章指出，中國地處溫帶及亞熱帶，素以地大物博著名，然礦物資源除錫、銻、鎢外，煤、鐵、石油及其他重要金屬並不豐富；惟植物資源除各地原始森林多被濫伐外，則頗有可述者。且國人食用植物種類之繁多達二千餘種，為任何民族所不及；美國農部曾統計歐美人所食者只一千餘種。又國人利用微生物以製造食物如紅麴米、醬及醬油、豆豉、腐乳等，其技術都非歐美人所能及，久為歐美農學家所稱道。其他下等植物如葛仙米、頭髮菜、木耳、竹蓀、茯苓、冬蟲夏草等，亦為常用食品而非歐美人所知。即以普通最習用的蔬菜而論，如莧菜、蕹菜、韭菜、薤頭、芋頭、山藥、藕、荸薺、芸苔、芥菜、白菜、蒿、茼蒿、綠豆、豇豆、扁豆、筍、茭白、香椿、金花菜等等，

〔註2287〕《教育部關於各級學校名稱概不加國立省立縣立或公立字樣的通知》（1950年9月12日），何東昌主編：《中華人民共和國重要教育文獻1949～1957》，海南出版社，第57頁。《南昌市軍事管制委員會通令》，《江西日報》1949年7月25日，第1版。高志軍著《政治與教育的互動：國立中正大學研究》，2021年12月華中師範大學博士學位論文，第408頁。

都是歐美菜市場買不到的。以上僅就食用植物一項而言,其他如衣料、木材、鞣質、油漆、橡皮、飲料、生藥、殺蟲劑、香料等等已經利用與未經利用者,不可勝數。惜國人不知重視,植物資源未能充分利用,亦未能創建新事業以應迫切的需要,今特略述個人所知以引起企業家的注意。若能利用科學知識以創立新工業,則社會與個人都將受益不淺。重點說到 8 類植物資源。如食物(食物又可分為糧食、果品、菜蔬、食油、飲料)、纖維植物、造紙原料、橡膠原料、其他工業原料、木材、藥材、花卉八項分論。

最後強調,我國植物資源,苟細加調查將百十倍於此。惜國內企業家皆缺乏此類知識,亦不知向何方問詢耳。中國近二十年來植物學之研究突飛猛進,成就極大,植物學家對於國內的植物資源,知之甚深。然限於經費,調查事業未能大規模進行,亦無大規模之機關如蘇聯之經濟植物研究所,美國農部之植物實業局,及美國私人所組織的熱帶園藝公司等機關,卒未能有卓越的成績。今日人民政府極知重視科學,將來必能以大力開發國內的植物資源,以增加生產。有志之企業家於此方面亦應多所努力,則公私兩利,造福於國家者將不可勝計矣。〔註 2288〕

7 月,中國科學社三十六年來的總結報告(1914～1950),對研究所研究工作進行介紹。

> 研究所及博物館
>
> 在社章上所規定的,有設立各科學研究所和「學術上工業上歷史上以及自然界動植鑛物諸標本……」,這個志願是宏大的。如果這些宏大的志願都實現起來,必然要很大的人力和物力。
>
> 三十餘年中許多社員曾企圖實現這些志願,如一九二四年曾擬創辦理化實業研究所,結果未能成功。只是一九二二年所創辦的生物研究所(並附設博物館),至今在國內有了輝煌的成就,這是必須提出的。
>
> 生物研究所成立於一九二二年,當時創辦人如秉志、陳楨、胡先驌、錢崇澍等社友,同時都是舊東南大學生物學系教授。在那個時候,非但生物學性質的研究機關,在國內是首創的,就是以各種科學研究

〔註 2288〕張大為、胡德熙、胡德焜合編《胡先驌文存》下卷,中正大學校友會出版發行,1996 年 5 月版,第 352～366 頁。

機關而言，除了地質調查所之外就要算本所了。以後許多社友參加前中央研究院創辦工作，多少亦參考了生物研究所的若干經驗。

在生所創辦初期，社裏並沒有什麼經費可支，多半靠研究工作的教授助教及同學等支持，這種精神是可以敬佩的。一九二六年以後，每年得到中華教育文化基金會（簡稱中基會）補助，本所才得發展為有相當規模的研究機關。中基會當事人的熱心自然科學，是值得稱道的。

生所初期工作，曾向各處採集動植物標本，如煙台、廈門、海南島、川、滇及長江上下游等地，作為資源調查當然嫌不夠，惟作為教育用則已相當豐富。只可惜抗日戰爭發生以後，有好些分類工作，除了零碎論文之外，沒有好好的總結，草就的「長江下游動物誌」稿本亦沒有付印。只有在植物學方面，有藥用植物誌（中文）、馬鞭草科（英文）及森林植物誌（中文）各一冊出版。

總結本所二十餘年來工作，發表論文專刊二十餘卷（見前），造就了專家近二百人，工作人員最多曾達四十人，國際交換曾達八百餘處，現在還藏有名貴成套生物學雜誌二百六十餘種。這真是人民的寶貴財產。〔註2289〕

8月1日，中國科學院各科專門委員人員確定。

批覆准予備案的《中國科學院各科專門委員聘任暫行辦法》，專門委員依照其學科的性質可分為若干組，每組人員由科學院研究計劃局請專家推薦的人選中產生，具有學術顧問的性質，屬榮譽職。10月科學院公聘任專門委員255人，兼兩組者14人，實際人數241人，其中自然科學方面181人，社會科學60人，以後補聘幾位專門委員，1951年2人，1952年1人，1953年8人。1950年至1953年，科學院一共聘任了專門委員252人，分20組，其中自然科學方面191人（院外123人，院內68人），社會科學61人（院外48人，院內13人）。這些人員，絕大多數都是國內各學科領域的知名科學家。1950年6月，胡先驌和吳征鎰、林鎔、耿以禮、陳煥鏞、張肇

〔註2289〕林麗成、章立言、張劍編注《中國科學社檔案資料整理與研究——發展歷程史料》，上海科學技術出版社2015年版，第284～285頁。

驌、鄧叔群、鄭萬鈞、劉慎諤、裴鑒、蔣英、錢崇澍、戴芳瀾等 13
位聘為中國科學院植物分類組的專門委員。專門委員對學術指導、
諮詢服務，學術交流，為科學院決定方針大計和重大問題做出了貢
獻。從專門委員成立 5 年，過渡到設立學部委員，起到鋪墊作用，
特別是對學部委員成立的性質、任務、名稱、任職條件、人數等方
面。〔註 2290〕

8 月 18 日，科聯與科協分別成立。

全國自然科學工作者代表會議在清華大學禮堂揭幕，全國理工
農醫四個方面近 4 萬名科學工作者的代表 400 多人出席了會議，吳
玉章同志致開幕詞，周恩來總理、朱德副主席都到會講了話。會議
歷時 7 天，梁希致閉幕詞。大會選舉產生了「中華全國自然科學專門
學會聯合會」（簡稱「科聯」）和「中華全國科學技術普及協會」（簡
稱「科普」），李四光、梁希分別當選為科聯和科普的主席。〔註 2291〕

8 月 26 日，中國科學院植物分類學專家召開專門會議，齊心協力做好植
物分類工作。

中國科學院計劃局和植物分類學研究所趁全國自然科學工作者
代表會議在北京開會的機會，特邀請華北、華南、華東、東北、西
北、西南、中南各地區植物分類學專家多人，在京舉行植物分類學
專門會議。到會人員先後計有各地區各大學及研究機構植物分類學，
樹木學教授，專家，工作者：鄭萬鈞、方文培、耿以禮、蔣英、汪振
儒、劉慎諤、王富全、王振華、陳封懷、陳嶸、關克儉、馬毓泉、錢
崇澍、胡先驌、林鎔、匡可任、唐進、汪發纘、郝景盛、張肇騫、吳
征鎰、夏緯英、簡焯坡、傅書遐、呂烈英、趙繼鼎、夏緯琨、韓樹
金、徐連旺、馮家文、楊作民、湯彥承、黎盛臣、王文采、張榮厚、
林享萱、崔友文、王宗訓等三十八人。會議自八月二十六日開始，
至九月一日終止，中間除休會一日外，共舉行大會小組會等六天。

〔註 2290〕 宋振能編著《中國科學院院史拾零》，科學出版社，2011 年 9 月版，第 6 頁。
〔註 2291〕 王希群、秦向華、何曉琦、王安琪、郭保香編著《中國林業事業的先驅與開
拓者——凌道揚、姚傳法、韓安、李寅恭、陳嶸、梁希年譜》，中國林業出
版社，2018 年 11 月版，第 158 頁。

全體與會人員自始至終表現了高度團結合作精神，討論問題，極為熱烈。會議開始時，先檢討了我國植物分類學部門過去的成績和缺點，一致肯定由於先進工作者的努力，過去是有成績的，但因受政治環境及社會制度的影響，在工作中也形成了不少的缺點，例如脫離實際的傾向，宗派主義的作風，大家不能團結互功，不能整個有計劃的集體分工合作，為植物分類學奠定鞏固的基礎，並發揮最大的效率解決生產教育部門迫切的問題，這些缺點很阻礙了這門科學的發展。經將優點缺點檢討明確後，遂一致確定了今後的任務——是按照共同綱領和政府政策，配合農林工醫業務部門的需要，全國植物分類學工作者集體合作分工進行，努力完成所負的使命。

會議中並擬定了長期的工作計劃，如有系統，有計劃，有重點地編訂各地區植物名錄，植物誌，全國植物名錄，經濟植物手冊，文獻索引，統一分類學名詞術語，學名，有計劃的分工合作收集整理資料，並訂定了全國性的採集計劃，討論了各地區圖書標本的流通使用辦法及全國標本室，工作站，植物園的分布地點等。

關於培養青年幹部及植物分類學教學問題，也作了深入的討論，並提供了改善的計劃。

目前工作的步驟，決定依照全國植物分類學工作機構和工作者分布的情形及植物生長區域的關係，暫分為——東北區、華北區、華東區、華南區、華中區、川康區、雲貴區、西北區等八個區，每區各就原有基礎，逐步建立一工作中心，並以北京的植物分類學研究所為全國的中心，分別照顧各區實際需要，配合政府經濟文化建設的政策，分別輕重緩急，作有重點的發展。

因為植物分類學工作者最大的任務之一，就是調查全國的植物資源，編定中國植物誌，所以這一部門工作者的組織，目前也暫採用了——中國植物誌工作籌備委員會——的名義，受中國科學院的領導，並推選了籌備委員三十人，分散在全國各個地區，來作聯繫、組織、反映意見、制定計劃的工作。

因為這次出席會議的人員，在全國的植物分類學工作者的人數比較起來，還只是一部分，所以大家一致同意，這次會議的議決案，應作為建議性質，分送全國所有各個植物分類學工作者面前，請求

補充修正，使其能逐漸成為今後植物分類學工作者的共同綱領。

這次會議的成功，表現了科學工作者在從工作中團結的基礎上，又向前邁進了一步，達到了有組織，有計劃的集體分工合作。而這種集體的分工合作，只有在社會主義和新民主主義的社會制度下才能產生，這是資本主義社會的人所夢想不到的。（中國科學院植物分類研究所通訊組）〔註2292〕

8月26日，繼續編撰《中國植物誌》工作。

在文津街3號科學院院部，聯合召開第一次全國性植物分類學專門會議。出席會議共有38人，京外主要有南京大學的耿以禮、四川大學的方文培、中山大學的蔣英、金陵大學之陳嶸，以及已至哈爾濱農學院的劉慎諤。錢崇澍恰於此時由復旦大學移駕植物分類所，除參加代表大會，也參加是會。會議主題是研究中國植物分類學研究方針及計劃，將編纂《中國植物誌》這個總的目標交由會議討論。形成《會議紀要》，有云：「會議開始時，先檢討了我國植物分類學部門過去的成績和缺點，一致肯定由於先進工作者的努力，過去是有成績的；但因受政治環境及社會制度的影響，在工作中也形成了不少缺點。例如：脫離實際的傾向，宗派主義的作風，大家不能團結互助，不能整個有計劃的集體分工合作，為植物分類學奠定穩固的基礎，並發揮最大的效力，解決生產教育部門迫切的問題，這些缺點很阻礙了這門科學的發展。

經將優點、缺點檢討明確後，遂一致確定了今後的任務是按照《共同綱領》和政府政策，配合農、林、工、醫業務部門的需要，全國植物分類學工作者集體合作分工進行，努力完成所負的使命。……我們的目的是作全國植物誌，今天即使沒有足夠的條件開展全國植物誌的工作，我們也可以結合實際，就各地區現有的條件，分別先做地方的植物誌，取得經驗，如一科一屬的專門研究，經濟植物的調查工作和區域植物誌研究工作等。先從植物名錄、要覽、手冊開始，採取從上而下，從下而上兩方面同時進行，互相結合的方式，以求逐步奠定全國植物誌大工作的基礎，並爭取早日完成這一艱巨的歷史任務。

〔註2292〕 中國植物學會編輯《中國植物學雜誌》，1950年9月，第5卷第1期，第34頁。

　　（會議）還擬定長期工作計劃，如有系統、有計劃、有重點地
編定各地區植物名錄，植物誌、全國植物名錄、經濟植物手冊、文
獻索引，統一分類學名詞術語，學名，有計劃的分工合作收集整理
資料，並訂定了全國性的採集計劃，討論了各地區圖書標本的流通
使用辦法，及全國標本室、工作站、植物園的分布地點等。」〔註2293〕

8月31日，專門成立「中國植物誌籌備委員會」永久性組織。

　　第一次全國性植物分類學專門會議還討論成立一永久性組織，擬
定名稱為「中國植物誌籌備委員會」，建議由中國科學院組織成立。
為避免一些人士心理上不必要的顧慮，使全國植物分類工作者團結得
更緊密、工作得更好、收效也更大，建議該組織直接隸屬於中國科學
院。會議還討論確定常委會名額按地區分配為原則，並選舉出名單，
提請中科院考慮聘請。其選舉結果如下，人名之後數字為得票數：廣
東、香港：陳煥鏞 28、蔣英 27；廣西：鍾濟新 19；雲南：蔡希陶 28、
秦仁昌 22；四川：方文培 28；湖北：鍾心煊 20、孫祥鍾 19；江西：
陳封懷 26；福建：何景 23；江蘇：裴鑒 28、單人驊 20、耿以禮 27、
鄭萬鈞 27、陳嶸 25；河北：俞德濬 22、汪振儒 23、錢崇澍 28、吳征
鎰 28、林鎔 27、胡先驌 25、唐進 20、汪發纘 21、郝景盛 19、張肇
騫 25；東北：劉慎諤 27、楊銜晉 19；西北：王振華 28、孔憲武 24、
鍾補求 19。分析每人所得票數，基本可以確定這是一次以學術成就為
標準的民主選舉。但也可看出部分人士由於所處政治地位的不同，也
影響其得票數。如秦仁昌在雲南大學正受到政治追究，所以只有 22
票；胡先驌本是植物學界領袖人物，此時僅得 25 票；而那些榮任所
長或工作站主任者，大多獲得 28 或 27 票。〔註2294〕

　　8 月，《被子植物的一個多元的新分類系統（A Polyphyletic System of
Classification of Angiosparms）》論文在中國科學院《科學記錄》（第 3 卷第 2 至

〔註2293〕《中國植物誌》籌備會議記錄摘要，1950 年 9 月 2 日，中科院檔案館藏植
　　　　　物所檔案，A002-05。胡宗剛、夏振岱著《中國植物誌編撰史》，上海交通大
　　　　　學出版社，2016 年 9 月版，第 35 頁。
〔註2294〕《中國植物誌》籌備會座談記錄，中科院檔案館藏植物所檔案，A002-05。
　　　　　胡宗剛、夏振岱著《中國植物誌編撰史》，上海交通大學出版社，2016 年 9
　　　　　月版，第 37 頁。

4 號）雜誌發表。此論文認為被子植物出自多元，根據近人在植物形態解剖與分類學的研究，將被子植物的親緣系統作有重要革新的整理。不僅在目與科的排列上有重大的變更，而且對若干科的分合，也有了新的建置。此外，並整理出一幅「被子植物親緣關係系統圖」。文章主要論點是被子植物出自多元，即出自 15 個支派的原始被子植物。這是中國植物分類學家首次創立的一個新的被子植物分類系統，具有重要學術價值。為研究被子植物分類又提供了新的科學依據。作者認為，被子植物系統經如此修正，似更與今日植物形態學、植物解剖學與古植物學所研究之結果相符合。但在將來古植物學與植物形態學有新發現時，當有再修改之必要。將來在二疊紀三疊紀之地層中，或可發現真正之被子植物之遠祖，即所謂半種子植物者。在未經採集之熱帶雨林中，或可發現更有研究系統價值之新科如德堅勒利亞科者。在花與木材解剖染色體及血清鑒別等更大規模研究後，必可得大量關於植物分類系統之資料，因而可以完成更完美之種子植物分類系統也。

《科學記錄》雜誌

8 月，《被子植物的一個多元的新分類系統》文章在中國科學院《科學記錄》雜誌（第 1 卷第 1 期，第 243～254 頁）發表。張憲春認為：「是中國人首次發表世界性系統，即種子植物世界性分類系統」。摘錄如下：

今日各國通用的植物分類系統有兩個：一為邊沁（Bentham）與虎克（Hooker）在其《植物誌屬》（Genera Plantarum）書中所用的分

類系統，將高等植物分為雙子葉植物（Dicotyledonae），裸子植物（Gymnospermae）與單子葉植物（Monocotyledonae）三大綱；雙子葉植物又分為多瓣花亞綱（Polypetalae），單瓣花亞綱（Gamopetalae）與單被花亞綱（Monochlamydeae）；多瓣花亞綱以毛茛目（Ranales）開始。此系統至今英、法兩國尚沿用之。

此系統乃由德堪多（A. P. De Candolle）的分類系統演變而來，認花瓣無定數與心皮分離之毛茛目植物為最原始，其他目科植物皆由之演化而來，單被花植物如柔荑花序類（Amentiferae）皆為退化者。

一為恩格勒（Engler）與柏蘭特（Prantl）在其《植物自然分科志》（Die Naturlichen Pflanzenfamilien）所用的分類系統。此書將植物分為十三部，其第十三部為有管有胚植物（Embryophyta Siphonogama），包括裸子植物與被子植物；雙子葉綱又分為原始花被亞綱（Archichlamydeae）與變形花被亞綱（Metachlamydeae）。原始花被亞綱等於邊沁與虎克系統中之單被花亞綱與多瓣花亞綱，變形花被亞綱則即其單瓣花亞綱。

此系統認單被花各科為最原始之雙子葉植物，故置之於多瓣花各科之前；又將單子葉植物置之雙子葉植物之前。此系統除英、法兩國外，各國皆沿用之。但柏施教授（Bessey）遠在 1807 年對於認柔荑花序類為最原始之群，即曾加以抗議。羅柏特孫（C. Robertson）對於恩格勒的觀念中柔荑花序類為原始與非原始之特徵問題，曾予以適當之討論，以為原始被子植物已早具蟲媒花，風媒花乃變態蟲媒花因退化而成之結果，並非原始即然。自此以後植物形態學家、古植物學家與植物系統學家對於恩格勒之分類系統，多不滿意。

赫經生（J. Hutchinson）在 1926 年刊布其《顯花植物誌科》（The Families of Flowering Plants）第一冊《雙子葉植物》。在此書中彼發表一新的分類系統，其系統以邊沁、虎克之分類系統為基礎而有重要之改革。彼認為：（1）一系統之分類，其假定為具有萼片及花瓣之植物，如其他花的特徵與解剖的特徵仍認為較原始時，較之無花萼與花瓣者，在血統上為較原始。（2）花之具分離部分者認為原始；具合生或連生部分者認為後出。各部分之螺旋排列者較之各部分之

環狀排列者為較原始。具多數分離小蕊者，認為較於具少數或合生者為原始；兩性花亦認為較早於單性花。（3）被子植物分為草本、木本兩大支，在某數群中，喬木及灌木或較草本為原始，在他群中則木本為草本所演化。（4）單子葉植物發源於毛茛目。至 1934 年氏刊布其書第二冊《單子葉植物》，其對於單子葉植物分類，亦有重要之改革，而與邊沁、虎克與恩格勒兩系統皆不同。彼與 Hallier 及 Lotsy 異，認單子葉植物為單元的，而認澤瀉目（Alismatales）與花藺目（Butomales）出於雙子葉植物之毛茛目，於是分為具有花萼與花冠之「萼花區」（Calyciferae），與但具花冠而無顯明之花萼之「冠花區」（Corolliferae）；另一區則為出自百合目，特為退化而具平行之演化之「穎花區」（Glumiflorae）。

此系統自較前兩系統為優越。著者自謂在其分科中，對於古植物學及植物地理學上之事實，曾加以特別之考慮。但彼對於植物形態學、植物解剖學與古植物學上之事實，考慮似尚不足；故其分類系統，尚難稱為完美。

一九二九年維蘭德教授（Prof. G. R. Wieland）在國際植物科學會議宣讀一重要論文，名為《被子植物之邃古性》（Antiquity of the Angiosperms），詳盡討論被子植物之起源問題，認為被子植物之發生係多元的（polyphyletic）；以為被子植物發生於遙遠之中生代二疊紀三疊紀之間；一方面固上溯到亞蘇鐵之 Williamsoniella 與 Wielandiella，一方面與其他的一切裸子植物如苛得狄（Cordaites）、銀杏類、松杉類、蘇鐵類皆有淵源。彼以為被子植物之莖葉花之演化基礎在二疊紀之初即已奠定，且以為一般人對於裸子植物與被子植物之區別過於重視；蓋遠在二疊紀以前裸子植物即有分為兩支之趨向，其一則心皮專化成為木質之毬果，其一則演化成多種之球狀輪狀排列或連合之心皮，以成為今日之有花植物。彼以為被子植物之遠祖宜追溯至二疊紀三疊紀之間具有游離之心皮之疏鬆毬果之植物如化石之 Cycadocarpidium。此類毬果一方面固可演進為今日之毬果植物，一方面亦不難演化為最原始之被子植物如 Caytonia 之類，故彼假設由銀杏類演化為半毬果類（Hemiconifers），由蘇鐵蕨（或種子蕨）類（Cycadofilicales Pteridospermae）演化為半蘇鐵類

（Hemicycadales），由二者演化為原始或半被子植物（Pro-or Hemiangiosperms），而由 Caytonia，Williamsoniella，Wielandiella 等演化為木蘭（Magnolia），毛茛目等近代植物。彼認司各特（Scott）某次對彼所說之語最佳，即不宜過於執著在被子植物自身中尋求被子植物起源之證據。在被子植物以前之時代，各種型式之花與花序即已形成；必如此方能解釋在白堊紀之初，楓，白楊，門懸木（Platanus），Anisophyllum，檫木（Sassafras），櫻桃，山毛櫸（Fagus），櫟（Quercus），柳，胡桃，麵包果（Artocarpus），月桂（Laurus），槭（Acer），桉樹（Eucalyptus），睡蓮（Nymphaea），柿（Diospyros），梣（Fraxinus），夾竹桃（Nerium），莢蒾（Viburnum），Cissites 與單子葉之 Alismacites 及其他，幾乎包括花構造型式之大部分，即已出現之故。彼以為花葉莖之演化乃緩慢而多源的，非少數迅速而散見的；古植物學之資料，並不證明被子植物起源甚晚而演化甚速。關於單子葉植物，彼以為棕櫚目乃出於蘇鐵蕨中之髓木類（Medullosae），與其他單子葉植物來源不同，蓋亦主張單子葉植物之二元論者。

在赫經生書中木蘭目包括木蘭科（Magnoliaceae），溫脫雷科（Winteraceae，包括莽草屬 Illicium），北五味子科（Schizandraceae），喜曼擔多拉科（Himantandraceae），拉克多里科（Lactoridaceae），山車科（Trochodendraceae，包括山車屬 Trochodendron 與雲葉屬 Euptelea，未提及水青樹屬 Tetracentron），紫荊葉科（Cercidiphyllaceae）等七科。此七科中形態相距甚遠，尤以山車屬、水青樹屬及溫脫雷科（莽草屬 Illicium 除外）其木材無導管，而全由管胞所組成，遠較具有專化之木材之木蘭科為原始，此類原始被子植物置之木蘭目中殊為勉強。哈母士（Harms）與梯根母（van Tieghem）曾將山車、水青樹、雲葉、紫荊葉與杜仲（Eucommia）五屬加以詳細研究。哈母士將水青樹屬置於木蘭科中，而將其餘四屬置於山車科（Trochodendraceae）。梯根母用同樣之比較形態證據，將此五屬各立一科，而將木材無導管之山車科（Trochodendraceae），水青樹科（Tetracentraceae）與溫特雷科（Winteraceae）列入一新目：同型木目（Homoxylees）。後來哈母士將水青樹在木蘭科中分出，而

將紫荊葉列為一單科列入木蘭目中，又將杜仲科（Eucommiaceae）置之蕁麻目中；其後梯波（Tippo）之研究亦證明其應位置於此。近年來培黎（I. W. Bailey）與那司特（Charlotte G. Nast），司旺迷（Swamy），司密士（A. C. Smith）對於此數科與溫脫雷科曾作詳細之分類、形態與解剖研究，又曾詳細研究喜曼擔多拉科與新發現之德堅勒利亞科（Degeneriaceae）。結果認為只有喜曼擔多拉科與德堅勒利亞科與木蘭科相近，其他各科之形態與木蘭科相去甚遠，置之木蘭目中，毫無意義；溫特雷科之木材無導管，故亦不能置之木蘭目中。又木蘭科，德堅勒利亞科，喜曼擔多拉科，溫特雷科，優畔馬蹄亞科（Eupomatiaceae），蕃荔枝科（Annonaceae），肉豆寇科（Myristicaceae）蠟梅科（Calycanthaceae），與南培黎科（Austrobaileyaceae），檬立米科（Monimiaceae），哥摩得加科（Gomotegaceae），樟科（lauraceae），蓮葉桐科（Hernandiaceae），拉克多里科（Lactoridaceae）皆有油腺與單槽（Monocoplate）之花粉粒，此種花粉粒乃裸子植物與單子葉植物所具者，而山車科，水青樹科，雲葉科，蕣草科（Illiciaceae），紫荊葉科（Cercidiphyllaceae），毛茛科（Ranunculaceae），木通科（Lardizabalaceae），小檗科（Berberidaceae），防己科（Menispermaceae），蓮亞科（Nelumbonoideae）與大部分雙子葉植物之花粉粒則有三槽或其變型，且在此諸科中除蕣草科、北五味子科與水青樹科外，葉皆無油腺；此等性質尤足以證明山車科、水青樹科、雲葉科、紫荊葉科與木蘭目甚少關係。

因此在本新系統中，本雙子葉植物來自多元之理論，將廣義之毛茛目分為多目，草本而具有三槽花粉粒且無油腺之毛茛目（狹義的）認為係多數草本雙子葉植物之遠祖，在原始之木本雙子葉植物則木蘭目只包括木蘭科、德堅勒利亞科與喜曼擔多拉三科；此外則建立蕣草目包括蕣草科與北五味子科、溫特雷目，山車目包括山車科與水青樹科，雲葉目與紫荊葉目；又因胡椒目（Piperales）有油腺與單槽之花粉粒，與毛茛不能有關係，乃移置於木蘭目之旁；而將杜仲科移置蕁麻目內；如此庶將紊亂之木蘭目與以徹底之清理。

　　一般植物形態學家俱認柔荑花序類為退化而非為最原始者；但在地質史上，則此類植物已出現於下白堊紀，亦為最古老之被子植物。甚多之植物學家均以為柔荑花序類導源於金縷梅目（Hamamelidales），蓋木蘭目多具單花，而金縷梅目則多成頭狀或穗狀或柔荑狀花序。赫經生在其書中即認為柔荑花序類出自金縷梅目，而金縷梅目則出自薔薇目（Rosales）而上溯繡球花目（Cunoniales），締輪尼亞目（Dilleniales）以達到原始之木蘭目者，故在其書中金縷梅目與柔荑花序類皆置之於薔薇科之後。苟如其所主張。則甚難解釋何以在邃古之下白堊紀柔荑花序類即已出現，時間不能許可；且在地質史上，繡球花目與薔薇目各科並非甚古，故此說殊難置信也。反之，甚多著名之植物分類學者與植物解剖學者如 H. Baillon，H. Solereder，H. Hallier，J. P. Lotsy，R. P. McLaughlin 與 Leon Croizat 皆認原始之山車屬、水青樹屬、雲葉屬、紫荊葉屬、杜仲屬皆與金縷梅科有相同之處。Croizat 在其 Trochodendron、Tetracentron，and their Meaningin Phylogeny 一文中曾以山車與水青樹之花與金縷梅目之楓（Liquidambar），門懸木（Platanus），以及棍薩科（Nyssaceae）之拱桐（Davidia）與喜樹（Camptotheca）之花比較，證明其近似之處；於此可見金縷梅目之原始性。Croizat 認為山車與水青樹乃一廣大類似金縷梅目與虎耳草目（Saxifragales）之原始群之分支，甚至認毛茛目（廣義的）乃一幻覺。因此在此新系統中認金縷梅目為一原始群，而為柔荑花序類所自出，與木蘭目無甚關係；而認薔薇目仍導源於木蘭目。

　　在各分類系統中，山茱萸科（Cornceae）與五加科（Araliaceae）均與傘形科（Umbelliferae）同置於傘形花目（Umbelliflorae）中。赫經生則除此三科外，另加入瓜木科（Alangiaceae）與木尼薩科（Nyssaceae）。彼認為此目一部分或出於衛矛目（Celastrales），鼠李目（Rhamnales）與金縷梅目，而草本者則或出於虎耳草目。實則此目應分為兩目：傘形科既出於虎耳草科（Saxifragaceae），自與山茱萸等木本科無關，可列入傘形花目；其山茱萸科等則另列一目，而稱為山茱萸目（Cornales）。此目可溯源於金縷梅目，蓋棍薩科花之構造與金縷梅目實相近似也。Croizat 曾假設拱桐之小蕊花所成之頭

狀花序，若伸長即與柔荑花序各科之小蕊花序相似，故其親緣當在
金縷梅目與柔荑花序類之間。是此目之花雖簡單，正其原始性而非
退化者。五加科在地質史上實為最古之一科，以五加屬（Aralia 及化
石之 Araliophyllum）在下白堊紀即已出現，而在上白堊紀特為發達
也。又此科之他屬花雖簡單，而 Tupidanthus 屬則具有小蕊與心皮各
數十枚之多，其原始性於此可見；蓋此科本甚原始，但其花簡化甚
速而甚普遍耳。故在此新分類系統中，山茱萸目置於金縷目之上，
而認為其一部分與柔荑花序類有關。

　　在 1946 年 E. J. H. Corner 發表《離心小蕊》（Centrifugal Stamens）
一文，詳論雙子葉植物各科在小蕊的發育上有重大的歧異。在 1857
年 J. B. Payer 在其 Traite D'organogenie Comparee de la Fleur 書中即
述及有數科之小蕊離心發育者，與多數他科小蕊之向心發育者迥異。
自此以後甚少植物學家注意此種重要之對比。Corner 發現前人所知
具有離心發育之小蕊之科有獼猴桃科（Actinidiaceae），蕃杏科
（Aizoaceae），仙人掌科（Cactaceae），白花菜科（Capparidaceae），
締輪尼亞科（Dilleniaceae），金絲桃科（Hypericaceae），刺蓮花科
（Loasaceae），玉蕊科（Lecythidaceae），錦葵科（Malvaceae），芍藥
科（Paeoniaceae），山茶科（Theaceae），田麻科（Tiliaceae）及 Corner
自己發現者有紅木科（Bixaceae）等十三科。與之對比，則具有多數
向心發育（Centropetal）之小蕊者有木蘭科（Magnoliaceae），蕃荔枝
科（Annonaceae），樟科（Lauraceae），薔薇科（Rosaceae），豆科
（Leguminosae），桃金娘科（Myrtaceae），安石榴科（Punicaceae），
千屈菜科（Lythraceae），毛茛目（Ranunculaceae），睡蓮科
（Nymphaeaceae），罌粟科（Papaveraceae）等重要科。Corner 又發
現具有變型的離心發育之小蕊者有梭羅夷科（Saurauiaceae），半日花
科（Cistaceae），白花菜科（Capparidaceae），馬齒莧科（Portulacaceae），
繡球花科（Hydrangeaceae），芸香科（Rutaceae），牛龍牛兒苗科
（ueraniaceae），蒺藜科（Zygophyllaceae），石竹科（Caryophyllaceae），
石南科（Ericaceae），耳拔古里斯科（Epacridaceae）等科。可見小蕊
離心發育性質相當普遍；若加以詳盡之研究，尚可在他科中發現此
同樣之現象。此種特殊之小蕊發育具有重大之系統價值。吾人固可

認小蕊離心發育仍為由小蕊向心發育蛻變而來，但也許此性質表徵不同之來源；至少可用此性質以整理紊亂之分類系統。如芍藥屬（Paeonia）通常均列在毛茛科內；在 1908 年 W. C. Wordell 認為芍藥屬之維管束解剖性質即足以證明不能將此屬置之於毛茛科之內，而與木蘭科反較為近似；彼建議將此屬立為一科名芍藥科，為毛茛科、木蘭科與蠟梅花科之間之一連鎖。在 1932 年 K. Schoffel 發現芍藥之小蕊乃離心發育者，而與毛茛科不同；Corner 乃以芍藥之花與締輪尼亞科相比，則見其十分相似，以為即置之於該科中亦無不可。

今用此性質來尋求各科目之系統關係，乃得重大之結果。締輪尼亞目本為一重要之基本原始群，為紅木目（Bixales），山茶目（Theales），金絲桃目（Guttiferales），田麻目（Tiliales），錦葵目（Malvales），仙人掌目（Cactales）等重要目所自出，其與木蘭目之關係甚為疏遠；今更有如此不同之小蕊發育性質，尤證明其無關係；而上舉各目則皆具有離心發育之小蕊者；故將締輪尼亞目另立為一支，而與木蘭目無關。繡球花目（Cunoniales）赫經生置之於締輪尼亞目與薔薇目（Rosales）之間，但薔薇目之小蕊乃向心發達者，故不能與締輪尼亞目及繡球花目有關係。赫經生又認桃金娘止出於山茶目（Theales），但桃金娘目乃具有向心發育之小蕊者，故不能認為與山茶目有關係；而桃金娘目中之玉蕊科（Lecythidceae）則具有離心發育之小蕊，故必須自桃金娘目中提出而置之山茶目中。薔薇目則出自木蘭目；海桐花目（Pittosporales），桃金娘目（Myrtales），豆目（Leguminosae）則出於薔薇目。赫經生認千屈菜目（Lythrales）出自石竹目（Carvophyllales），但石竹目具有離心發育之小蕊，千屈菜目則有向心發育之小蕊，二者不能有關係；而在恩格勒分類系統千屈菜科、安石榴科、瑞香科（Thymelaeaceae）等科皆歸入桃金娘花目（Myrtiflorae）。今以小蕊發育之性質觀之，認為正確；故仍將千屈菜目與瑞香目（Thymelaeales）置之桃金娘目之上。

在草本各科中亦有同樣之情形。毛茛科、罌粟科、睡蓮科等有向心發育之小蕊；錢牛兒苗科、石竹科、十字花科等有離心發育之小蕊。通常皆以為白花菜科及十字花科與罌粟科有密切關係；今知前二科有離心發育之小蕊，自不能認為具有向心發育之小蕊之罌粟

科有最近之親緣。又如石竹目在赫經生分類系統中認為出於虎耳草目，以上溯毛茛目；而在恩格勒之分類系統，則將石竹科，馬齒莧科，蕃杏科，商陸科（Phytolacaceae），藜科（Chenopodiaceae），莧科（Amaranthaceae）等科歸為中央種子目（Centrospermae）而置之於毛茛目之前。今石竹目、蕃杏目已經證明與毛茛目截然不同之小蕊發育性質，具見恩格勒系統關於此點之正確，因此將石竹目、蕃杏目等另立為一支而與毛茛目無關。在此目中，商陸科之多數分離心皮實為原始性質也。刺蓮花目（Loasales），白花菜目與十字花目亦認為由石竹目演化而出。

此外則具有羽狀複葉而被稱為「羽狀複葉類」（Pinnatae）之芸香目（Rutales），楝目（Meliales），無患子目（Sapindales），此處認為獨立之一支，與雙子葉植物其他各支無關。近年發現之穗果木科（Rhoipteleaceae）認為屬一獨立之目名為穗果木目（Rhoipteleales）而置於無患子目之上；胡桃目（Juglandales）亦置於此。

在雙子葉綱各目中科亦有增加與變更；如在木蘭目則加一德堅勒利亞科；在樟目則加一南培黎科（Austrobaileyaceae）而將拉克多里科（Lactoridaceae）與蠟梅科亦置於此；在金縷梅目則加一十齒花科（Dipentodonaceae）；在山茱萸目則加一陀利塞利科（Toricelliaceae）；在馬兜鈴目則添杜蘅科（Asaraceae）與奴草科（Mitrastemonaceae）；在千屈菜目則承認菱科（Hydrocaryaceae）；在山茶目則加入玉蕊科與巴林頓科（Barringtoniaceae）；在田麻目則取H. L. Edlin錦葵目之修正，將以前所謂錦葵科有蒴果之各屬移入木棉科，而自梧桐科（Sterculiaceae）將具有兩性花與連合心皮之各屬分出為利末花科（Buettneriaceae）。

甚多植物分類學家認為單子葉植物出於毛茛目；Hallier與Lotsy雖主張單子葉植物為二元的，亦認為大部分單子葉植物導源於毛茛目。赫經生則主張所有單子葉植物皆導源於毛茛科。韋特士坦教授（Prof. Richard Wettstein）則認為單子葉植物甚多之特性，皆可見之於雙子葉植物之若干科中，而單子葉植物之花粉粒之全為有單槽的，乃與木蘭科，番荔枝科，樟屬（Cinnamomum），馬兜鈴屬（Aristelochia），Cabomba屬相同，而血清鑒別法（serumdiagnosis）

亦證明單子葉植物與木蘭科，防己科（Menispermaceae），睡蓮科（Nymphaeaceae），馬兜鈴科（Aristolochiaceae）有關；彼以為單子葉植物為一元或多元尚難作定論，但彼認為露兜樹目（Pandanales）與肉穗花序目（Spadiciflorae）與薯蕷科（Dioscoreaceae）則另為一支。培黎教授（Prof. I. W. Bailey）則以為自維管組織觀之，不但具有原始維管組織之木本雙子葉植物不可能導源於草本之毛茛科，即單子葉植物亦不能導源於草本之雙子葉植物如毛茛科；此說尤為特異。但單子葉植物全具單槽之花粉粒，而毛茛科則具三槽之花粉粒，此異點亦足以證明單子葉植物不能出於毛茛科也。

赫經生在其《顯花植物誌科》第二冊《單子葉植物》書中曾特為討論單子葉植物之為單元的或多元的問題，而認為單子葉植物為單元的：即花蘭目（Butomales）出於毛茛科中之立金花亞科（Helleboroideae），澤瀉目（Alismatales）出於毛茛亞科（Ranunculaceae）；其餘之各科，皆從此兩支而出。彼分單子葉植物為三支：認萼花區出自花蘭目與澤瀉目；冠花區出於花蘭目之芝菜科（Scheuchzeriaceae）；穎花區出於冠花區；棕櫚目（Palmales）出於龍舌蘭目（Agavales）以上溯百合目（Liliales），而天南星目（Arales）則出於百合科之萬年青族（Aspidistreae）。此系統驟觀之似甚合理，但詳為分析，則可發現其弱點。吾人周知在被子植物，無胚乳之植物皆自有胚乳之植物演化而成，而無向相反方向演化之理。但沼生目（Helobiae）——包括赫經生之花蘭目，澤瀉目，突留律打目（Triuridales），線葉藻目（Juncaginales），水蕹目（Aponogetonales），眼子菜目（Potamogetonales）與茨藻目（Najadales）皆無胚乳而其他單子葉植物則皆有胚乳。故謂一般單子葉植物皆導源於沼生目實不可能。又維蘭德教授認為棕櫚目出於蘇鐵蕨中之髓木類；吾人亦知棕櫚目與露兜樹目（Pandanales）皆出現於白堊紀，在地質史上遠較龍舌蘭目與百合目為早。故天南星目雖可認為出自百合科之萬年青族，而認露兜樹目與棕櫚目出於龍舌蘭目與百合目實不可能。無寧認單子葉植物至少有三支：一為沼生區（Helobiae），一為百合花區（Liliiflorae）——包括赫經生之萼花區、冠花區與穎花區（此處改為亞區），一為肉穗花區（Spadiciflorae）——包括露兜樹目、棕櫚目與輪花棕櫚目

（Cyclanthales）。且認為單子葉植物不出於毛茛科；除肉穗花區外，皆須上溯至半種子植物，而不能上溯於現存之雙子葉植物也。

被子植物系統經如此修正，似更與今日植物形態學、植物解剖學與古植物學所研究之結果相符合。但在將來古植物學與植物形態學有新發現時，當有再修改之必要。將來在二疊紀三疊紀之地層中，或可發現真正之被子植物之遠祖，即所謂半種子植物者。在未經採集之熱帶雨林中，或可發現更有研究系統價值之新科如德堅勒利亞科者。在花與木材解剖染色體及血清鑒別等更大規模研究後，必可得大量關於植物分類系統之資料，因而可以完成更完美之種子植物分類系統也。〔註2295〕

9月6日，廬山森林植物園工作安排。

中國科學院植物分類研究所在北京召開工作站座談會，陳封懷報告了廬山植物園被江西省政府農業廳接管之後，與廬山林場合併一年來情況。會議形成「中國科學院植物分類研究所在廬山設立工作站及植物園辦法草案」，並與江西省農業廳訂立合作辦法。人員編制保留原有人員，有主任1人，研究人員3人，技術人員2人，工人或技術工15人，僅新增1名事務員。第二年5月，分類所又在北京召開工作站會議，吳征鎰對廬山工作站作如下發言：「廬站在已往是無計劃的買辦性的機構。改為所屬設立之高山植物園，重點放在森林植物園，其他也可搞一些，生產方面試驗可以作，但不以生產為目標，試驗可以，但不作推廣工作。小規模的售賣種苗交換可以。用不著的山，把其中重要（樹種）移植出來，其餘交林場。標本是作保存性質，陳自己研究的可以留下」。〔註2296〕

9月16日，中國科學院植物分類研究所第四次所務會議，選舉產生工作計劃委員會和編審委員會，胡先驌任編審委員會主席。

〔註2295〕張大為、胡德熙、胡德焜合編《胡先驌文存》（下卷），中正大學校友會出版發行，1996年5月，第374～385頁。

〔註2296〕作站會議記錄，中國科學院檔案館藏中國科學院植物研究所檔案，A002-12。胡宗剛編《廬山植物園八十春秋紀念集》，上海交通大學出版社，2014年8月版。第033頁。

9月，1950年9月～1951年2月，中科院先後接收雲南農林植物研究所、北研植物學所云南工作站、廬山森林植物園、中國西北植物調查所、國民黨政府國史館、中國海洋研究所。與中央軍委氣象局共同接收徐家匯觀象臺、佘山觀象臺。

1950年10月召開第一次植物分類學會議人員合影，左起，前排：黎盛臣、湯彥承、關克儉、楊作民、王文采、韓樹金、徐連旺、王宗訓；二排：呂烈英、馮家文、趙繼鼎、簡焯坡、馬毓權、王富全；三排：鄭萬鈞、張肇騫、夏緯瑛、耿以禮、汪振儒、唐進、胡先驌、王振華、方文培、劉慎諤、林鎔、郝景盛；四牌：夏緯琨、蔣英、傅書遐、匡可任、吳征鎰、汪發纘。（摘自胡宗剛訪問整理《王文采口述歷史》）

10月13日，胡先驌向工作計劃委員會提出他編著的《中國森林圖譜》，可在短期內完稿，需要一名繪圖員。會議認為，此項工作係個人工作，不放在中心工作考慮，不予支持。

10月間，靜生生物調查所動物部併入中國科學院動物研究所。

　　對於所接收的靜生所動物標本，成立以陳楨為主任，劉承釗為副主任，張璽、張春霖、壽振黃、陳義、王鳳振及鄭作新為委員的動物標本委員會，後改為動物標本工作委員會。鄭作新曾做該委員會動態報告：「我院舊藏的動物標本，大都由靜生生物調查所接收來的，嗣後由北平研究院動物研究所移交大批標本，分別按照各綱、目及科集中排列，已編號登記，1. 無脊椎動物 268998 號，2. 脊椎動物 56923 號，3. 骨骼標本 1799 件。」〔註2297〕在此基礎上，1953年該會又改為動物研究室，1957年擴建為動物研究所，1962年與昆

〔註2297〕鄭作新，動物標本工作委員會動態，科學通報，1950（8）。

蟲研究所合併,即今日之中國科學院動物研究所。原靜生所人員,除張春霖、壽振黃,還有沈嘉瑞、秉志等先後加入該所工作。靜生所所設立的廬山森林植物園,改組為中國科學院植物分類研究所廬山工作站,陳封懷任主任;所設立的雲南農林植物研究所,改組為中國科學院植物分類研究所昆明工作站,蔡希陶任主任;而在四川樂山設立的木材實驗館,則由樂山專署接管,唐燿留任負責人,後該館加入到中國林業科學院。胡先驌所提議的以靜生先生之名名植物標本館事,則未見兌現;所建議設立首都植物園事,也未見立即實施。〔註2298〕

12月3日,胡先驌當選江西會館財產委員會籌委會副主任委員。

　　1950年9月,《從「共有」到「公有」:新中國初期北京江西會館財產清查與接收》載:北京市人民政府頒發會館財產辦法後,江西全身性會館——「江西會館」隨即完成了在政府的登記。12月3日,江西會館財產委員會籌備會在「江西會館」舉行,共有21個府縣會館代表出席,推選17名籌備委員。在會上,「當場推舉之籌委李志吾、胡先驌、饒葆民、賴濟春、姚存琪(女)、黃傳霖、王聖鈇、趙平如、羅兆瑞、胡嘉麟、王濟民、郭海民」,其中李志吾為主任委員,胡先驌為副主任委員。「另有五個籌委額,留待缺席會館推選」。〔註2299〕

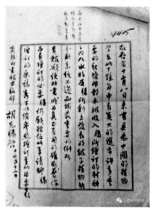

胡先驌致商務印書館出版部信函(胡宗剛提供)

〔註2298〕 胡宗剛,靜生生物調查所的復員,中國科技史料,2000,20(1)。胡宗剛著《靜生生物調查所史稿》,山東教育出版社,2005年10月版,第229~231頁。

〔註2299〕 李平亮、趙鵬飛《從「共有」到「公有」:新中國初期北京江西會館財產清查與接收》,2021年9月,江西師範大學學報(哲學社會科學版),第54卷第5期,第118頁。

12 月 12 日，胡先驌致商務印書館出版部信函。

　　敬啟者：

　　　　十二月八日來書具悉，中國的植物學在此十餘年中，有莫大的進步，許多重要的新發明，都未被收入，驌所增訂的材料之內，如水杉及驌所創立發表的被子植物新分類系統，不過兩個最重要的例如。貴館欲使此書成為真正有用的權威著作，尚有增訂的必要，驌仍願擔任此事，將驌增訂的原稿寄下，以備參照增訂。至以為要。

　　　　此致
敬禮
商務印書館出版部

胡先驌　啟

十二月十二日〔註2300〕

12 月 22 日，商務印書館出版部復胡先驌信函。

　　敬復者：

　　　　接奉十二月十二日大函，承示允為敝館《植物學大辭典》再度增訂，加入許多寶貴材料，毋任感幸。除將原稿另郵掛號寄奉外，專此奉復，敬希惠予進行估計，需加入若干條，約若干字，並請約示為荷。

　　　　此致
敬禮
　　胡步曾先生

商務印書館出版部

1950 年 12 月 22 日〔註2301〕

是年，共同完成《中國植物誌》編研工作。

　　　　當我已經懂得要擔任編著《中國植物誌》的重大任務，非集體工作不可，故我很願團結全國的植物分類學工作者共同完成此項任

〔註2300〕　胡宗剛著〈胡先驌佚箚一通——擬增訂《植物學大辭典》致商務印書館函〉，公眾號註冊名稱「近世植物學史」，2023 年 05 月 21 日。
〔註2301〕　胡宗剛著〈胡先驌佚箚一通——擬增訂《植物學大辭典》致商務印書館函〉，公眾號註冊名稱「近世植物學史」，2023 年 05 月 21 日。

務。我到科學院工作以後，由於我的自高自大的思想，使我又發生功臣思想。我以為我將我創辦經營二十多年的靜生所與廬山、昆明兩個工作站，不保留的送與科學院，我是有功的。我常說我的陪嫁好，我總覺得我應該受優待。我全沒有想到，我辦的幾個機關的經費，全是人民的血汗換來的。而我所領導的科學研究工作究竟對於人民的利益有什麼貢獻，仔細檢討起來，真是令我十分慚愧。〔註2302〕

自傳載：我在植物分類研究所任職後，值所初創，未完全上軌道，我有些重要建議，未能見諸實施，加以思想未通，遂有做客思想，而專心從事個人的著作。後來所中號召集體作研究，我深以為然，對集體工作頗能出力，至今始終認為正確的工作方針，而絕無極端的個人主義與不合作的行為。對於利用國產野生植物資源亦小有貢獻。〔註2303〕

是年，與謝少文當選北京博物學會副會長，為期1年（1950～1951），會長湯佩松。〔註2304〕

是年，為《種子植物分類學講義》作序。

在今日各大學中，雖多有植物分類學一門課程，但無一中文本完善植物分類學教本，作者主講此學科二十餘年，每以此為缺憾。當一九二七年之秋乃開始用中文編纂一部種子植物分類學，已近於完成，一九二九年內遷往昆明，此稿留在北京，未及攜帶，直至勝利歸來始重行加以修正。在初寫此書時，完全用英國名植物學家赫經生（J. Hutchinson）之分類系統，但披閱近年來各植物學家對於植物分類系統之研究論文，覺赫經生之分類系統，殊不完善，乃自創被子植物的一多元的新分類系統。對於目與科之排列有重大之變更，又對於若干科之分合，亦有新建置，因此將全書又重加以整理。

本書著重在供中國大學或專門學校或農林科學院教授植物分類

〔註2302〕 胡先驌著《對於我的舊思想的檢討》，1952年8月13日。《胡先驌全集》（初稿）第十五卷人文科學文章，第629～640頁。

〔註2303〕 胡先驌著《自傳》，1958年。《胡先驌全集》（初稿）第十五卷人文科學文章，第656～659頁。

〔註2304〕 孫承晟著《萬利普與北京博物學會》，《自然科學史研究》第34卷，第2期（2015年），第191～193頁。

學之用，故對於中國所產之各科敘述特詳。除每科皆有詳細之描寫外，亞科與族以及中國產之重要屬亦有簡短鑒別性之描寫，可供檢索之用。有經濟用途之種類，無論其為本國產或外國產，皆擇其重要者敘述以供學人之參考。本應繪列多圖，以此項工作過於艱巨，若待數百幅圖繪就始行刊布，則未知何日始能出版。故先以無圖之稿作為講義付刊，以應廣大之需要。俟圖已繪就，再謀增訂付印以成完璧。

一九五〇年著者序於北京之寓齋。

第七屆國際植物學大會

是年，第七屆國際植物學大會在瑞典斯德哥爾摩召開，有代表 1521 人。

是年，第七屆國際植物學會在瑞典斯德哥爾摩召開，有代表 1521 人，該會來函邀請胡先驌擔任本屆大會副主席。由於新中國剛剛解放，與西方國家沒有建立外交關係，所以胡先驌未能前往參加會議。〔註 2305〕

是年，雲南農林植物研究所改組為中國科學院植物分類研究所昆明工作站。1959 年改為中國科學院昆明植物研究所。1962 年改為中國科學院植物研究所昆明分所。1970 年整所下放雲南省管理，改為雲南植物研究所。1978 年改為中國科學院昆明植物研究所。

〔註 2305〕 中國科學院植物研究所紀事《1949～1980》）記載。

是年，《近世中國農業研究機構概況》文章手稿藏中國科學院檔案館。胡宗剛整理，刊於 2004 年《中國科技史料》雜誌第 25 卷第 01 期，第 1～17 頁。摘錄如下：

整理說明：

胡先驌（1894～1968），字步曾，號懺庵，贛之新建人。中國現代植物學研究事業的奠基者，著名植物分類學家。胡先驌雖以科學名世，而於國學亦有頗深造詣，屬於較為鮮見的文理兼通的大家。其在從事研究之餘，也留意收集其所從事之學科史料，所著《植物分類學簡編》（上海技術出版社，1958 年）一書，即有「關於中國植物分類的研究工作」的歷史論述，分別介紹歐美植物學家和中國植物學家對中國植物分類的研究成績；在後人編輯出版的《胡先驌文存》（江西高教出版社，1996 年）中，也有不少此類文字。今春搜討史料於中國科學院植物研究所，得胡先驌未完成《近世中國農業機構概況》手稿，該文原未署篇名，此係據文意所加。

該文作於 1950 年，其時作者任中國科學院植物分類研究所研究員。文分八個部分，主要介紹浙江、江西、華北等三所農業研究機構和中山、金陵、嶺南、南京、西北等五所大學之農學院，於各機構之創建始末、發展沿革、隸屬變更、研究成果等皆作簡明之記述。諸多情形，今多已失記，可視為中國現代農學史和各校校史之材料，因商之於中國科學院植物所和胡先驌之哲嗣，得允予以整理刊出。作者未寫完之處，在文中注明；其衍文以〔 〕示之。錯誤之處，恐為難免，懇請讀者指正。

一、浙江省農業改進所

浙江省農業向稱發達，兼以交通便利，文化水準較高，故以科學改進農業之運動，亦較之他省發生為早，遠在前清光緒二十三年，杭州即有蠶學館之創設，至宣統三年勸業道即在杭郊筧橋設立農事試驗場，至一九一五年設立原蠶種製造所，一九一九年設立棉種試驗場，一九二四年設立昆蟲局與造林場，一九二七年設立蠶業試驗場，一九二八年設立水利局，一九二九年設立杭州繅絲場，一九三〇年設立稻麥改良場，一九三二年設立化學肥料管理處，一九三六年設立園藝場、家畜保育所與土壤調查所，一九三七年設立茶葉改

良場，一九三八年設立農業改進所，將各農業機關合而為一，改進機構，至一九四〇年蠶業推廣部分復行劃出，成立蠶絲管理委員會，一九四二年又劃出農田水利部門於建設廳內成立水利處，一九四九年五月杭州解放後本所改組，除一面歸併與農業有關各機關外，內部力求簡化，只設立農藝、農藝化學、植物病蟲害、森林、畜牧獸醫、農業推廣等系，其後省府加強領導農業生產，擴大各種生產有關的專業機構，本所原有推廣、造林、治蟲防疫等工作，在實業廳成立專業部門負責進行，農業推廣系與森林系取消，西湖林場湘湖繁殖場劃歸實業廳直接指導，三界茶場劃歸中茶公司杭州分公司，牟山湖繁殖場劃歸餘姚縣人民政府，另接辦黃岩園藝場及海寧豬種繁殖場歸併入硤石綿羊場，再度改組後本所現有農藝、農藝理化、植物病蟲害、及畜牧獸醫各系，下設稻麥場、蕭山棉場、黃龍洞農場、黃岩柑桔場、硤石種畜場。

農業改進所業務狀況

（一）**稻麥**。浙省稻麥改進工〔作〕開始於一九三〇年創設之稻麥改良場，歷年以來工作方針，始終一貫，一九三三年以後稻麥改進設備，日趨完善，一九三六年美國育種專家海斯博士來華考察，譽為國內最完備之育種機關。浙省稻麥育種初以純係育種為主，繼則進行稻與小麥雜交育種，一九三九年起開始舉行早稻及各項雜糧之育種，計育成之早秈、中秈、晚秈、晚粳、晚糯稻十餘種，其產量較土種高出百分之五至百分之四十九不等，大多均在百分之十五以上，其品質亦不下於市場上等米，改良小麥純系的，計有十系產量均在二百市斤以上，較之土種有高出一倍者，其由雜交育種而得的有九系，產量高的較之土種高出百分之三十以上，各系皆有抗銹病能力。雜糧之改進除進行純系育種外，並徵集品種舉行比較試驗，皆能獲得優良品種，至今稻作育種工作，品種觀察計有八五六個品種，試驗設計計有一六四個品種，小麥及雜糧育種工作今仍繼續進行，改良稻種之推廣開始於一九三五年戰時改良稻之推廣，至一九四三年止，累計達三十二萬七千畝，改良小麥亦達二十八萬二千餘畝，約可藉以增產稻十九萬六千餘擔，麥五萬六千餘擔。

栽培方法之改進，亦曾歷次舉行試驗，均已獲有結果。

（二）蠶絲。浙省蠶絲之改進遠肇於前清道光年間，寧波海關稅務司西人唐發達曾親赴日本調查蠶業，歸後上條陳與清政府，力主改進，未見採用，唐乃選派寧波養蠶學院工頭江生金入法國蒙貝利蠶業學校學養蠶新法，至清光緒二十三年清廷下詔變法，杭州知府林迪臣設立蠶學館於西湖金沙港，聘江生金主持之，後以江之學識不足，改聘日本教師主持教務，講授養蠶繅絲新法。一九一二年（民國元年）浙省設農事試驗場於杭州筧橋，即在場內專設蠶桑科從事實驗工作。一九一五年設立浙江省立女子蠶桑講習所，又在艮小門外設原蠶種製造場。一九一八年中國合眾蠶桑改良會更於嘉興分設育蠶場，於諸暨分設製種場，一九二五年於杭縣、桐鄉、嘉興、海寧、吳興等縣設改良場指導飼育新種，於餘杭設製種場，製一代雜種。一九二七將原種製造場擴充為蠶業試驗場。一九二八年於浙江大學農學院設蠶業系，並改組蠶業試驗場為蠶業改良場，全省蠶桑改進事業均由該場主持，改良種大〔多〕見推廣。私營製種業亦興起，秋蠶之飼養亦漸盛。一九二九年該場改稱為浙江省立蠶桑業改良場，附設女子蠶桑講習所，並設杭州繅絲廠。一九三三年於〔與〕十〔三〕四年設立模範區與改良區，七月又成立管理改良蠶桑事業委員會。一九三四年改良場隸屬該會稱浙江省蠶桑場，蠶業取締，所亦併入於該場，杭州繅絲廠亦隸於該會。是年秋間蠶桑改良區域達二十九縣，十二月該會稱為浙省建設廳蠶桑統制委員會，一九三五年仍改稱浙江省蠶桑改良場，同年六月成立浙江省生絲推銷委員會，設辦事處於上海，並設繅絲委員會。一九三六年蠶絲統制會直屬於省政府，並於改良場內增設桑園股，另設蠶種監管所，並設嘉興蠶種場及餘杭蠶種製造改進所。一九三八年浙省農業改進所成立，各蠶業改進機構併入該所，在浙東六縣各設蠶業改進區，並在松陽、蘭溪設原蠶種繁殖場。一九三九年在麗水設原蠶種繁殖場，在臨安設蠶種管理分處。至一九四〇年共設十一蠶業改進區，並設蠶種冷藏庫。一九四一年蠶絲管理委員會成立，除有關研究試驗工作仍由農業改進所專設蠶絲系繼續辦理外，其他製種管理檢驗各機構一律移交該會接辦。一九四二年農改所育蠶育桑兩場及蠶絲系合併為蠶絲試驗室。一九四九年杭州解放，農改所改組，內部力求簡

化，遂不設蠶桑研究部門。

浙省改進蠶業雖發軔於光緒年間，但在選種方面，甚少成績，至一九四一年農改所始從事家蠶純係選種與雜交育種，及其他研究，獲得優良純種四種，及雜交種數種。

浙省蠶業因政府歷年竭力改進之結果，至一九三七年全省改良蠶種之需要已達三百餘萬張，但政府製種機關不能供應其全部之需要，自一九三八至一九四〇年三年之中，只能配發普通蠶種八十八萬餘張，故私營製種場甚為發達，如在一九三一年私營製種場多至七十五家，年產九十餘萬張，以後粗製濫造之風日甚，政府乃設管理取締機關，製種事業始獲合理保障而趨於穩定。至一九三七年浙西淪陷，種場淪陷達十分之九，至一九三八年原種供給及監督收購配發皆由農改所辦理，次年種場增至三十餘家，分布於十一縣，至一九四一年監管事宜歸蠶管會接辦，以敵竄浙東，浙東蠶區淪陷殆盡，製種場亦逐漸停辦。

（三）茶葉。浙省茶葉改進始於一九三四年紹興縣政府設茶葉指導人員，以指導茶樹栽培、茶葉製造及取締茶葉之著色摻雜，自是各區皆有開闢茶園或改進之企圖。一九三七年成立平水茶葉改良場，一九三八年該場歸併於農業改進所，該所即先後在數縣設立農業推廣區、示範茶場、檢驗處，以改進種茶、製茶及檢驗茶葉。一九四一年檢驗工作移歸浙省油茶棉絲管理處辦理，解放後農改所不辦茶葉改進工作。

茶葉改進之試驗研究開始於一九三七年，戰事發生後仍繼續進行。育種試驗有茶樹品種觀察，達一百二十種之多，栽培試驗，亦在各區舉行；採製試驗包括珠茶、珍眉、紅茶、龍井等。其他研究事項包括茶樹品種之分類，茶芽之生理，茶樹交配技術，病蟲害之防治，世界各地著名茶葉之製法，製茶機械及器具之設計改進，及茶葉之分級等。

各地茶農栽培茶樹均極粗放，農改所自一九三九年起乃在各地設示範茶園六處，一九四〇年開始整理各地舊式茶園，各區並每年舉行製茶示範，自一九三八至一九四一年四年間合計共製紅綠茶五萬六千斤，出品以品質優異，價格高出尋常茶葉，農改所併利用合

作機構，借給製茶機械設備，指導精製技術，以提高精茶品質，自一九三八至一九四一年止，共輔導合作社製成精茶一萬餘箱。改良製茶用具與器械，自一九三九至一九四一年間共推廣六百八十件。

（四）棉。浙省棉產改進始於一九一七年，實業廳設立棉種試驗場於餘姚。一九二八年改組為省立棉業改良場，並設慈谿、平湖兩分場。一九三〇年分設杭州、上虞、蕭山三育種場。一九三二年更名浙江省農業改良總場棉場，另在各地設育種場，育種區、繁殖區、合作棉場、實施區、推廣區。一九三五年棉場一度隸屬於浙江省農業推廣委員會，次年直隸於建設廳。一九三六年改隸於浙江省農林改良場。一九三七年再改為浙江省棉業改良場。一九三八年併入於農業改進所，由農藝股主持其事，除舉行育種及栽培試驗外，並於後方各重要縣舉行棉作地方試驗，設改建區、推廣區與檢驗處。

浙省自棉場成立，即注意於棉業技術之改進，在戰前，育種方面曾舉行品種比較，中美棉標準品種比較，百萬棉及長豐棉純係育種等試驗，在栽培法方面亦曾舉行各種試驗，在戰時各種試驗於一九三九年繼續在各縣舉行，一九四〇年試驗區域擴大至二十餘縣。

推廣工作自一九二九年開始，一九三三年起棉業改良實施區成立，藉政治力量指導人民採用良種，在沿江一帶推廣百萬棉，沿海則推廣具有抗鹽性之馴化美棉，至一九三六年，推廣面積達九萬四千七百五十畝，產籽棉十四萬九千餘擔。抗戰期中，自一九四〇年起在溫臺處屬各縣增加植棉面積二十六萬六千畝，檢驗出口棉花六十五萬三千餘包，一九四四、一九四五兩年防治害蟲達一萬三千餘畝。

（五）油桐及其他特產。浙省桐油產量在全國產油省分中占第四位，僅次於川湘桂三省，年產五十萬市擔以上，其改進工作自一九三五年開其端，是年二月農業管理委員會成立，推行林墾，在衢縣、江山、嵊縣等地墾植油桐。一九三八年農改所從事優良桐子之推廣與桐子理化性之分析研究，油桐栽培方法及品種之改良。一九四〇在衢縣設立油料植物繁殖場，在各縣林業改進區，亦分別墾植示範桐林，約二萬畝，推廣優良桐籽十八萬八千餘斤，播種桐林十三萬餘畝，分布區域遍及浙東三十六縣，一九四〇年防治油桐害

蟲及病害面積達二千餘畝。

煙草育種工作自一九三八年開始在品種觀察方面，搜集品種計有一八八種，品種比較試驗亦於是年開始，至第三年核計以兩種美國煙為最優，栽培法亦於是年開始試驗研究，是年開始試驗煙草加工，並訓練技工製雪茄煙，至一九四〇年在松陽設立雪茄煙製造廠，訓練大批女工，經營製造，製法推廣民間，於是雪茄煙之製造，成為松陽一大家庭工業，商營煙廠及合作社紛紛之設立，成為松陽戰時經濟上重要企業。

糖蔗在平陽、瑞安栽培素廣，戰前浙省園藝場曾於平陽設有糖蔗分場，由廣東引種爪哇改良蔗種，一九三八年該場併入農改所，該所在平陽設糖蔗繁殖場，一九三九年該場併入平陽農業推廣區，爪哇糖蔗之推廣年有擴展，遍及溫屬各縣，改良爪哇蔗含糖量較土種高出百分之四十，故農民爭求貸種。

（六）園藝。浙省年產果蔬可值七十萬元，園藝之改進始於一九三六年，設園藝場於黃岩，次年改稱浙江省園藝改良場，一九三八年該場併入農改所，該所即於其地設農業推廣區，一九四一年改為第七農業推廣區，以園藝之改進為主要工作。

浙省果樹之改進以柑桔為主，在園藝場時代即徵有名品種，以觀察風土適應情形，農改所繼續觀察有名品種十三種，一面舉行黃岩柑桔選種工作，蔬菜方面亦舉行品種觀察與比較，品種比較計甘藍有十一種，結球白菜有五種，他種試驗亦分別舉行。

農改所在黃岩繁殖優良果苗，包括梨、桃、枇杷、蘋果、花紅、楊梅、柚、柑桔、尤以柑桔為多，年有大量推廣。鄰省亦來大批訂購，果苗中以柑桔最為聞名，蔬菜如甘藍、洋蔥、番茄、花椰菜、山東白菜、萵苣等過去在浙南山區甚少栽培，戰時則經大量繁殖推廣於山區各縣。

（七）森林。浙省注意林政雖遠在一九二一年以前，然僅在杭州、蘭溪、臨海、永嘉（後遷麗水）設省立苗圃四所，至一九二四年始就建德前省立甲種森林學校原址設省立第一模範造林場。一九二七年北伐告成，政府開始推行造林運動，浙江省政府訂頒造林場暫行規程，次年並省立第一模範造林場與省立第二苗圃改組為省立

第一造林場，就麗水之省立第四苗圃設第二造林場。一九二九年省府依舊道屬分劃全省為四大林區，每區各設林場一所，凡育苗造林業務以及全區林業行政，統歸林場管轄，十九〔一九三〇〕年成立農礦處，處下設農林局，局內設森林組，次年農礦處歸併於建設廳，省政實施緊縮，四林場改隸農業改良總場。一九三五年建〔設〕廳成立農業管理委員會，下設森林管理處，四林場復隸屬該處，溫處兩屬保安林辦事處則改稱浙江省甌江保安林青田事務所，另於衢縣設立十里荒山墾植辦事處。一九三六年農管處裁撤，各林場均復舊觀，衢縣十里荒山墾植辦事處交第五區專員公署接管。七月省農林改良場成立，各林場均隸屬之。一九三七年農林改良場裁撤，成立省林場，是年抗日戰興，各林場統歸當地縣政府保管。一九三八年農改所成立，先於處屬各縣設中心農場，一九四〇年設四林業改進區，一九四一年設常山林業改進區。一九四三年青田林業裁併入麗水林業改進區，一九三九年省公路局與農改所合作在數縣設立公路行道樹苗圃，一九四〇年設立林產製造示範場，各縣自一九二八年起即設縣立苗圃。

浙省立林場自一九二七年起即開始營造示範林場，截至一九三六年止各林場造林總面積約十萬八千畝，植樹苗二千八百三十三萬株，農改所督導造林之結果截至一九四三年止，並各縣地方造林成績共為三百十三萬餘株。

育苗工作開始於一九二七以前，一九三五年省立各林場苗圃面積達八百八十餘畝，產苗四千六百七十餘萬株，自一九三八至四五年，各縣育苗二千三百六十萬餘株，推廣民間之苗自一九三一至一九四五年止，各區分發苗木一萬萬餘株，公路行道樹共栽七十七萬餘株。

（八）**畜牧與獸醫**。浙省畜牧事業開始於農礦處時代，一九三二年農業改良總場設獸醫技術室，派員分赴發生獸疫各縣防疫，一九三五年會同上海獸疫防治所及東陽縣政府合設獸疫防治實驗區，一九三六年農林改良場於金華設立家畜保疫所，改良場裁撤後改組為家畜保育所，抗戰軍興，該所即結束，原有事業一九三八年歸併農改所辦理。一九四二年，敵陷松陽，農改所各項設備慘遭破壞，

畜牧獸醫方面不易遷移之種畜種禽與血清疫苗製造所必需之冷藏庫及不能移動之設備同被損毀。

保育所及農改所歷年繁殖世界著名之豬、雞、鴨、兔、種，逐年在省內各地，均有相當數量推廣，亦曾以著名外國豬與土種豬進行雜交及進級育種，所得雜種豬推廣與農民，普遍受歡迎。以產卵特多之龍游雞，亦曾經大量孵育推廣於第九區各縣，每年至少數萬羽，又曾以合作飼養辦法，貸給山區農民以種牛，農民除享受耕牛之勞力外，並得均分其所產之仔牛，並經常指導農家清除牛舍，改善飼養管理方法及選種配種等工作。又在各縣設立耕牛配種站四處，免費配種，歷年來統計配種二百八十餘次，保育耕牛二千餘頭，一九四一年該所籌辦耕牛保險，數年以來頗著成效。

浙江省之獸疫以豬霍亂與豬肺疫最為重要，農改所首先即著手於該兩種疫菌苗與血清之製造，一九三九年以後，血清與菌苗之製造範圍逐漸擴大，製造數量亦增多，在數年中曾製成大量之牛出血敗血病高度免疫血清，抗牛瘟高度免疫血清，牛出血敗血病混合菌苗，炭疽芽胞菌苗，牛瘟臟器苗，牛傳染性胸膜肺炎菌苗等，除以供應本省農村之需要外，並供給各方面之需要，除製造菌苗血清外，並努力防治獸疫，歷年防治獸疫之種類與區域年有擴大，各地一有獸疫發生，農改所據報告，即派人員馳往防治，一面指導消毒與隔離，設法加以撲滅，統計防治牛疫二千四百七十七頭，其他豬之各種傳染病用血清治療者九千二百四十三頭，菌苗預防及藥物治療者八千一百二十七頭，治療家禽二千一百〇一羽。

（九）植物病蟲害。浙省治蟲事業，始於一九一三年嘉興府屬成立之治螟會，次年即結束。一九一七年，復設除螟研究所，不久又停頓。一九二四年浙江省昆蟲局成立於嘉興，工作注重浙西方面。一九二八年局址遷杭，更名為浙江省昆蟲局，擴充內部組織，並在嘉興設第一防治所，永嘉設第二防治所。一九二九年舉辦治蟲講習會，為訓練治蟲人員之發端，同年省會各縣設立治蟲委員會，在蘭溪設第三防治所。一九三〇年增設植物病理研究室，藥劑室等，同年各縣設置治蟲專員及督促員，同年八月浙江省農林局成立，昆蟲局歸其管轄，九月省令改設為浙江省立植物病蟲害防治所，全所分

為研究、推廣與總務三部，嗣以農林局裁撤，防治所改隸建設廳。一九三一年於杭、嘉、湖、寧、紹五縣設大規模稻蟲防治實施區，以為農民示範，四月裁撤第三區防治所設桑蟲研究分所於吳興，改第一區防治所為稻蟲研究分所，第二區防治所為果蟲研究分所，並增設防治指導室，材料供給室，機械室，六月與嘉興縣政府合辦之寄生蜂保護試驗室落成，七月省府開辦浙江省治蟲人員養成所，以備訓練學生充各縣治蟲人員之用。一九三二年一月召集各縣治蟲人員舉辦植物病蟲害防治講習會，三月增設寄生蜂研究室及蚊蠅研究室，果蟲研究室由永嘉遷黃巖，六月奉廳令仍為浙江省昆蟲局。一九三三年省令各縣設置植物病蟲害陳列室，四月在杭縣七堡設立棉蟲研究室。一九三四年浙江省農業管理委員會成立，將各地治蟲事業之一部改隸區農場，在舊府屬首縣置治蟲辦事處，各設治蟲專員三人，擔任各區治蟲指導之責。一九三六年省府改組，經費緊縮，本所經濟雖極度困難，而事業仍繼續維持，七月農林改良總場成立，省各場所併入管轄，改稱為昆蟲研究所，惟對於外仍用浙江省昆蟲局原名。一九三七年仍恢復浙江省昆蟲局，直隸建設廳，增設森林及倉庫害蟲研究室，棉蟲及蚊蠅兩研究室，因與中央合作，暫行結束。一九三八年浙江省農業改進所成立，該局併入該所，於所內設病蟲害股。一九四〇年改進所擴充組織，病蟲害股改為病蟲害防治科，下設病害、蟲害二股。

浙江省病蟲害之研究工作以稻作害蟲為主，治螟為研究中最重要之一部，次乃及於桑、果、棉、茶、森林等病蟲之研究，宣傳方面多方並進，省昆蟲局曾印發各種刊物一百五十一種，此外並低價推廣各種殺蟲器械，抗戰以後，農改所〔注：原稿此節至此而止〕

二、中山大學農學院

一九〇八年（清光緒三十四年）廣東省勸業道在廣州東郊籌設農事試驗場，同時在試驗場附設講習所，講習所在一九一七年改為廣東公立農業專門學校，一九二六年則改為中山大學農學院，大學農科成立後先設農學系（內分農藝、園藝、畜牧、蠶桑、病蟲害、農政各門）林學系，農林化學系（內分土壤肥料與農產製造兩門）三學系。一九二五年開闢石牌農場（現本校農林各二場）。一九二八

年增設農林植物研究所（現改為植物研究所，隸屬理學院）。一九三〇年增設稻作試驗場及土壤調查所（現改為土壤研究所），白雲山模範林場。一九三四年增設樂昌沿溪山演習林場。一九三六年增設蠶桑學系。一九三五年成立農科研究所，內分土壤學部與農林植物學部，招收研究生。一九四〇年沿溪山演習林改為樂昌演習林場，移設於細梨坑。一九四一年增設農業經濟學系，及畜牧獸醫學系。一九四八年增設農藝、園藝、病蟲害三學系，至目前止本院計有農藝、園藝、森林、畜牧獸醫、病蟲害、蠶桑、農業化學、農業經濟等八學系，及稻作試驗場，土壤學研究所。

歷年研究之成績

（一）農藝方面

1. 稻作：農藝系歷年對育種、風土化、施肥、病蟲害、及栽培方法、均有試驗與研究，而對育種尤為注重，在一九三七年以前，即已育成野稻雜交種，栽培稻雜交種，純係選定種等。早晚造優良稻種七十餘品系，抗戰期間分在韓江、南路、北江等地區繼續工作，所育成品種交廣東省農林局推廣，頗著成效。復員以後，自一九四七年起，研究重點集中在栽培種系統之分析，中國粳秈糯種之栽培起源及稻種分類，早晚造種光期反應之比較觀察，各地帶之粳秈稻種之種性異同。〔注：此節未完稿，至此而止〕

三、江西省農業科學研究所

一九三三年江西省省政府邀請國內著名農學專家商討設立江西省農業院，以為綜持農業行政、農業研究、農業推廣、農業教育機關，直隸於省政府，除院長由省政府任命外，並設有理事會，聘國內農學界著名專家為理事，以輔導本院業務之施行，一九三四年三月正式成立，在南昌蓮塘建築辦公及研究大廈。一九三九年抗日軍興，南昌撤防，農院隨省政府撤退至吉安，旋遷泰和楓山。一九四二年因敵寇竄擾，由楓山遷至泰和縣城。一九四四年敵軍沿贛江北竄，農院隨省政府再遷寧都。一九四五年抗戰勝利結束，農院遷回南昌蓮塘原址。一九四八年與墾務處合併，改為江西省農業改進所，後因行政與業務劃分，乃改為江西省農林處試驗總場。一九四九年南昌解放，乃改為農業科學研究所。

　　農業科學研究所計分作物組、園藝組、森林組、農業化學組、蟲害組、病害組、畜牧獸醫組、血清製造組、防疫組、家畜病院、農具二廠及與靜生生物調查所合辦森林植物園。一九五〇年新設應用植物組。

　　作物組成立於一九三四年，主持全省作物改進事宜。一九三九年遷泰和，後徙寧都，一九四九年遷回蓮塘原址，今仍照原編制進行工作，該組於水稻棉花試驗推廣有相當之貢獻。

　　園藝組成立於一九三四年，下設果樹、蔬菜、花卉及園庭布置四部，從事研究、繁殖、推廣、調查工作，並指導三湖、南豐果園工作。

　　（一）調查

　　為瞭解本省優良果樹蔬菜之分布，品質、重量、栽培方法及運銷情形，歷年往產區調查南豐蜜桔、許灣金桔、三湖柑桔、上饒梨、臨川西瓜、信豐胡蘿蔔及草菇等。

　　（二）研究試驗

　　1. 蔬菜引種。歷年均引種有各種蔬菜新品種，一九五〇年本組栽培春秋播蔬菜共計一百六十二品種，其中六十品種係由國內外引入。

　　2. 蔬菜育種。本組曾作白菜、西瓜、及辣椒品種比較試驗，結果以油東白菜、江陰白菜、嘉寶西瓜、楓田辣椒、臺灣大獅子柑為最優。

　　森林組成立於一九三四年，初名為森林部，主辦研究試驗繁殖推廣事宜，兼理行政工作，一九三六年創設吉安、南城、貴溪、贛縣、萬載五中心苗圃，並接收廬山湖口景德鎮三林場。一九四二至一九四五年農業院組織變更，改稱森林股，專辦行政工作。一九四六至四八年復員來南昌改稱森林組，專事試驗研究繁殖推廣業務。一九四八年三月至一九四九年五月本組劃隸總場，解放後名稱業務仍舊。

　　廬山森林植物園成立於一九三五〔四〕年，係與靜生生物調查所合辦，位於廬山含鄱口，面積約四千餘畝，曾種有各項珍貴苗木二十餘萬株及各種園藝卉木甚多。歷年曾在各省採集各種種子，與

世界著名植物研究機關交換，並受國外各學術機關委託購買搜集種子苗木，勝利後積極整理苗圃及採集種子。一九四八、一九四九兩年曾育成大批水杉、臺灣杉幼苗。解放後與廬山林場合併為森林植物研究所，靜生生物調查所改組後，中國科學院植物分類學研究所仍與江西農業科學研究所合辦植物園事業。

農業化學組成立於一九三四年，主要業務為土壤肥料試驗研究，蒸製骨粉及推廣，農產品分析等項，設備之完善為東南各省農事機關之冠，抗戰期中工作陷於停頓，儀器藥品損失甚巨，復員後亦無法添補，解放後一切均在整頓補充中。

本組研究試驗工作計有：（一）曾在各縣分場舉辦水稻與棉花肥料三要素試驗；（二）曾在各場舉辦水稻、棉花、小麥、甘蔗、煙草等作物化學肥料與農家肥料肥效比較試驗；（三）曾引種各地優良綠肥品種如苕子、馬豆、豬屎豆等；（四）曾作紅土與黏土改良施肥試驗。製造工作：計歷年製造骨粉十六萬六千餘斤，推廣於農家者計有十四萬九千餘斤，並推廣紫雲英種子五十二萬五千餘畝。

解放後曾添置酒精製造設備，製造酒精三千六百餘斤。一九五〇年將製造骨粉十萬斤，以增加本省肥料供應為中心任務。

病蟲害組成立於一九三四年，其中昆蟲部分對於本省各項農業害蟲曾經作過初步調查，計稻作害蟲有螟蟲等三十七種，棉作害蟲有棉卷葉蟲等二十種，梨樹害蟲有梨虎等四十五種，蔬菜害蟲有猿葉等二十七種，積穀害蟲有米象等二十七種。對於土產殺蟲藥亦曾作有調查，野生有毒植物可以作殺蟲藥者曾經發現有雷公藤、鬧羊花、苦樹皮、水莽草、算盤子樹等十餘種，現擬大量採取分別作藥效試驗以備利用。

研究試驗著重於治螟蟲，發現耕作方法與螟害有關，凡經過伏耕秋耕冬耕三耕之地區螟害均輕微，而在晚稻期間以煙草之莖插入田中，可以治螟。

對於棉蟲曾以噴霧器一百二十架，噴粉器一百二十架，噴射DDT以治棉蟲。

本所病害部分亦成立於一九三四年，至一九五〇年獨立成為一組，但人員及設備均不充實，亟待充實與發展。

畜牧獸醫部成立於一九三四年，業務有乳牛場、種豬場、種禽場、養蜂場，並在南城、臨川、弋陽等縣設立推廣站。抗戰軍興，所有業務遷往吉安泰和，及設立永新安福兩個種豬場，及泰和耕牛改良場，復員後將乳牛、種豬、種禽場合併為畜牧場。

江西獸疫防治事業創始於一九三四年秋，至一九三八年夏止，全省家畜防疫處所及附設家畜診療所共有四十二，並另設有耕牛保險總會，縣耕保單位，牛疫中區辦事處，及十一縣牛疫防治事務所，在防疫機構方面頗具規模，自一九三八年秋受抗戰影響直至一九四九年，江西獸醫業務完全摧毀，南昌解放後乃力圖防疫業務之恢復與發展，而在農研所內成立防疫組。

獸醫血清製造所成立於一九三六年春，自一九四○至一九四九年工作停頓，至八年之久，南昌解放後，即積極充實，成為農研所血清製造組，已陸續製出牛瘟炭疽等血清疫苗。

家畜病院成立於一九三九年夏，原為獸醫專科學校附屬家畜病院，自一九五○年農研所成立，此病院遂撥歸農研所領導，但仍與獸專密切聯繫。

應用植物組成立於一九五○年，其業務為加強本省重要經濟植物的遺傳與育種，和生理生態等各方面的試驗研究，同時感覺到我國今後農業改進事業必須走米邱林路線，採取新的方法有前途，故於本年成立此組來擔任此種任務。最近積極收集材料，並充實設備，修理溫室，擬定研究計劃，今年主要試驗項目有：（1）水稻春化處理技術研究；（2）全國改良稻種特性調查；（3）水稻雜交育種；（4）秈粳稻品種試驗；（5）中美棉嫁接和雜交育種試驗；（6）退化美棉品種內雜交試驗；（7）棉花種子春化處理技術研究；（8）黃麻雜交育種；（9）黃麻脫膠研究；（10）土壤肥力對於甘蔗遺傳性變異研究；（11）甘薯嫁接雜交試驗；（12）花生根瘤菌接種試驗（與化學組合作）；（13）蕃茄嫁接和雜交試驗。

四、金陵大學農學院

私立金陵大學原由美國基督教各教會在南京所設匯文書院等校而成，在民國前二年稱金陵大學。民國三年裴義理教授舉辦北方墾殖事宜，承孫中山、伍廷芳、唐紹儀、蔡元培諸先生贊助，鑒於中

國農林人才之缺乏，先行創設農科，次年添設林科，至民國五年，合稱農林科。十九年遵部令改為農學院。二十五年春創設農科研究所農業經濟學部，招收大學畢業生。二十六年，抗戰軍興，本校由南京遷成都。二十九年農科研究所增設農藝學部。三十年增設園藝學部。三十二年增設園藝專修科。三十五年遷回南京，農學院有農學館一座，蠶桑館兩座，農業專修科教室及實習室各一座，乳牛房一所，冷藏室、作物儲藏室、溫室各一座，另有各地農場甚多。農學院設農業經濟學系、農藝學系、森林學系、植物學系、園藝學系、植物病蟲害學系（內分植物病理學組及昆蟲組）、農業教育學系、蠶桑學系等八系，及農業專修科與園藝專修科及農業推廣部，曾設園藝職業師資科五年，今已停辦。

農學院自創辦之始即重視研究工作，年來全院經費用之於研究者約計百分之五十，所有專任教授均參與研究工作，高年級學生亦以研究工作為其設計實習及編著論文之資料，該院研究生占全校研究生總數之大半。農業經濟、農藝、園藝等研究所已畢業之研究生，共達四十二名。

農學院研究工作約分為下列三種：

（一）調查研究：例如農業經濟方面之調查，其目的在瞭解現實而加以改進。

（二）採集研究：例如昆蟲與植物標本之採集，其目的在確定農林生物之分布，與品種之鑒定。

（三）試驗研究：例如作物品種之改進，其目的在應用育種方法，產生質量兼優之品種。

農業經濟研究已完成者計有：

（一）農家經濟調查：共調查七省，十七地區，農家二千八百六十六戶，已出版中英文中國農家經濟各一書，為關於此問題之權威著作。

（二）中國土地利用調查：共調查二十二省，一百六十八地區，已編為本題論文、地圖及統計資料三種，中英文皆已出版，曾經全國圖書審查委員會特頒獎狀。

（三）鄉村人口問題之研究：根據我國十一省，二十二處，農

家一萬二千四百五十六戶之調查，刊行中國農村人口之結構及其消長一文。

（四）豫鄂皖贛四省農村經濟調查：分農村金融、農產運銷、土地分類、農佃制度、信用合作，農事特產及農村組織七項。

（五）四川省土地分類調查研究：按照有機質碳、土壤組織、顏色酸度及鈣質鑒定五〔四〕種，分別繪製各縣土壤分級圖，及土壤分區圖等。

（六）成都市附近七縣米穀生產與運銷之研究：供政府統制食糧之參考。

（七）四川農產物價及成都市生活費用研究：自二十七年起，按周編制生活指數，公諸社會以供參考。

（八）南京市物價及生活費用研究：自三十六年起，按周編制生活指數，公諸社會以供參考。

植物生產之研究。農學院農藝系素來重視小麥、棉花、水稻及其他農作物之育種，計先後在該院農場及合作農場改良完成之新品種有以下諸種：

（一）小麥——金大二九〇五號，金大二六號，金大開封一二四號，金大南宿州六一號，金大南宿州一四一九號，金大燕京白芒標準小麥，金大涇陽藍芒麥，銘賢一六九號，定縣七二號，定縣七三九一四號，徐州一四三八號，徐州一四〇五號，濟南一一九五號。

（二）棉花——金大脫子棉，金大百萬棉，金大愛字棉四八一號，金大愛字棉九四九號，斯字棉四號，德字棉五三一號。

（三）水稻——金大一三八六號。

（四）粟——金大燕京八一一號，金大南宿州三七三號，金大開封四八號，金大涇宿谷，定縣燕京二二號，濟南金大植物組八號。

（五）高粱——金大開封二六一二號，金大南宿州二六二四號，定縣三三號。

（六）大麥——金大九九號裸麥，金大開封三一三號大麥，金大南宿州一九六三號，金大南宿州七一八號裸麥。

（七）玉蜀黍——銘賢金皇后。

（八）土豆——金大三三二號。

　　農學院之園藝系則著重改良果樹與蔬菜品種及改良果品儲藏與運銷方法等，改良品種計有：

　　（一）柑桔——江津甜橙二十六號，二十四號，十八號，金堂大形甜橙十七號，江津紅桔十一號。

　　（二）蔬菜——甘藍金陵十號，榨菜金陵二號，蕃茄金陵二十號，近年輸入栽培新種大蒜（Allium amperoplasum L.）亦大為成功。農學院植物學系、森林學系、植物病蟲害學系，歷年採集之植物、昆蟲、病菌標本亦極豐富，計有臘葉植物標本三十餘萬份，約五千餘種；經濟樹木標本四萬份，約三千餘種；昆蟲標本十二萬份；真菌標本四千七百號，就中以臘葉植物標本最有價值，蓋該院之臘葉標本館，乃國內成立最早者之一，藏有珍貴之臘葉標本不少。

　　農學院推廣工作已完成者計有：

　　（一）應四川及陝西二省之請舉辦新都、溫江、仁壽、南鄭等縣之縣單位農業推廣區示範工作。

　　（二）應四川省之請，擔任彭縣及華陽二示範區之農業推廣輔導工作。

　　（三）受教育部及四川省教育廳委請，擔任川西各農業職業學校輔導工作。

　　（四）興辦新都、仁壽等縣之農民基礎學校及農民補習學校，研究農民教育實施辦法。

　　（五）推廣改良種子及種苗，金大二九〇五號改良小麥在川西及川北曾推廣種植達三十六縣，金大改良柑桔推行種植亦廣。

　　農學院研究設計不下百數十種，已完成者如上所述，未完成者尚多，最初側重專題研究，最近趨向綜合研究，其目的以某種生產事業為研究中心，由有關教授聯合研究，以期該項研究事業，得以徹底改進。目前綜合研究事項計分稻、麥、棉花、柑桔及煙草五項，舉凡選種、栽培、防害、加工、儲藏及運銷問題，一一研究其如何改進，俾能得完美之結果。

　　金大農學院三十年來得有如此成績者，由於該校為私立機關，經費穩固，人事不受政潮之影響，故研究人員得專心致志從事其專門研究工作。

五、嶺南大學農學院

嶺南大學農學院成立於一九一八年，原只設農藝、園藝、畜牧三系，一九二七年添設植物病理室，一九四〇年畜牧系因實際需要擴充為畜牧獸醫系，諸系室除授課外，有下列之研究成績與工作方向：

農藝系過去育成優良早稻三種，晚稻五種，適於食用之甘薯十一種，產量特豐者五種，適於莖葉用者五種，現在正進行陸稻、水稻品種比較試驗，螟蟲防治試驗，甘蔗品種試驗，油用亞麻引種試驗，甘薯選種雜交試驗，纖維作物比較試驗，將來工作以推廣陸稻及多方面研究甘薯為主。

園藝系過去曾引種及大量推廣有加利樹多種，外國果樹如番木瓜等及蔬菜品種，並在潮屬數縣進行新法防治柑桔病蟲害及柑果包裝之推廣。現在工作，在果樹方面有潮屬柑桔抗黃龍病品種之研究，與亞熱帶果品荔枝、番木瓜、番荔枝之加工試驗；在蔬菜方面，有本省抗病蔬菜品種之育種，及輸入外來蔬菜之品種試驗；將來工作繼續在廣東潮屬各縣改進柑桔之栽植，多注意華南抗病蔬菜品種之育種，及亞熱帶果品及蔬菜之加工。

植物病理研究室過去研究成績，有廣東省果樹病害及甘蔗病害彙報，閩贛柑桔病害之調查，柑桔膠腫病之發現，芋疫之防治。現在工作為進行病害調查，柑桔黃枯之病源及防治，一般柑桔病害之防治，及蔬菜抗病育種，將來工作在擴充農作物病害研究範圍，以柑桔、甘蔗及蔬菜病害為主，並擴充該室為研究所。

畜牧獸醫系過去研究成績有外國豬與本地豬雜交試驗，並畜養純種乳牛四種，共七十餘頭。現在工作在獸醫方面有廣東省家畜傳染病之調查，及各種畜禽病之研究，在畜牧方面有豬雞乳牛之育種及飼養試驗，外國牛與黃牛雜交試驗，將來工作為防治重要之家畜傳染病及繁殖優良家畜家禽以供推廣之用。

六、華北農業科學研究所

早在一九三三年秋，日人即蓄意侵略中國，籌設華北產業科學研究所，一九三四年在膠濟路沿線設青島、張店、辛店、湛山、李村及洛南設立農場。東亞同文會則在天津設立農場，七七事變後寺

邊部隊特務部在北京西郊成立中央農事試驗場，上述各地農場一律改為支場，統歸其指導，在敵偽時期稱為華北農事試驗場。本場設耕種、農林化學、病蟲、畜產、林業、家畜防疫、農業水利等七科，分場一處設在昌黎，支場五處設在石門、軍糧城、濟南、青島、開封，試驗地兩處設在濟寧與徐州，原種圃十五處。各場共用日人三百六十四人，華人二百九十四人，華人皆中下級幹部，日人除少數技術較高者外，亦多為二三流人物。

在此時期就試驗整個研究工作而言，其優點為有組織，有整個計劃，和實際相配合，有完整而靈活的機構，各地有分支場、原種圃與試驗地，一改良品種可以盡快推廣到農村，計劃和實際結合。一九三九年以後，對於華北各主要作物，都制定增產計劃，其研究計劃即與增產計劃相配合。

但因技術人員學術經驗均非第一流，故技術方面殊多缺點，取材每之不當，田間設計過於簡陋，亦常有不合理處，室內工作亦多欠妥。但研究成績殊有不少，已發表之刊物，家畜防疫方面有四冊，農業調查報告有二十三冊，華北產研彙報十一冊，調查資料三十三冊，成績概要十九冊，其他十四冊。但刊物雖多，品質則非甚高，亦有不少夠得專門研究報告水平，調查工作多而較好。本場育成品種不算優良，與農家所有，好得有限，但引入品種如甘薯的沖繩100號與農林四號，小站稻種等卻收穫實際利益。

一九四五年日寇投降，國民黨政府的中央農業實驗所中央林業實驗所，中央畜牧實驗所分別接收了本所的農業林業與畜牧部分，分別成立北平農事試驗場，北平林業試驗場，華北畜牧獸醫工作站。一九四六年又將後者分為華北畜牧工作站與華北獸疫防治處。

北平農事試驗場將舊有的耕種科擴充成棉作、麥作、特作及園藝四研究室，及生理細胞二實驗室，將農林化學科改為土壤肥料研究室，後又在此研究室附設農業化學部分，農業水利科則改為農業工程研究室。

在此時期以宗派鬥爭，將一整體機關，任意分割，人才缺乏，無良好工作計劃，研究與實際不聯繫，故殊少良好成績。在農事試驗場因人才方面，有獨立研究能力的專家，尚有二三十人，故在技

術方面，比日寇時期，尚在〔有〕局部的改進，如新式田間設計的應用，試驗材料的增加，最新式試驗項目的增添等。缺點為缺乏全面計劃，調查工作做的太少，各研究室各自為政，不能互相配合，致人力物力完全浪費。自一九四五至一九四九年三年多的時間，除土壤肥料研究室發表過三篇研究報告外，未有任何其他研究結果問世。

在北平林業試驗場，畜牧工作站，及華北獸疫防治處，所有研究工作，事實上完全停頓。

一九四九年二月平津解放，各試驗場重新整理並與河北省農業改進所合併成為華北農業科學研究所，內設以下各系室：

（一）作物系：下設棉作研究室，麥作研究室，特作研究室，雜糧研究室。

（二）病蟲害系：下設病害研究室，蟲害研究室，藥劑研究室。

（三）理化系：下設土壤肥料研究室，農產製造研究室，農田水利研究室，附設測候站。

（四）園藝系：下設蔬菜研究室，果樹研究室，薯類研究室。

（五）應用植物系：下設細胞研究室，生理研究室。

（六）畜牧系：下設家禽研究室，家畜研究室。

（七）家畜防疫系：下設病毒研究室，細菌研究室，附設血清製造場。

（八）森林系：下設造林研究室，林產研究室

改組以後，組織較為嚴密，業務著重實際，成績已有顯著之增加。一九五〇年的工作計劃以糧棉增產的試驗研究為主要任務，其他一切試驗研究工作均環繞目標而進行，此外並開始進行了全所規模的米邱林學說的研究。

在以糧棉增產為主要任務的要求下，特別著重農作物品種的改良，病蟲害防治法的研究，土壤肥料的改良。小麥研究著重冬小麥的豐產與抗銹病的育種工作。小米著重在產量高而能抗白髮病的育種工作。玉蜀黍著重用雜交種的生長優勢以產生豐產佳質的雜交種，與生長期短的早熟品種。棉花著重優良品種的保純和新雜交品種的育成。病害研究著重麥類抗銹病和雜糧抗黑穗病與白髮病的研究。

蟲害研究著重主要害蟲螻蛄、行軍蟲、蝗蟲、蚜蟲的防治法研究與
「六六六」殺蟲藥的大量製造。土壤肥料著重華北區地力測定與花
生根瘤菌接種的研究。

關於米邱林學說的研究分兩部分：（甲）為米邱林學說的基本理
論研究，又分（一）關於嫁接雜糧學說者，如茄科植物嫁接研究、
旋花科植物嫁接研究、綿葵科植物嫁接研究。所用的材料為蕃茄、
茄、馬鈴薯、甘薯、牽牛花、棉花。（二）關於純係退化學說者，計
有小麥棉花高粱與粟的品種雜交研究。（三）關於獲得性狀遺傳學說
者，計有各地環境對小麥與棉花遺傳性變異的研究，土壤肥力對於
甘薯遺傳性變異的研究，春小麥變為冬小麥的研究，春小麥與冬小
麥寄種的研究，控制環境條件增進作物抗寒性、抗旱性、抗鹼性品
質和產量等研究，春小麥區播種冬小麥的研究。（四）關於階段發育
學說者，如（a）李森科春化處理方法的研究。（b）我國「七九」小
麥的研究。（c）小麥種子水浸硬化處理的研究。（五）關於選擇受粉學
說者，計有小麥選擇受粉研究，同為米邱林學說的實用研究，又分（1）
蘋果、葡萄、梨的嫁接育種試驗，（2）蘋果葡萄的雜交育種試驗，（3）
甘薯嫁接和雜交育種試驗，（4）各種主要作物的計劃選種。

在一九四九年八至九月本所六十多位技術幹部配合農業部進行
了華北五省八十四縣二百十二村的普查和其他專業調查，初步調查
了華北的農村狀況，並與廣大的農村接近，因而認識與體驗到中國
農村所急待解決的是那類問題，使他們徹底檢查了以往工作方法的
錯誤與偏向，並且認識了廣大農民對作物栽培技術積累下的寶貴經
驗，要求向農民學習，要求把試驗研究的農場與農民的田場打成一
片，把經驗技術交流。此種新作風，定可期待有重要的收穫。

七、南京大學農學院

兩江師範學校創設於一九○二年，一九一五年南京高等師範學
校即在兩江師範學校原址上創立。一九一七年開辦農業專修科，一
九二一年南京高等師範學校改為國立東南大學，農業專修科擴充為
農科。一九二七年東南大學改為第四中山大學，農科改為農學院，
一九二八年改為江蘇大學農學院，同年改為國立中央大學農學院，
一九四九年改為國立南京大學農學院。

南京高等師範農業專修科成立之始，鄒主任即立定方針，教學與研究並重，在成賢街與大勝關設立農事試驗場，開始研究稻麥棉三大作物，其時中國棉產在世界上居於第十餘位，南高農業專修科與金陵大學農學院即盡力提倡種植美棉，成效大著，今日中國棉產居全世界第三位，其基礎即肇於此時。小麥與水稻之改良與育種亦曾收重大之效果。

一九二一年國立東南大學農科之農藝系正式成立，一九二九年改稱為國立中央大學農藝科，一九三二年改科為系，一九四九年解放後改為南京大學農學院農藝學系，分為作物與植物病蟲害組，畢業系友前後共三百餘人，在校同學一百餘人。

在東南大學時代植物病蟲害系是獨立的，其時正與江蘇省政府合作創設江蘇省昆蟲局，先在南京市內發動大規模之除滅蚊蠅運動，對於公共衛生大有貢獻，其後則繼續發動治蝗治螟運動。對於江蘇省農業有甚大之貢獻，浙江省之設立浙江省昆蟲局即聞風繼起者。

現在該系研究工作準備走米邱林路線，並求理論與實際經驗相結合，研究試驗與農業增產相結合，開始應用集體研究形式去發現適合於本國農業建設的大眾化的新知識。

本校森林系成立於一九二八年，名為國立中央大學森林系已有二十三年之歷史，過去對於樹木學與森林利用學，研究特別有成績。最近華東農林部準備在蘇北沿海，南自啟東北至東海州建立一條防風林帶，又準備在黃河故道的沙荒地造林，以防止風沙之侵襲保護農田，此偉大計劃之調查設計工作，即由本系造林組師生擔任。一九五〇年暑假全體師生出發進行調查工作。

本校園藝系成立於一九二一年東南大學時代，迄今有三十年的歷史，勝利後自內地遷回，經過四年的努力恢復，已漸具規模向發展前途邁進。

本系現有農場兩處，一為果樹試驗場，一為蔬菜觀賞植物試驗場，總面積約二百畝。最近南京市人民政府提議和本系合辦米邱林園藝育種試驗場，已經擬定計劃，正在勘定地點，不久即可開辦。

本校畜牧學系在南高時代為畜牧組，在一九二一年即改為東南大學農科之畜牧系，一九二八年擴充為畜牧獸醫系，一九四四年增

設研究所，一九四八年因事實的需要，畜牧與獸醫分為兩系，有各實驗室、畜牧場和養雞場，課程分飼養、選種、管理和畜產加工四大類。

本校獸醫學系發源於一九二一年成立之東大農科之畜牧系，一九二〔？〕年畜牧系擴大為畜牧獸醫系，一九三六年加辦畜牧獸醫專修科，一九三七年本系隨本校西遷成都，一九四六年勝利後復員遷回南京，一九四八年因見畜牧獸醫事業日益發展，有分工之必要，於是分為畜牧獸醫二系。

本系設有解剖、生理、藥理、組織、病理、細菌、寄生蟲等實驗室，與一家畜診療院，設備相當完善。

本校農業化學系發源於一九二七年設立之農產製造門，一九三二年始正式稱為農業化學系，共分土壤、農產加工、與農業生物化學三組。

本校之農業經濟學系發源於一九二一年東大農科所設立的農政科和十年後中大農藝系內分設的農業經濟組，在南高東大時代即曾在江蘇省境內舉行大規模的鄉村調查，甚有成績。一九四二年農業經濟組正式改為農業經濟學系，一九四四年成立農業經濟學研究所，歷屆畢業生共有一九五人，研究生十人。數年中曾和外界合作作有四川遂寧縣、巴縣、重慶近郊、巴東十五縣、安徽祁門茶區、南京及附近五縣等地區多次的農村農業經濟和城鄉關係的調查和研究工作，出版農業經濟集刊，編纂農業經濟研究所叢書及報告，一九四九年暑假全係師生參加了南京城鄉經濟調查，一九五〇年暑假又參加了山東農業調查，在學期中同學又參加南京市農貸實習，城郊合作社業務實習，八卦洲評產工作，從實際工作中吸取經驗。

本院農業工程學系遠溯於一九二一年東大農科之有拖拉機及各種新式農具，稍後穆藕初先生捐資在本校成賢街農場內建立農具館，是為本系之先聲，是後對農具研究工作即積極展開，曾改良仿造新式農具多種，推廣介紹與農民，頗得農民之信任。抗日戰興，本校西遷，農業機器因過於笨重，未及遷走，全部損失，農具方面之研究亦告中斷。一九四五年復在農藝系內設立農業機械組，學校復員後積極添購大量新式農業機械及設備，一九四八年遂將農業機械組

擴充，成立農業工程學系。

為與實際配合起見，農業機械及拖機班師生均親自駕拖拉機犁田、播種、除草、割麥，並參觀機械工廠，暑假期內，除大部分同學參加山東農村調查外，並與東北方面國營農場，華北農業機械總廠及蘇北東新農場接洽，派同學前往實際參與工作。

本院之畜牧獸醫專修科創辦於一九三七年，至今有十七年的歷史，由本院畜牧獸醫兩系領導，所以不僅在技術上得各教授的指導，而且每一課程都有實習機會，使理論與實際結合。

八、西北農學院

西北農學院成立於一九三八年，乃由北平大學農學院，河南大學農學院畜牧系及西北農林專科學校合併而成，校址設在陝西武功，分設農藝、園藝、森林、水利四組，並設農藝、林業、園藝三試驗場，實驗室，標本室及各研究室。十一月與國立北平研究院植物研究所合組西北植物調查所。一九三七年抗日戰興，北平大學農學院等校遷陝西，組成西北聯合大學。一九三八年教部命令聯大農學院與西北農林專科學校合併為國立西北農學院。一九三九設農學系（包括農藝組、病蟲害組、農業經濟組）森林系、園藝系、農業化學系、農業水利系、畜牧獸醫系、農業經濟專修科及畜牧場，後以師資設備充實，農學系三組均改為系。十月與軍政部兵工署合營國防林，設總場於寶雞黃牛鋪。一九四〇年與經濟部水土實驗所合辦武功水土試驗室，同年畜牧獸醫系分設為畜牧組獸醫組。一九四一年增設農業水利研究部，一九四二年與陝西防疫處合辦血清製造廠，一九四六年添設農產製造係及農業機械繫，一九五〇年，蘭州西北農業專科學校合併來院，迄今有農藝系、植物病蟲害系、森林系、園藝系、農業經濟系、畜牧獸醫系（分畜牧組、獸醫組）、農業化學系、農業水利系共九系組，及附設高等職業學校（包括初中、小學及幼稚園等單位）。

本院原有土地九千餘畝，分散各地，計森林場一三七三餘畝，農藝場七七〇畝，園藝場五四九餘畝，畜牧場四三九餘畝，水土試驗室一九畝，農藝試驗地一二三餘畝，武功本場附近租給農民經營負責繁殖本場良種地二一二五餘畝，乾縣林平區租與農民種植一般

作物四五三餘畝，此兩項地畝，解放後一九五〇年秋後預備組織合作農場。

本院農事試驗場成立於一九四六年，當時稱為農林試驗總場，下設總務組、技術組，及農林園畜四場，作試驗研究與產品販賣等工作。解放後與本院農業推廣處合併改稱為農事試驗場，下設試驗研究組領導農林園畜四場作試驗研究工作，生產合作組、推廣繁殖組、事物組及水土試驗室等部門，其各場研究成績及歷史概況如下：

（一）農場：成立於一九三四年，原歸農藝系領導，一九四六年歸總場統一領導。其業務為進行育種、繁殖、示範及推廣等工作，其中分設麥作、特作、旱農、雜糧、蠶絲五室，收集國內外優良品種，參酌當地農情，除栽培試驗外，並育成甚多適合於當地風土之新品種，尤以小麥與棉花最為滿意，計共育成優良棉花一種，小麥五種，裸大麥二種，有稃大麥四種，小米二種，玉米一種，高梁一種，大豆四種，馬鈴薯一種，除各有特殊優良品質外，產量超過標準種百分之九至百分之四九以上，對於作物栽培試驗亦有適當成績，對於家蠶品種，飼料雜交試驗亦有滿意之結果。

（二）林場：

（1）武功林場：成立於一九三三年，場址設在武功與扶風交接之三道原法禧寺左近，緊接渭河北岸，其業務為育苗繁殖推廣，並供學生實習之用。

（2）鄠縣齊家寨林場：成立於一九三三年冬，業務為提倡山地造林，並研究封山育林方法以恢復秦嶺天然林之舊觀。場內有苗圃四處，該場設備齊全，條件優良，為陝西關中一帶最大林場之一。一九四九年奉陝甘寧邊區政府令，全部產物人員劃歸西北農林部領導。

（3）咸陽林場：成立於一九三四年，場址設在周陵及咸陽縣城東門外河灘，為灘地及黃土造林區域，並著重於抗旱、抗水、抗城等試驗，該場年來經營不善，盜伐極為嚴重，於一九五〇年二月奉西北農林部令劃歸咸陽專署直接領導。

各林場自一九三三年至一九四八年共計育苗五千二百萬株，造林一千二百七十五萬株，試驗研究已有成績者計有：（a）對西北初期造林中主要樹木之研究；（b）陝西黃土高原天然情形之研究及其

改進之可能；（c）灘地之適宜造林樹種之研究；（d）太白山森林之調查；（e）青峰山森林之調查；（f）樓觀臺橡樹之調查；（g）華山松播種與立地關係；（h）油桐之播種試驗；（l）各類木材炭化率比較試驗；（j）木材氣乾試驗；（k）濕鹼地楊柳類掘渠排水插條造林試驗；（r）扡插育苗採條期比較試驗。

（三）園藝場：成立於一九三三年，設花卉、蔬菜園於三道原，設葡萄與果園於二道原。一九三七年將花卉原苗圃區遷移二道原，該場除一部分充作試驗研究外，餘者為經濟栽培大量生產，計先後曾育成佳良蕃茄一種、甜蘿蔔一種、抱心白菜一種、大蒜一種、水蜜桃一種，此外對於蘋果、梨、棗、葡萄、白菜、茄子、辣椒、洋蔥、醉瓜等亦有調查試驗結果發表。

（四）畜牧場：成立於一九三八年，場址原設扶風法禧寺，全場分三部：

（1）武功總場：一九四六年由原址遷設本院西側，業務為改良土種家畜及推廣優良種畜。

（2）西安分場：一九四八年成立，業務為從事鮮乳示範與推廣，並輔導西安市之乳場經營科學化。

（3）法禧寺場：為原場址，主要栽培各種飼料作物，供全場家畜食用。

歷年以來畜牧場曾輸入繁殖雜交瑞士乳羊、洋豬、洋雞、及改良土產綿羊與雞種，而得優良之成績。

本院除由農林園畜四場從事試驗研究與示範外，並設農業推廣處，將試驗研究結果，推廣至農村，並介紹各種農業科學知識於普通農民，該處計分農村合作，農村教育，農業生產三組，其業務與成績有以下諸項：

（一）輔導農村合作：

一九二八年陝西省受天災最重，本院成立伊始，即設農村事物處農村合作股（即該處合作組之前身），輔導扶風武功農村，成立合作社，以扶助農村之建設。該組工作，除輔導農村合作社之成立外，並介紹貸款，統計業務，貸放優良作物品種等工作，至一九三八年止，已成立信用合作社二八四，生產合作社一六五，共有社員二萬

九千五百餘人，資金六萬餘元，並介紹貸款五十五萬餘元。一九三八年將大部合作社移交於縣合作指導機關，僅指導八十八生產合作社與鄉保社，各社由一九三八至一九四八年曾貸放麥種二千餘舊制斗。

（二）推廣農村教育

農村教育組曾督促推廣處所指導之八十餘合作社各附設私立小學一所，強迫社員子弟入學，並以巡迴講演方式授以農業科學知識，又曾舉辦農民訓練班，又曾訓練合作社職員四百餘人，又曾舉辦民眾夜校，農事討論會，農產展覽，農業展覽及農民圖書館等。

（三）促進農業生產

農業生產組歷年來曾以示範繁殖及推廣方法以推廣各種優良五穀、蠶絲、苗木、果品、蔬菜、家畜等品種於農村，獲得優良之成績。〔註 2306〕

是年，《北京的科學運動與科學家》文章在黃萍蓀編《北京史話》上冊（上海子曰社，第 55～81 頁）發表。摘錄如下：

《北京的科學運動與科學家》文章

〔註 2306〕胡先驌著，胡宗剛整理《近世中國農業研究機構概況》文章手稿，2004 年《中國科技史料》雜誌第 25 卷第 01 期，第 1～17 頁。

　　編者黃萍蓀按：中國是科學落後的國家，雖有四十餘年的歷史，但進展遲滯，始終不能和歐洲各國，並駕齊驅，即與日本相較，亦瞠乎其後。這個原因，不是中國沒有人材，也不是中國人的智慧不如他人，完全是這四十餘年中間，軍閥專政，內戰不已，國家政治不上正軌，科學工作者感於學非所用，孜孜研究，不但浪費時間，抑且消耗生命，甚至白髮盈顛，依然一事無成，也有研究的連衣食都感不周，不得不中道而棄，改入仕途。反觀同為農業國之蘇聯，自十月革命成功後，在布爾塞維克領導之下，一連幾個五年計劃，竟然突飛猛進，使英美諸國，相驚失色。於是我們知道科學工作的進步，先天不足的農業國，只要後天調理得法，不一定永遠落後於西方工業國之後，要看這個政府是不是人民的政府？是人民的政府，則一切在在為人民的事業著想，科學的進展，當然有顯著的功效。回顧反動政府統治時代，也曾喊過「科學救國」的口號，蔣中正曾經兼任過「教育部」長，可是他們把所有的人和錢，先用之於與人民為敵的「事業」上，科學的進展不是今天下本，明天就有收穫的買賣，而他們明天要殺人，要殺盡一切反對他們的人，科學家不能立即替他們製造「死光」幫兇，自然捨遠就近，把可以使國家進步的錢去獻給美國戰爭販子，運來新式武器，向人民進攻。在這樣的政府之下，研究科學的機構，自然變成點綴品，科學家也等於告朔之餼羊了，一輩比較有貢獻一點的專家，對自己的信念，不免動搖，紛紛拋棄崗位，熱中起來，這種損失，決不是數字所能統計得出的。自中央人民政府成立以來，有中國科學院之設，先前在美國做研究工作的名地質學家李四光，名數學家華羅庚，先後返國，為人民服務。二氏在美國的物質生活，均較國內優裕，一經祖國人民的號召，毅然賦歸，此種精神，想來一定能夠感動多人。我們對於留在海外的科學工作者，希望他們有一天得能看到蘇聯出品「米邱林」的那本電影，繼李華之後，陸續歸來，勿貽歷史上「楚材晉用」之譏。《北京的科學運動與科學家》一文，為近四五十年來中國的文史科學，自然科學，社會科學發軔的原始記錄，並介紹了各科工作者的成就暨其研究過程，他日我國進入於社會主義、共產主義的時候，這些機構這些人材，在中國共產黨和毛主席與中國科學院的領導之

下將要起何等重大的作用，負何等艱巨的任務，我們是不難想像的；所以特別提出來介紹給讀者，讓大家先有一個認識，至其他散佈於北京以外的科學機構與科學工作者，其重要性不下於北京者，自然還有很多，惜不在本書搜集範圍之內，未能一一調查，無法使讀者得窺全貌，不勝遺憾。

翻譯工作之啟發

近代中國之有科學運動，應上溯至清同治三年曾國藩之設立江南製造局，翻譯歐美的科學書籍。在北京則科學運動應首推清光緒二十一年康有為、梁啟超之設立強學會。先是光緒二十年（甲午），我國的海陸軍敗於日本，割地賠款，國內的士大夫怵於國難，漸有興學變法之議。康有為遂有公車上書之舉。第二年（乙未）有為成進士，乃與沈曾植及其門人梁啟超等設立強學會，盡購江南製造廠及外國教會所譯的書籍與地球儀、顯微鏡等。實則康梁此時，忙於政治，奔走維新，其於科學，原非當行，但以此為號召耳。二十二年清政府就強學會改設官書局，延請外國教習選譯書報，兼授西學。同年刑部侍郎李端棻疏請在北京立大學。疏上得旨允行，終受頑固的大官所阻撓，拖延未辦。直至光緒二十四年（一八九八）始設立京師大學堂，派余誠格為總辦，許景澄為總教習，美教士丁韙良為西總教習。十二月十七日開學，學生有百餘，此即所謂戊戌大學。二十六年拳禍作，許景澄被殺，大學遂停辦兩年多。二十七年冬，詔復興大學，派張百熙為管學大臣，吳汝綸為總教習，嚴復為譯書提調。二十八年張百熙奏請設預備速成二科，預備科分政、藝二種，速成科分仕學、師範二館。二十九年命榮慶同為管學大臣，七月增辦譯學館與醫學實業館。

三十二年將進士館改設法政學堂，十一月醫學實業館停辦。三十三年設博物品實習簡易科，教授製造標本模型圖畫。宣統元年改師範館為優級師範學堂，是為今日北京師範大學前身。宣統二年五月籌辦大學本科，設經、文、法政、醫、格致、農、工、商等科。二年二月開學，惟醫學未能辦。三年秋武漢革命爆發，學生紛紛離京，學校停頓數月。一九一二年（民國元年），改京師大學堂為北京大學，任命嚴復為總監督，合經文二科為文科，改格致科為理科。十月嚴

復離職，以章士釗繼任。士釗未到，派馬良代理。十一月士釗良皆辭，以何遹時繼。一九一三年十一月何遹時辭職，以胡仁源繼。一九一四年改農科為農業專門學校，後為北平大學之農學院。一九一六年十二月仁源辭，黎元洪任命蔡元培為校長。元培以陳獨秀、夏元瑮、王建祖、溫宗禹分任文、理、法、工四科學長。一九一九年發生著名之五四運動，元培九日離職出京，九月回校。一九二三年請假遊歐，蔣夢麟代理校務。一九二五年增設生物學系及植物實驗室及語言樂律實驗室，一九二六年增設心理學系，一九二七年教育總長劉哲並國立九校為京師大學校，自兼校長。一九二六年國民革命軍進逼北京，北京政府改體。國民政府命改京師大學校為國立中華大學，以大學院院長兼任校長，而派李煜瀛代理校務。後又議實行大學區制，乃改國立中華大學為國立北平大學，任李煜瀛為校長，李書華為副校長；以文理二部為北平大學文學院理學院；以女子大學加入，稱為文理分院。法科一部，改為社會學院。北大學生以為國立北京大學素有聲譽，不應取消其名稱，爭之至久。至一九二九年八月，政府取消大學區制，北京大學始行恢復；而另設北平大學以容納法、醫、農、工四院。一九三二年設研究院，設文史、自然科學、社會科學三部。七七事變北大與清華大學內遷至昆明，合組西南聯合大學。勝利後遷回北平。其時北平大學早已取消，乃將農、工、醫三院合併入北大。解放後組織無變更，但尚未任命校長，而由校務委員會主持大學行政之責。

以北京大學為中心

北大為近五十年來中國學術之中心，在政治與學術上，均有重要之貢獻，然亦飽經風波。在蔡元培長校以前學術上的貢獻自不多，然當時辦學甚為切實，學生亦用功，故無論預科或本科，皆頗出人才。預科畢業出國深造卓有成就者為李協之於水利工程，秉志之於動物學，（筆者出國攻植物學，亦與此同時。）與本科畢業為名教授者為地質系之王烈，其他學工礦而在事業上有成就者亦頗有人。不過當時大學中無校外活動，故不為人所注目。蔡元培長校後，陳獨秀、胡適發起白話文運動，陶履恭、劉復起而和之，加以校中之高材生羅家倫、傅斯年、段錫朋等為之推波助瀾，此新文化運動遂風

靡全國。在五四前後，北大前進人士亦曾以提倡科學為號召，然實際只做到他們所謂以科學方法整理國故，而對於真正的自然科學除地質學外，並無貢獻。五四以後，學風為政風所蝕，學生多不肯沉潛從事學問。數學系與物理系之學生，多不算題，亦不按部就班作實驗；生物系成立，以李煜瀛為系主任，從未認真授課，植物學教授鍾觀光雖身行數千里採集植物標本，但並非曾受過嚴格訓練之植物學家，故亦不能領導學生。直至一九三一年以留美留英考試，北大畢業生無一人被取錄。校長蔣夢麟始知事態之嚴重，乃商之中華教育文化基金董事會，由該會在北大設五講座，聘劉復為中國文學系教授，陳受頤為史學系教授，饒毓泰為物理系教授，劉樹杞為化學系教授兼理學院院長，許驤為生物系教授。自此以後，理學院始能逐漸挽回頹風，而有真正之學術貢獻。至於地質學之有特殊成績，則由於有丁文江，翁文灝，李四光以及美國著名之古生物學家葛拉普（Grabau）之領導，遂使北大地質系人才輩出，執全國此學之牛耳。然在當時，乃例外之現象，而非一般之風氣所養成。反之當時在整理國故上，確有不少之成績：為胡適著《中國哲學史大綱》，確能以新眼光研究中國之哲學，雖其書有不及其學生馮友蘭之《中國哲學史》，與郭沫若之《青銅時代》與《十批判書》，或梁啟超之《先秦政治思想史》之處，然究為啟蒙之作。其學生顧頡剛之編輯《古史辨》，雖不免偏頗武斷之處，然其疑古之精神，頗有摧陷廓清之功。他如整頓明清史料，搜採歌謠，皆以前正統學者所不為而值得稱道者。

北京大學諸教授中最知名者，當推胡適。其人其事，世多知者，不再介紹。茲於其治學所成，略一評述，為世之知胡適者更進一層。胡適以家傳訓故考據之學之根底，加以歐美治學方法，且喜作新奇可喜之論，故時人易為所眩。以著《中國哲學史大綱》著名，真實則此書可以譏議之處甚多。且只成上卷，中下兩卷迄未著就，蓋作者對於佛學知之甚淺，遂不敢寫中卷；而其弟子馮友蘭之《中國哲學史》已刊布，度無以勝之，尤不敢執筆。此外《淮南王書》與《戴東原的哲學》兩書為其重要著作，再則為散見之文，中以考據小說者為多，曾收《胡適文存》一二三集及《胡適論文近著》一集中。

我常與陳衡哲女士談胡適不朽之著作為何？答曰或者是其小說考證。果如此，未免名實不符，將來歷史上之評論，恐怕只是新文化運動之倡導人，而學術上之成就，則殊有限。至於其政治經濟思想，則甚落後，與其新文化運動殊不相稱。

北大另一個有名的哲學教授為湯用彤，字錫予，湖北黃梅人，一八九二年生於甘肅渭源。清華大學學生，美國哈佛大學哲學碩士，東南、南開、中央、北京各大學教授，北大文學院院長，解放後任校務委員會主任委員。用彤乃一樸誠學者，在美國即研究印度哲學，在東南大學任教時曾在支那內學院從佛學大師歐陽競無研究佛學，用功極勤，遂成其名著《漢魏兩晉南北朝佛教史》，老年復刊布其《印度哲學史略》，皆可傳之作。

胡適的大弟子當首推傅斯年。字孟真，山東聊城人，北京大學畢業，為五四運動健將。曾至倫敦大學、德國柏林大學研究，歸國後，任中山大學教授兼文科學長，北京大學教授，中央研究院歷史語言研究所所長，中央研究院總幹事、院士及評議員，臺灣大學校長。斯年長於史學，著有《東北史綱》第一卷，《性命古訓辯證》兩書及論文十餘篇。為人有手腕，喜弄權，人多畏之；善辯說，文筆犀利，曾為立法委員，甚露頭角，蓋非純粹專心治學之篤學士。

胡適另一得意弟子為顧頡剛。江蘇吳縣人，北京大學文學士。曾任北京、中山、燕京、齊魯、中央各大學教授，北京研究院文學組主任，中央研究院院士及歷史語言研究所通訊研究員，北平禹貢學會理事長。頡剛以編輯《古史辨》享名，曾著關於文史的論文二十餘篇，篤於疑古，頗受人所非難。但其治學精神甚誠懇，並非故以立異鳴高者。然晚年亦漸趨中正，不更作驚世駭俗之論。

北大另一著名教授為陶履恭。字孟和，一八八八年生於天津市。先畢業於日本東京高等師範學校，後畢業於英國倫敦大學，一九一四年起任北京大學教授，與胡適同為新文化運動健將，一九二六年至一九三四年任中華教育文化基金董事會所辦之社會調查所所長，同年該所與中央研究院之社會研究所合併，繼任所長，及中央研究院評議員與院士。解放後，中國科學院成立，任副院長。孟和學術精深，思想前進，文筆條暢，著有《孟和文存》，對於新文化運動，

有甚大之影響。富有行政才，其組織社會調查所，調查之範圍甚大，包括經濟史、工業經濟、農業經濟，國際貿易、銀行、金融、財政、人口統計等項目。自主持社會研究所後，復增設行政研究，社會史研究。抗戰期間復研究戰時經濟研究、戰時損失估計、淪陷區經濟調查與研究我國國民所得。社會研究所在孟和領導之下，研究範圍之廣，貢獻之大為全國之冠。

北大另一著名社會科學教授為馬寅初。一八九二年生於杭州，美國耶魯大學學士，哥倫比亞大學博士，其博士論文為《紐約市的財政》，曾刊為哥倫比亞大學叢書之一。我國在哥倫比亞大學提出博士論文者，多數為中國材料，在九通中盡可搜集。如寅初編著如此重要之財政著作為博士畢業論文者，殆所罕見。歸國後曾任北京大學、中央大學、交通大學、重慶大學等教授，解放後任浙江大學校長。馬氏為中國經濟學權威學者，著有《馬寅初講演集》《馬寅初經濟論文集》《馬寅初戰時論文集》《中國國外匯兌》《中華銀行論》《中國經濟改造》《中國之新金融政策》《經濟學概論》《通貨新論》等書，對於中國之財政經濟建設，有甚大之影響。在渝為立法委員時，以直言遭忌，曾被幽囚，然其奮鬥之精神，老而益壯。

北大法學院另一著名教授為周鯁生。一八九〇年生於湖南長沙，法國巴黎大學博士，歷任北京大學、中央大學、武漢大學教授兼政治系主任，武漢大學校長，中央研究院評議員及院士，現任人民政府外交部顧問，為國際法專家。著有《近時國際政治小史》《不平等條約十講》《近代歐洲外交史》《國際政治概論》《現代國際法問題》《國際公法之新發展》《近代各國外交政策》等書，及論文多篇。為人恂恂儒者，不愧所學。

北大另一有名政治學教授為錢端升。一八九六年生於上海，美國哈佛大學博士，歷任北京大學、武漢大學、中央大學、清華大學政治學教授與系主任，中央研究院院士，擅長比較政府與比較憲法等學科，著有《法國的政治組織》《德國的政府》《法國的政府》《比較憲法》《民國政治史》《民國政治制度》《建國途徑》等書。思想前進，在政治學方面，頗具權威。

北大理學院著名的教授當首推現在的理學院院長及物理系主任

教授饒毓泰。字樹人，江西臨川人，生於一八九一年，美國芝加哥大學學士，美國普林士頓大學哲學博士。曾任南開大學物理系主任兼教授，一九三三年任北京大學物理系主任兼教授，後任理學院院長至今，被舉為中央研究院院士。饒氏學術精深，長於講學，並擅長光學研究，曾發表重要論文數篇。

北大物理系另一著名教授為吳大猷。大猷廣州人，生於一九七年，為饒毓泰之門徒，南開大學理學士，一九三三年，得美國密歇根大學哲學博士。北京大學、西南聯合大學教授，密歇根大學訪問教授，中央研究院天文研究所兼任研究員，以研究光譜及原子物理學著名，為中央研究院士中之年青者，曾發表重要論文數十篇。

北大數學系主任江澤涵博士，固為有名數學家，但尤特出者須推許寶祿博士。寶祿浙江杭州人，生於一九一〇年，清華大學數學系學士，一九四〇年得英國倫敦大學的數理統計系哲學博士及科學博士，一九三八年任倫敦大學講師，一九四〇年任美國加省工業大學及哥侖比亞大學訪問教授，一九四〇年任北京大學教授，一九四八年被舉為中央研究院院士，為院士中之最年青者，著有關於統計數學之論文二十餘篇。

北大化學系名教授首推曾昭掄，字叔偉，一八九九年生於湖南長沙，一九二六年得授美國麻省理工大學科學博士。歷任中央大學、北京大學化學系教授與主任，中央研究院評議員與院士，中國化學會總編輯。擅長有機化學，曾發表研究論文七十餘篇。性質樸，經常服布衣如寒素，而思想極進步。解放後任北大教務長，循循善誘，其門下成材者甚多，而以朱汝華教授為尤有名。汝華中大學業，出國研究得博士學位後任北大化學系教授，曾發表研究論文多篇，曾被提出為中央研究院院士候選人。以女子而被提為院士候選人，在今日只此一人。

北大自來最著名之系為地質系，此系實丁文江、翁文灝所手創，但二人的事業應在地質調查所的事業中敘述，此處緩提。而地質學之有今日，實賴李四光博士之力為多。四光字仲逵，湖北黃岡人，生於一八八九年。一九二六年得英國伯明罕大學科學博士，曾任北大地質系教授與主任凡九年，繼任中央研究院地質研究所所長，評

議員與院士，曾著有《古生代以後大陸上海水進退之規程》《中國地勢變遷小史》《冰期之廬山》《中國之地質》《地質力學之基礎與方法》等書，與論文五十餘篇。其最重要之貢獻為在中國發現冰川遺跡，過去皆以中國之大部分無冰期也。其對於古代中國有孔蟲類（Foraminifera）之研究，亦有重要之貢獻。四光學問淵深，群推為當代地質學家之冠。性坦易近人，而以清苦自勵，其主持研究所，能放手令其屬下自由發展，不加干涉，故人樂於奮勉而成績爛然，樂為之用。以其博學，故領導學生與僚屬多能成名。其政治思想最前進，本民國初年即曾參加國民黨，且曾任湖北建設廳長，然深惡政治之腐敗，畢生矢志以學術報國。解放後自美歸來，出任中國科學院副院長。

北大地質系另一著名教授為孫雲鑄。字鐵仙，江蘇高郵人，一九二一年在北京大學地質系畢業，為著名古生物學家葛利普之門下，畢業後任北大助教，一九二六年在德國哈勒大學（Halle University）得博士學位。曾任地質調查所技師，北大地質系教授與主任，在地質調查所時研究古生代三葉蟲化石。書成，丁文江、翁文灝曾設席慶祝其事，蓋孫為中國第一人刊布古生代無脊椎動物研究專刊者。對於地層研究，亦有重要貢獻。

北大地質系另一著名教授為斯行健。浙江人，北京大學地質系畢業，一九三〇年得德國柏林大學博士學位。自一九三六年起任中央研究院地質研究所專任研究員，專研究中國古生代與中生代古植物，曾發表論文五十餘篇，為中國最有名之古植物學家。惟以出身地質系，對於植物學，研究未能精深，故其古植物學研究未免時有缺點。

北大地質系另一古植物學教授授徐仁。安徽人，北大生物系畢業，印度勒克羅大學（Lucknow University）哲學博士，為印度著名古植物學家山尼（Sahni）之弟子。本擅長植物解剖學，由植物學轉入古植物學，基礎既好，研究自能精深，為中國古植物學家之最有希望者，現任勒克羅大學古植物研究所標本室主任，盼將來回國後，更有重要之貢獻。

北大植物系著名教授當首推張景鉞。字峴儕，一八九八年生於

江蘇武進，清華大學畢業，一九二六年得美國芝加哥大學哲學博士學位。曾任中央大學生物系主任及北京大學植物系主任，中央研究院院士，中國植物學會理事兼總編輯。擅長植物形態學，長於領導學生，成名者甚多，雖不多發表研究論文，然研究則甚精深，曾發表植物形態學與古植物學論文數篇。

北大植物系另一著名教授為殷宏章。一九〇八年生於山東，南開大學生物系，清華大學研究院畢業，一九三七年得美國加省理工大學博士學位。自一九三八年始任北京大學植物系教授，清華大學農學研究所名譽研究員，英國創橋大學訪問研究員，中國植物學會理事。以研究植物生長素著名，曾被選為中央研究院院士，為院士中之年青者。

北大動物系成立甚晚，其最著名之教授為汪敬熙，字緝齋，一八九六年生於山東濟南。北京大學法學士，一九二三年在美國霍普舍斯大學心理學系得博士學位。曾任河南省立中州大學、中山大學、北京大學教授，中央研究院心理研究所所長，北大動物系主任，聯教組織自然科組主任，專長生理的心理學，著有《科學方法漫談》《行為之生理的分析》二書，及生理心理論文三十餘篇。

清華大學之發展

清宣統元年五月，美國退回庚子賠款一部分，學部、外務部奏定派遣留美學生辦法五則：一、設遊美學務處；二、設肄業館（即後之清華大學）；三、選考第一格第二格學生；四、津貼生活費；五、專設駐美監督。學務處於六月成立，外務部派周自齊為總辦，學部派范源濂為會辦。七月二十日，外交部、學部在北京招考第一次留美學生，有唐悅良、梅貽琦、胡剛復等四十七名。此即大規模派遣留美學生之嚆矢，對於中國科學運動有極大的影響者。

二年七月，遊美學務處招初級生七十人入肄業館肄業，是為清華基本學生。三年四月，留美學務處於北京西郊外清華園建立校舍告成，定名清華學校，先後招生四百六十人，分別編入中等科及高等科。秋聞武漢革命發動，學校陷於停頓。

一九一二年（民元）五月，清華學校重行開課，將遊美學務處裁撤，所有職權付之清華學校校長。一九二五年（民十四），清華學

校因留美費用驟增，停招專科生及女生，減招在校學生，正式議辦大學。一九二五年（民十四），清華學校改招大學一年級學生百名，並辦國學研究院，招考生三十名。一九二八年（民十七）八月，國民政府議決清華學校改為國立清華大學，直接歸國府管轄。任命羅家倫為校長，九月就職，一九三〇年（民十九）辭職，次年教育部任命吳南軒為校長，清華大學學生拒絕吳校長。九月，吳南軒辭職，教育部任命梅貽琦為校長。七七事變後，清華大學遷至昆明，與北京大學，南開大學合組西南聯合大學。勝利後遷回北京，解放後組織校務委員會，葉企孫為主任委員。

清華學校與清華大學之學風與北京大學，迥不相同。北大自蔡元培長校後，採取歐洲大陸辦法，辦學純取放任主義，使教授與學生得以自由發展，故得有勃勃有生氣之學生運動。然因過於放任，風氣不免浮囂，故高材生誠能有特殊之造就，而中資以下，則以督率無方，遂難成器。尤以理學院各系，學生既不肯埋頭作實驗，習算題，即使能瞭解理論，亦不能自行研究，終至無成；此所以在改革之前，幾無一人有所成就也。清華大學則不然，此校既用美國退還庚款辦理，故一切均效法美國。且除主持留美考試外，最初所招者為初級班，繼招中等科與高等科，至一九二五年（民十四）始招大學一年級，一九二八年（民十七）始改大學。美國大學管束較歐洲為嚴，而清華為由初級班辦起，嚴格管理已成校風，學生多能潛心就學，無不算題不實驗之惡習，因而畢業生以科學成名者甚多。教授亦選擇甚嚴，負責教學外，多能潛心研究，故亦能有卓越之成績也。

清華大學的著名教授，首推國學研究所的四位大師，就中尤有名的為戊戌維新的首領梁啟超。啟超為新中國啟蒙時代的首領，不必詳為介紹。但在啟超一生中，在倦於政治生涯上翻然重擁皋比，授徒設帳，實一件最愉快亦最慶幸的事。啟超博學多才，於學無所不窺，然皆有博而不精之憾。即使如此，出其緒餘，亦足以沾被後學。且其講學也，每年換一題目，即是獺祭，亦衰然成快。其最重要的書有《先秦政治思想史》《清代學術概論》《歷史研究法》《有清三百年學術史》等。其身後林誌鈞輯遺著凡文集與專著凡數十冊，

著用之豐，殆與其師康有為及章太炎、王國維三人比。精深或不如三人，博大則不相下。後學從之遊者，多能有所成就，其影響可知。惜年未六十而卒，否則將有更大之貢獻也。

第二為王國維。王字靜庵，號觀堂，浙江海寧人。甲午中日戰役後，士大夫爭言變法，上虞羅振玉與吳縣蔣黼於戊戌年在上海設東文學社，國維前往受學，以文學受知於振玉，乃贍其家而教以治國學之途徑。但國維此時正治西洋哲學，未暇及此。畢業東文學社後，振玉主持武昌農學校，聘國維為翻譯。明年赴日本，留學日本物理學校。尋患病歸，居振玉家。振玉薦之南通師範學校授哲學心理論文諸學，繼往江蘇師範學校。此時恣意詩詞，刊布其集。光緒二十九年，振玉薦國維於學部尚書榮慶，乃入學部。國維入都後始治宋元以來通俗文學，尤致力於曲。著有《曲錄》《戲曲考原》《宋大麴考》《優語錄》《古曲腳色考》《宋元戲曲史》等書，蓋近代治俗文學實自國維始。辛亥革命以後，國維從振玉赴日本，乃專治經史及古文字聲韻等學，最後則以治殷墟龜甲字成名。清遜帝溥儀欽其學行，賞食五品俸，賜紫禁城騎馬。逼宮事起，溥儀避天津，國維乃受聘為清華大學國學研究所研究教授。一九二七年（民十六），感時傷亂，自沉於頤和園之昆明湖。海內外學者，莫不傷之。日人敬其學，曾創立靜庵學社。著作有《觀堂集林》等書，皆古文字聲韻，以考古代之制度文物者。其治斯學，精博勝於吳大澂；對於整理國故，造詣與章太炎殆難軒輊，而更有科學精神，非梁啟超所能及。沾被後生，亦有非可以數計者。

第三為陳寅恪。寅恪修水人，詩人陳三立之子，生於一八九○年。少年治國學與西文，曾留學日本及德國柏林大學、美國哈佛大學，精通東西古今文字幾近十種，尤擅長印度之巴利文與梵文，又研究滿州文、蒙古文、與西藏文，曾在校訂梵文《金剛經》稿未刊。一九二六年任清華大學國學研究所研究教授，一九二八年任中央研究院歷史語言研究所研究員兼組主任，一九四八年被舉為中央研究院院士。英國牛津大學曾聘為中國文學教授，以目疾未能講學，現任嶺南大學教授。寅恪博聞強記，才殆天授。在清華講學以講隋唐史著名，每登講席，輒閉目端坐，口滔滔不絕，從不一檢筆記，而

某事在某書某頁皆能衝口說出。平生治史心得，皆在一部廿四史眉批中。抗戰軍興，遂將此書寄往昆明，而中道遺失。後乃憑其記憶撰成《唐代政治史述論稿》，及《隋唐制度淵源略論稿》二書，此外曾發表各種零星文凡三十篇，所發表者不能及其學百分之一二。今目已盲，然在其家中講學如故，學生咸就其家聽講。其門人以史學名家者甚眾，然僅能傳其緒餘。其資博深厚之基礎，並世罕見其匹，殆鮮能幾及之者。

第四為趙元任。元任於一八九二年生於江蘇武進，美國康南耳大學數學學士，哈佛大學哲學博士，法國莎娜學院習語言學。美國康南耳大學物理學講師，美國哈佛大學中文哲學講師，清華大學教授，美國耶魯大學、加州大學、密西根大學教授，中央研究院歷史語言研究所研究員兼語言組主任，美國語言學社會長，一九四八年被舉為中央研究院院士。元任以一數理科學家改而研究中國方音，遂開近代方音研究之風氣。曾著有《國音新詩韻》《現代吳語的研究》《廣西猺歌記音》《倉洋嘉錯情歌》《鍾祥方言記》《湖北方言調查報告》及 Concise Dictionary of Spoken Chinese 諸書及論文二十餘篇。元任為一典型之科學家，又擅長音樂，能作曲，名譽不在蕭友梅之下。

清華大學研究院另一有名教授為李濟。字濟之，湖北鍾祥人，生於一八九六年。美國克拉克大學心理學學士、社會學碩士，哈佛大學人類學博士。南開大學、清華大學教授，中央研究院歷史語言研究所研究員兼考古組主任，國立中央博物館籌備處主任，英國及愛爾蘭皇家人類學院名譽研究員，中央研究院院士。李氏為中國第一流人類學家，其重要研究為安陽小屯之考古，著有《西陰村史前遺存》，及重要論文九篇，皆中國考古學劃時代之著作。曾講學清華研究院，亦清華之光榮也。

清華大學另一有名教授為楊樹達。字遇夫，湖南長沙人，生於一八八五年，日本高等學校文科畢業。北京師範大學國文系主任，清華大學、湖南大學教授，一九四八年被舉為中央研究院院士。著有《古書疑義舉例續補》《增補老子古義》《周易古義》《高等國文法》《馬氏文通刊誤》《中國修辭學》《古書句讀釋例》《漢代婚喪禮俗考》

《論語古義》《積微居小說金石論叢》《春秋大義述》各書，蓋能以近代科學方法研究國學者。

清華大學著名之哲學教授當首推馮友蘭。友蘭字芝生，一八九五年生於河南唐河，國立北京大學哲學系學士，美國哥侖比亞大學哲學博士，美國普林斯敦大學名譽文學博士。歷任河南中州大學文科主任，廣東大學、燕京大學教授，清華大學教授及文學院院長，中國哲學會理事，曾著有《中國哲學史》《中國哲學史補》《人生哲學》《一種人生觀》《新理學》《新世訓》《新事論》《新原人》《新原道》《新知言》《中國哲學之精神》（英文本）《人生哲學之比較研究》（英文本）諸書。以《中國哲學史》最為知名，曾有英文譯本，以視其師胡適之《中國哲學史大綱》，蓋有青出於藍而勝於藍之譽。解放後思想轉變甚速，曾參加北京郊外土改工作，並對其過去之著作，有極坦白之自我批評。此種勇氣，實為學者應有之精神。

清華另一著名哲學教授為金岳霖。字龍蓀，一八九五年生於長沙，清華學校學業，美國哥倫比亞大學博士。清華大學教授，中國哲學會常務理事，一九四八年被舉為中央研究院院士。著有《大學邏輯》《論道》二書及哲學論文十五篇，蓋為真正受過嚴格訓練之哲學家，在中國尚不多見者。

中國最著名之社會學家首推清華大學社會學教授陳達。陳氏字通夫，一八九二年生於浙江餘杭，美國哥侖比亞大學社會學博士。自一九二三年起即任清華大學社會學教授，一九四七年被舉為中央研究院院士，中國社會學社常務理事。著有《中國勞工問題》《我國工廠法的施行問題》《人口問題》《人口變遷的原素》《南洋華僑》與《閩越社會》《近代中國之人口》（英文本）《華南之僑民社會》（英文本）《人口減少與文化》（英文本）《中國之勞工運動》《中國之日本移民》（英文本）等重要書籍與論文十餘篇。

清華理學院亦有甚多國際著名之學者，其中光輝燦爛如彗星者，當首推華羅庚。華氏一九一〇年生於江蘇金華，在中學求學時，偶見《科學》雜誌上介紹數論之文，即研究之而有重要之發明，乃寫成論文寄與南開大學數學系主任姜立夫。姜氏見其有數學天才，轉介紹於清華大學數學系主任熊慶來。熊氏遂召之來清華大學數學系

管理圖書，一面學習數學，一面學習外國語，不久遂升任數學系講師，由中華教育文化基金董事會給與助學金往英國倫敦大學研究。一九三八年起任清華大學教授，繼而任中央研究院數學研究所研究員，美國普林斯敦大學研究員，一九四八年被舉為中央研究院院士，為院士中最年青之一人。曾被邀參加蘇聯科學院二百二十週年紀念會，其名著 Additive Prime Number Theory 一書，即蘇聯科學院為之出版者。此外先後曾發表重要論文幾七十篇，為中國第一天才數學家。

清華另一有名數學教授為陳省身。一九一一年生於浙江嘉興，南開大學理學士，清華大學研究院畢業，一九三六年得德國漢堡大學科學博士。自一九三七年起任清華大學教授，中央研究院數學研究所研究員兼代理所長，一九四八年被舉為中央研究院院士，為院士中之最年青者。現在美國講學，甚有聲譽。著有重要論文四十篇，蓋與華氏同為中國第一流之數學家。吾人甚望其早日歸國，為人民服務，一如華氏者。

清華大學最著名之物理學教授，當推吳有訓。吳氏字正之，一八九六年生於江西高安，家世寒微。畢業南京高等師範學校後，以江西省官費留學於美國芝加哥大學，一九二六年得博士學位。曾任中央大學教授，清華大學教授，物理學系主任，理學院院長，中央大學校長，中央研究院物理研究所研究員及所長，評議員及院士。解放後，任交通大學校長，及中國科學院物理研究所所長，平生以研究 X 光之康普登效應著名，著有重要論文二十四篇。吳氏不但為卓越的物理學家，且為最有名的教授，通常教授大學一年級的普通物理學，甚難美滿，在清華以教授普通物理學有名的教授只有吳氏與薩本棟二人。吳氏又為最為學生愛戴的大學校長，當其出長中央大學時，在同僚中最能以民主精神處理校務，而以真誠態度領導學生，因而不免開罪於頑固的當局。惜為環境所累，致不能專心從事於科學研究，否則其成就必不止此。

清華大學另一有名之物理學教授為薩本棟。字亞棟，一九〇二年生於福建閩侯，清華學校畢業，美國吳斯德工學院電機工程師及理科理學博士，英國德論大學名譽法學博士。美國西屋公司工程師，

清華大學教授，美國俄亥俄大學、麻省理工大學、史丹福大學訪問教授，廈門大學校長，中央研究院總幹事、評議員與院士，中國物理學會理事。著有《普通物理學》《普通物理實驗》《實用微積分》《交流電路》（英文本），及重要論文二十餘篇。在清華大學以善於教學著名。抗戰期間主持廈門大學，不辭勞瘁，使此華南大學蜚聲國內。任中央研究院總幹事時，亦辦事認真，毫不敷衍及用任何手段。惜天不假年，一九四八以癌疾在美國病故。年富力強之科學家如薩氏者，若能享高壽，其成就將未可限量，乃中道夭折，惜哉！

清華大學另一有名物理學家為趙忠堯。一九〇二年生於浙江諸暨，東南大學理學士，美國加州理工大學博士，德國哈勒大學研究員。歷任清華大學、中央大學物理學教授，及物理系主任，物理研究所兼任研究員，一九四八年被舉為中央研究院院士。趙氏為美國著名物理學家密立根 Millikan 之門徒，以研究硬性加瑪光線著名。當其已得博士學位，正豫備回國就清華大學教授職時，發現中子 Neutron，但以即將歸國，無暇為深切之研究，僅將此發現告知密立根，其後他人繼續研究中子而得諾貝爾獎金。然篳路藍縷之功，肇於趙氏。故密立根講演中子之發現時，屢言及趙氏之功。趙氏不能完成中子之研究，乃為環境所限，亦一般中國科學家共同之遭遇也。現趙氏重赴美國研究，各方皆對之寄以重大之期望，並望其早日歸國。

清華大學另一著名物理學教授為葉企孫。一八八九年生於上海，清華學校畢業，美國哈佛大學博士。東南大學教授，清華大學物理系教授、主任，兼理學院院長，中央研究院總幹事、評議員與院士，中國物理學會理事長。解放後，任清華大學校務委員會主任委員。葉氏長於教學及行政，清華大學物理系之有今日之盛況，多出於其擘畫之功。其門下成材者甚多，以精力萃於行政，故無暇作研究，只發表研究論文兩篇，然其領導之功，自不能磨滅。

清華大學地質系著名教授當推袁復禮。河北徐水人，清華大學地質系主任。平生對於野外工作貢獻甚大，曾參加與赫定博士同組織之西北考查團，對於古石器及古動物採集甚多；天山龍即為其所發現，但不喜發表，故尚有大量寶貴材料尚未整理報告。

清華大學生物學著名教授為陳楨。字協三，一八九四年生於江西鉛山，金陵大學農學士，美國哥倫比亞大學碩士。東南中央師範大學教授，清華大學生物系教授兼主任，中央研究院評議員及院士。平生以研究金魚之遺傳著名，中年又研究馬蟻之社會，善於教授，作育人才甚多。

清華大學尚有一國際知名之教授為建築系主任梁思成。啟超之子，一九○一年生於廣東新會，清華大學畢業，美國本薛文尼亞大學藝術學院建築學碩士。東北大學建築系主任教授，中國營造學社法式組主任及研究主任，中央研究院歷史語言研究所通訊研究員及兼任研究員，美國耶魯大學訪問教授，聯合國新廈建築設計委員會中國代表，清華大學建築系主任，清華大學中國營造學社合設建築研究所所長，德國東亞藝術研究會名譽會侶，一九四七年得受美國普林士頓大學名譽文學博士學位。著有《建築設計參考圖集》十集、《營造舉例》《清代營造則例》諸書及論文十餘篇。梁氏學生研究中國古代建築，發明極多，對於中國建築學為當代第一權威學者。

農業大學之由來

新近改組之農業大學亦有甚長之歷史。在前清宣統元年，京師大學堂籌設經科，法科，文科，格致科，農科，工科，商科七分科。大學先辦經，文，格致，工四種，農科大學始終未成立，而成立農業專門學校。一九一一年（民元）農科大學之羅道莊新校舍落成，農業專門學校即行遷入。一九二二年教育部改北京農業專門學校為農業大學，聘章士釗為校長。一九二三年二月農業大學正式成立，不久章校長辭職。一九二七年劉哲並國立九校為京師大學校。北京政府解體後，國民政府改京師大學為國立中華大學，繼而改為國立北平大學，農業大學為其中之一院。抗戰時北平大學西遷城固，改為西北聯合大學。勝利後北平大學早已取消，農學院歸屬於北京大學，以俞大紱為院長。另外則清華大學早已辦農業研究所，勝利後改為農學院，以湯佩松為院長。又老解放區的潞安華北大學，樂天宇先組成了農業研究室，後改為農學院，此機關是以種植甜菜及建立獸醫院及米邱林學會出名的。解放後於一九四九年政府合併此三個農學院為農業大學，任命樂天宇為主任委員，俞大紱、湯佩松為

副主任委員。

　　農業大學最著名之教授首推戴芳瀾。戴氏字觀亭，一八九三年生於湖北江陵，美國康南耳大學農學士，哥侖比亞大學研究院研究員。東南、金陵、清華各大學教授，中央研究院評議員及院士。戴氏為中國著名之菌學家與植物病理學家，執教幾三十年，作育人才甚眾，曾發表菌學與植物病理學論文三十篇，而以《中國菌類目錄》最為巨著。

　　農業大學另一著名教授為湯佩松。一九〇三年生於湖北浠水，清華學校畢業，美國霍普金斯大學博士，美國哈佛大學研究員。武漢大學、清華大學植物生理學教授，貴陽醫學院生物化學系主任教授，清華大學大農學院院長。湯氏雖為植物生理學家而擅長物理學與化學，科學根柢既好，故研究成績特佳。對於細胞生理，中國營養問題，曾發表論文多篇。其興趣甚為廣博，故研究的範圍亦廣，且喜寫通俗文字。中國人發現血液循環遠在哈維之先之一事實，即湯氏發現者。

　　農業大學另一著名教授為俞大紱。俞氏字叔佳，浙江人，一九〇一年生於南京，金陵大學農學士，美國愛阿瓦大學農學院博士。金陵、清華、北京大學教授，北京大學農學院院長，中央研究院院士。俞氏沉潛好學，行政非其所長，以研究農作物抗病性及濾過性毒素植物病害著名，先後曾發表研究論文三十五篇。

燕京大學之不妥協精神

　　北京私立的教會大學以燕京大學最著名。此校由北通州協和大學、北京匯文大學、華北女子協和大學在民國八年及九年合組而成。教授中國人美國人日本人皆有，校舍宏偉，圖書設備均甚充足，在教會大學中，首屈一指。第一任校長為美人司徒雷登，第二任校長為吳雷川。現任代理校長陸志韋，本為一教育心理學家，在日本人封閉燕大時，有不妥協的愛國精神，是值得佩服的。但為辦理行政多年，無暇作科學研究。

　　燕大最著名的科學家，應當推理學院院長胡經甫。胡氏原籍廣東，一八九六年生於上海，東吳大學理科碩士，美國康奈耳大學昆蟲學博士。回國後任東南大學農科教授及江蘇昆蟲局技正，後來任

燕京大學教授，兼生物系主任，美國康奈耳大學訪問教授，中央研究院第一屆評議員。太平洋戰爭發生時，正擬再赴美國講學，行至馬尼拉不能前進，乃入菲律賓大學學醫，勝利後在湘雅醫學院得授醫學博士，今仍任燕大生物系主任。胡氏人極幹練，有行政才，善於教學，作育人才甚多。以任行政與講學，故不能多作研究，但曾編輯《中國昆蟲目錄》六巨冊，實為中國昆蟲學不可缺的重者參考書，又著有《無脊動物學》及《中國襀翅目昆蟲誌》二書。

北京另一著名的教會大學為輔仁大學。乃天主教所創辦，規模與名譽可與燕京大學相比。一九二五年（民十四）創辦，先成立文學院，一九二九年添設理學院與教育學院，共有三院十二系。校舍宏偉，圖書設備均甚充足。在抗日戰爭期間，因陳垣校長應付得宜，使大學未為日人所接收，因之學生之數大增。解放後乃有學生一千一百餘名，並附設有男女中學小學幼稚園托兒所等，教授中國人及歐美各國人皆有之。

理學院設備甚佳，物理系有液態空氣製造機為國內所僅有，生物系則設有微生物實驗室，研究斑疹傷寒，並製該病之預防疫苗；物理系研究各種光線與光譜；化學系研究國產藥材之活潑成分及作國產與本地各物質之分析與研究；生物系研究改良農作物及研究植物毒素對於動物之影響等問題。

輔仁大學最著名之教授，自應推現任校長陳垣。陳氏字援庵，一八八〇年生於廣東新會，前清廩生，歷任教育部次長，京師圖書館館長，北京大學國學門導師，燕京大學國學研究所所長，師範大學史學系主任，北京大學名譽教授，故宮博物院理事，中央研究院評議員及院士，北平研究院特約研究員。陳氏為著名之史學家，其重要著作有《中西回史日曆》二十卷、《史諱舉例》八卷、《敦煌劫餘錄》十四卷、《元典章校補》十卷、《元典章補釋例》六卷、《舊五代史輯本發覆》三卷、《元西域人華化考》八卷，皆極精靈之作。又對於中國的宗史亦有重要論文發表，七十老翁而研究精神始終不懈，殊可佩服。

著名之協和醫學院

中國最著名的醫學院首推協和醫學院。本名協和醫學校，創設

於清光緒三十二年（一九〇六），由英美兩國教會五團體暨倫敦醫學會合辦。一九一五（民四）年，由羅克菲洛駐華醫社接辦，定名為協和醫科大學。一九二九年（民十八）改名為協和醫學院。一九四一年太平洋戰事爆發，學校及醫院均停辦。勝利後，於一九四七年聘請李宗恩博士為院長，次年醫院亦恢復。此校自羅氏駐華醫社接辦時，基金充足，曾建有極為宏麗之校舍與醫院，教授圖書儀器設備，均足與國外第一流的醫學院媲美。自一九二四至一九四三年醫科畢業生有三百〇二名，選修生二千二百餘名，新生四十二名，護士專修科畢業生一百九十九名，進修生三百九十三名，新生三十二名，教授所著書籍七十四種，所發表論文三千一百八十四篇。一九二五年曾與地方政府合作創辦城市衛生實驗教學區。

協和醫院中外著名之教授甚多，而最為外國學者所推重者為林可勝博士。林氏為廈門大學校長林文慶博士之子，一八九七年生於福建廈門，英國愛丁堡大學醫學博士與科學博士，美國芝加哥大學哲學博士。愛丁堡大學生理學講師，協和醫學院生理學系主任兼教授，紅十字會救護總隊長、軍醫署署長，中央研究院醫學研究所所長、評議員與院士，愛丁堡皇家學會會侶，美國國立科學院外國院士，現任美國芝加哥大學教授。林氏為國際知名之生理學家，對於生理學有重要之貢獻，自著與同僚或學生合作之論文有八十九篇，在抗日戰爭期中對於軍醫事業亦有重要之貢獻。今日楚材晉用，殊堪惋惜。

協和醫學院另一著名教授為吳憲。吳氏字陶民，一八九三年生於福建侯官，美國哈佛大學博士，及醫學院生物化學研究員。協和醫學院教授，中央衛生實驗院院長，中央研究院院士，現在美國講學。著有《營養概論》《物理的生物化學原理》（英文本）兩書及自著與學生合著之研究論文一百三十五篇。吳氏為中國第一流生物化學家，在協和主講生物化學二十餘年，作育人才甚多。

協和醫學院另一著名教授為馮德培。一九〇七年生於浙江臨海，美國芝加哥大學生理系碩士，倫敦大學生物物理學哲學博士。協和醫學院副教授，上海醫學院教授，中央研究院醫學研究所籌備處代理主任及院士，著有《生理學大綱》（與林可勝合作）及論文

四十八篇。

在協和醫學院服務甚短,而有特殊研究成績,日後在國際享盛名者,是為陳克恢博士。陳氏字子振,一八九八年生於江蘇青浦,清華學校學業,美國威斯康辛大學藥物學系學士,生理學系哲學博士,霍普金士大學醫學博士,協和醫學校助教,威斯康辛大學藥物學研究員。霍普金斯大學藥物學副教授,印第安那大學藥物學教授,印第安那麗利製藥廠藥物研究所所長,中央研究院院士。陳氏在協和醫學院任助教時,研究麻黃素(ephedrine)之藥理,曾發表論文數篇,促起世界醫藥界之注意,各國醫藥專家競起而研究。二年之內,發表論文至八百餘篇之多,群認麻黃為治哮喘之特效藥,而我國麻黃生藥之出口數量亦與日俱增,陳氏因而享名。綜合陳氏在國內國外曾發表研究論文二百餘篇。磺胺藥如消發地亞淨亦陳氏研究者,其對藥學之貢獻可謂甚巨,惜其不能為中國人民服務也。

協和醫學院院長李宗恩,亦為一著名醫學家。一八九四年生於江蘇武進,英國倫敦大學衛生及熱帶病醫學院醫學博士。協和醫學院副教授,武昌醫學院籌備會主任委員,國立貴陽醫學院院長兼熱帶病醫學系教授,貴州國際聯合會會長,中央研究院院士。李氏為中國研究熱帶病專家,曾發表寄生蟲、回歸熱、瘧疾等論文二十九篇。又富有行政才,協和醫學院戰後復興實利賴之。

其他如馮培德(研究生理學享名),張孝騫、袁貽瑾諸教授,均極著名而甚有貢獻者者。

北平研究院之成立

北京過去規模最大的科學研究機關為國立北平研究院。在一九二七年(民十六)五月,國民政府中央政治會議採納蔡元培、張人傑、李煜瀛諸人的建議設立中央研究院。李氏在該會議又提議設立地方研究院,並規定中央研究院每月經費為十萬元,地方研究院每月經費為五萬元。一九二八年九月李煜瀛代表大學委員會列席國府會議,說明北平大學組織與預算,每月經費定為三十萬元,以十分之一之經費為研究院經費。十一月北平研究院開始籌備,一九二九年五月設籌備委員會;由教育部主張,定名為國立北平研究院,遂為獨立之學術研究機關。一九二九年九月正式在北平成立,設立總

辦事處，及先後成立物理學、鐳學、化學、藥物學、生理學、動物學、植物學、地質學、史學各研究所，並與國立西北農學院在陝西武功合組中國西北植物調查所。七七事變作，本院李副院長書華赴雲南昆明設立本院昆明辦事處，旋各所人員亦相從前往，繼續工作。惟地質學研究所自平津淪陷後經費暫停。勝利復員後，一九四六年本院各所陸續復員，逐漸恢復工作。本院前本設有各學會及研究會，抗戰期間工作停頓，復員後改為本院學術會議。抗戰前所設之氣象臺、博物館、測繪組及自治試驗村事務所等，均於平津淪陷後停頓，迄未恢復。解放後經華北人民政府高等教育委員會接收。中國科學院於一九四九年十月成立，北平研究院遂與中央研究院合併，皆歸入中國科學院。

本院最有成績之研究所為物理學研究所。該所成立於一九二九年，由副院長李書華兼代該所主任。一九三一年嚴濟慈被聘為專任研究員兼主任，次年增聘現任北京大學理學院院長饒毓泰為專任研究員。其時研究空氣甚為濃厚，助理員陸學善、鍾盛標、錢臨照、吳學藺、方聲恒、翁文波、錢三強、陳尚義等先後赴歐美各國深造。一九三七年北平淪陷，該所乃遷昆明，繼續工作，勝利後遷回北平。

其研究工作分為七大項：一、關於光譜學者；二、關於照相者；三、關於水晶壓電現象者；四、關於水晶腐蝕圖者；五、屬於地球物理者；六、屬於物理探礦者；七、關於應用光學者。在此諸方面各研究員皆有重要之貢獻。而在應用光學方面，以在抗戰期間製造顯微鏡五百架，測量儀三百套，水晶振盪片千餘件，最為有實際效用。

此所重要物理學家當推嚴濟慈。嚴氏字慕光，一九○○年生於浙江東陽，東南大學理學士、法國巴黎大學國家博士。歷任大同、暨南、第四中山大學及中國公學教授，中央研究院物理研究所研究員，北平研究院物理研究所研究員兼所長、中央研究院院士。解放後任中國科學院辦公廳主任，著有大學用普通物理學及研究論文五十餘篇。

物理研究所另一著名物理學家為錢臨照。大同大學物理系學士、英國倫敦大學哲學博士，北平研究院物理研究所研究員，中央

研究院物理研究所研究員及代理總幹事，曾發表論文約二十篇。物理研究所另一著名物理學家錢三強。巴黎大學博士，北平研究院物理研究所研究員、清華大學教授，解放後任中國科學院科學計劃局副局長。錢氏為中國研究原子能專家與其妻何澤慧博士曾共同發現鈾原子三裂四裂現象，有聲於國際物理學界，為最有希望之青年物理學家。

北平研究院另一有重大意義之研究所為鐳學研究所。此所成立於一九三二年，係與中法大學合作。一九三六年遷至上海，所內設有放射學、X光、光譜等研究室及提取放射原素用之化學實驗室，設備儲鐳之白金管反鈾、釷、銅等原素與硝酸鈾等化學藥品，此類設備在國內只此所有之。該所成立後，由嚴濟慈兼任所長，鄭大章為專任研究員，不幸鄭氏病故，乃聘陸學善為專任研究員主持X光研究。太平洋戰事發作，該所工作停頓，一部分人員遷往昆明。勝利後該所擬改為原子能究所，中國科學院接管後改為近代物理學研究所，所中成績以鍾盛標仿製德國啥臘維式醫用紫外光燈為有實用之價值。

本院之化學研究成立一九二九年（民十八），當時聘現任中法大學校長李麟玉為主任，次年聘劉為濤為代理所長。一九三七年中日戰起，工作停頓，第二年該所乃遷往昆明。勝利後開始復員，一九四七年始能恢復工作，由周發歧任所長。該所研究工作理論與應用並重，在抗戰期間，尤著重後者，對於木材幹溜，人工汽油，飛機翼塗料之製造，各種硫醯胺類新藥之綜合，速釀法，植物油類之澄清，植物染料之提取等，皆有相當之成績，同時在中國藥物中提取其主要化合物，及研究其化學構造亦有貢獻。

與化學研究所平行者則有藥物研究所。該所成立於一九三二年，與中法大學合作，由趙承嘏主持其事。翌年乃遷往上海與中法大學藥學專修科合作，一九四〇年春聘莊長恭為專任研究員。此所之研究目標為使中國藥物科學化。所長趙承嘏對於中國藥物研究有重大之貢獻，主要藥物如麻黃、細辛、三七、貝母、防己、延胡索、鉤吻、遠志、柴胡、廣地龍、常山等，皆曾經詳細研究，有論文四十篇發表。如常山有機械之提取分析，即極為重要。蓋常山城之抗瘧

作用，超過奎寧一二百倍。

本所之藥學家除趙承嘏外，尤以莊長恭著名。莊氏字丕可，一八九八年生於福建晉江，美國芝加哥大學哲學博士、德國明與大學化學系研究員。東北大學化學系教授兼主任、中央大學理學院院長、中央研究院化學研究所所長、北平研究院藥物研究所代所長、中華教育文化基金董事會研究教授、臺灣大學校長、中央研究院評議員兼院士。以研究荷爾蒙著名，曾發表重要論文十五篇。

本院生理學研究所在一九二九年（民十八）開始籌備。原稱生物學研究所，一九三三年改為生理學研究所，聘經利彬為專任研究員兼主任，設有生理研究室、細胞研究室、生物化學研究室。當時該所主要工作為測驗中藥之生理效能，故研究偏於藥物生物學，曾發表論文數十篇。抗戰時期，該所遷至昆明，一九四三年經利彬氏辭職，該所工作暫停。勝利後該所恢復暫設於上海，由朱洗主持其事、暫與世界社上海生物學研究所合作。朱洗氏長於實驗細胞學與發生機械學，甚佳之研究成績。

本院動物研究所在一九二九年成立，由陸鼎恒任專任研究員兼所長，張璽為專任研究員。一九三五年（民二十四）在煙台創設渤海海洋生物研究室，次年與青島市政府合組膠州灣海產動物採集團。一九三八年該所遷往昆明，與雲南省建設廳合組雲南水產試驗所，由張璽兼任所長。一九四〇伊陸鼎恒病逝由張璽任所長。一九四六年該所所回北平，添設甲殼類研究室，聘沈嘉瑞主持之，添設昆蟲研究室，聘朱弘復主持之。中國科學院成立後，該所與中央研究院之動物研究所合併改為水產生物研究所。

該所研究偏重水產動物之研究，對於中國南北海岸一帶之魚類、原索動物、軟體動物、節肢動物、棘皮動物均有大規模之採集與研究，尤注重食用海產動物之研究。在昆明時則調查研究湖沼水產動物，此外更研究沿海之海洋理化性質，皆有重要之貢獻，有論文多篇刊布。

本院之植物學研究所一九二九年成立，由劉慎諤任所長，林鎔任專任研究員。研究工作以植物分類學為主，菌學亦兼及之。一九三六年與西北農學院合組西北植物調查所，次年該所遷往陝西工作，

一九四四年一部分人員遷至昆明，一九四七年遷回北平。

該所自成立以來即從事採集工作，採集地區以華北、西北為主，東北、東南、滇、黔、川、閩諸省亦兼顧及。研究工作分為：一、本草之考證；二、中國植物之地理分區；三、種子植物之專科研究；四、地方植物誌之編制；五、菌類之研究。計曾有論文百餘篇發表於該所之叢刊中，並刊有《中國北部植物圖誌》《太白山植物圖誌》等書。

本院之歷史研究所成立於一九三六年（民二十五），而籌備則始於一九二九年（民十八）。在徐炳昶、顧頡剛兩人主持之下，工作進行甚為積極。考古方面，以在陝西寶雞縣鬥雞臺之發掘工作最為重要。史料之整理與研究，亦有重要之戰績。抗戰期間該所遷至昆明鄉間，繼續研究，復員後遷回北平。

本所主要之研究人員當首推所長徐炳昶。徐氏字旭生，一八八六年生於河南之唐河，曾留學法國巴黎大學。歷任河南留美預備學校教授，北京大學教務長、哲學系主任兼研究所國學門導師，北平大學女子師範學院院長，北平師範大學校長，北平研究院幹事兼編輯，西北科學考查團團長，中央研究院歷史語言研究所通信研究員，今任歷史研究所所長。著有《西遊日記》及《中國古史的傳說時代》二書。此外則該所研究員蘇秉琦之鬥雞臺溝東區墓葬、黃文弼羅布淖爾考古報告、王靜如之《西夏文字典》、鍾鳳年之《水經注校補》各書皆為重要之著作。

人民的中國科學院

中國科學院系將中央研究院與北平研究院合併而成。成立後，前中央研究院之各研究所仍暫設南京與上海，前北平研究院之各研究所則仍設於北京，故南方諸所暫不介紹。科學院設院長一人，副院長一人；下設辦公廳，下設主任一人，副主任一人；下設行政處，秘書處與圖書處；另設科學計劃局，國際聯絡局與編譯局。科學院之著名科學家除已介紹者外，尚有二人必須於此介紹。

其一為本院院長郭沫若。郭氏字鼎堂，一八九一年生於四川嘉定，日本九州醫科大學畢業，中山大學教授及文科學長。歸國後曾創立創造社，鼓吹新文學運動。一九二六年（民十五）任北伐軍總

司令部政治部副主任，後辭職，任張發奎軍黨代表兼政治部主任。一九二七（民十六）年秋，國共分裂，投入賀龍、葉挺軍中，旋隨軍輾轉至廣東。失敗後赴日本，除文學創作及翻譯外，復致力於史學，金石甲骨文字及周秦哲學等，有劃時代之貢獻。抗日戰爭，回國居重慶。一九四八年（民卅七）被舉為中央研究院院士，勝利後居香港，解放後任中央人民政府政務院副總理及中國科學院院長。

郭氏以一科學家而兼文學家，著作譯述均甚多，但其在學術上最重要之貢獻則在研究甲骨金石文字與古代社會制度及周秦哲學等。其最重要之著作有《兩周金文大系》《中國古代社會研究》《青銅時代》《十批判書》《卜辭通纂》《甲骨文字研究》《殷周青銅器銘文研究》、《金文叢考》《金文餘釋之餘》《古代銘刻匯考》《古代銘刻匯考續編》諸書。其精密處雖或不逮王國維，但極多創獲。其關於周秦哲學之研究，時有超越胡適、馮友蘭之處。其學術如此多方面，殆為罕見也。

中國科學院另一著名科學家為竺可楨。竺氏字藕舫，一八九〇年生於浙江紹興，唐山路礦學校土木工程系畢業，美國伊利諾大學農學士、哈佛大學博士。東南大學教授、中央研究院氣象研究所所長、浙江大學校長、中國氣象學會會長、中國科學、中國地理學會理事、中央研究院院士、解放後任中國科學院副院長。

竺氏專長地理學與氣象學，教授門弟子甚多，中國之氣象事業如氣象局等，皆竺氏所手創。任浙學大學校長十餘年，對於該校多所改進，為同事及學生所愛戴。著有《中國之雨量》及《中國之濕度》二書，及論文十八篇。

值得介紹的地質調查所

北京開辦最久，成績最佳，蜚聲國際的科學研究機關為地質調查所。先是一九一一年（民元），丁文江自英回國後，次年農商部任命彼為地質組組長，彼即與地質學家章鴻釗建議創辦地質研究所，章氏任所長，一面招訓學生，一面實地調查研究地質。一九一六年第一班學生畢業，同年地質研究所改組為農商部地質調查所。丁氏任所長，力主教學與研究分開。於是所中所辦學校結束，而在北京大學設立一新地質學系。章鴻釗、翁文灝皆在所中任職，而不在大

學任教。一九二一年（民十），丁氏任北票煤礦總經理，同時兼地質調查所名譽所長，翁氏乃繼任為所長。一九三五年地質調查所遷往南京。翁氏為政府召赴焦作整理礦務及參加行政工作，一九三八年辭職，副所長黃汲清繼任所長，後辭職，由李春昱繼任。復員後，北平分所所長由高平擔任。解放後北平分所改為北京地質調查所，為財經委員會所統轄，人員業務大為擴充。自「北京人」發現以後，地質調查所與協和醫學院合作，在該院設立新生代研究室，又曾設有地震研究室，皆有卓著之成績。所中人員，先後曾刊著中國礦產及其他地質專誌及地質圖多種，而尤以《中國古生物誌》，最享盛名。此項專刊，較世界各大國所刊布者，在質與量上，均無愧色。其他論文則刊布於《中國地質學會會志》中，已發行至第三十卷。

地質調查所最著名之地質學家，當首推丁文江。丁字在君，一八八七年生於江蘇泰興，年十三為邑庠生，一九〇二年留學日本，一九〇四年赴英國，一九〇七年入格拉斯哥大學習地質學。一九一一年畢業，在西貢登陸，在雲南、貴州、湖南三省作地質旅行。一九二二年入農商部，與章鴻釗氏創辦地質研究所。一九一六年任農商部地質調查所所長，一九二〇年偕梁啟超赴歐洲考察，經美返國，邀彼邦古生物學家葛利普來地質調查所任職，中國古生物學研究肇始於此。一九二一年任北票煤礦總經理，兩年以後，該礦每日產煤達兩千噸。一九二五年任淞滬督辦，一九二八年赴廣西調查礦務，一九二九年赴貴州調查地質，一九三一至三四年，任北京大學地質學教授。一九三三年出席第六屆國際地質學會，會後赴歐，由瑞典赴蘇聯觀察巴庫油田，歸國後任中央研究院總幹事。一九三五年冬赴湘潭考查煤礦，在旅店中為煤氣所薰，中毒逝世，年四十九。

丁氏天才極高，學問興趣至廣，又富有行政才。地質調查所有今日如此卓越之成績，翁文灝氏之功固不可沒，而丁氏實為開創之人。同時彼極喜參加野外調查工作，其主要調查研究工作，多在雲南。研究工作，已發表及身後為諸弟子所整理者，甚為宏富。而主持編纂全國十萬分之一之地質圖，實為中國地質學研究一重要事業。為一般社會所易知者，則為與翁文灝、曾世英合編之《中國分省地圖》，是為中國最精確之地圖，全國學術界皆利賴之。丁氏又喜研究

歷史，本有寫《中國通史》之意，惜此計劃未能實現。在西南旅行時曾研究該地區之人種學與語言學，其《爨文研究》實一巨著。以其學問之深，興趣之廣，研究之勤，若天假以年，成就必遠過於此。乃僅得下壽，惜哉！

本所另一著名地質學家為翁文灝。翁字詠霓，一八八九年生於浙江鄞縣，一九二一年得比國魯文大學理學院博士。一九二一至一九三八年任地質調查所所長，先後曾任北京清華大學教授，清華大學代理校長，資源委員會主任委員，經濟部長，行政院長，中央研究院評議員秘書及院士，加拿大溫哥華大學名譽法學博士，德國柏林工學院名譽工學博士，澳洲礦冶學會名譽會侶，英國倫敦地質學會名譽會侶，美國機械工程學會名譽會侶，美國國立科學院名譽院士，中國礦冶工程學會會長、理事長，國際地質學會議副會長及中國代表團團長，太平洋科學會議評議員及中國代表團團長，著有論文六十餘篇。

翁氏學問廣博，富有行政才，地質調查所之有卓著之成績，雖賴丁文江氏開創之功，而賴翁氏二十年之苦心經營，始有今日。從政後任經濟部長時，對於抗日戰爭，裨益甚大。勝利以後，局勢日非，不能見幾而作，殊為可惜。然在中國科學界，其功勳殊不可沒。

該所另一著名地質學家是為黃汲清。一九〇四年生於四川仁壽，北京大學理學士、瑞士雷霞臺大學理學博士、實業部地質調查所技正及副所長、經濟部地質調查所所長、國際植物學會代表、中央研究院院士，著有地質專誌及古生物誌凡九種。黃氏為一優秀卓越有才幹之地質學家，為翁文灝所識拔。將來之事業，尚方興未艾也。

該所另一有名之地質學家為楊鍾健。楊字克強，一八九七年生於陝西華陽，北京大學理學士、德國明興大學地質系博士、地質調查所技正、北京大學兼任教授、重慶大學名譽教授、中央研究院院士。解放後任中國科學院編輯局局長，著有《古生物學通論》，及《地質古生物學專誌》與論文二十二種。楊氏為中國第一古脊椎動物學專家，貢獻甚巨，又喜作文著書，除專門著作外，曾著有《去國的悲哀》《西北的剖面》及散文數百篇。

該所另一著名地質學家為趙亞曾。河北蠡縣人，北京大學地質系理學士、地質調查所技正，以研究無脊椎動物著名。一九二九年在雲南調查地質為匪徒槍殺，葛利普教授認為中國地質學界一大損失。蓋趙君雖未出國留學，而已發表之地質與古生物學已逾百萬言，其長身貝之分類之研究最為世界古生物學家所稱許。

該所另一著名之地質學家為尹贊勳。河南平鄉人，法國里昂大學博士、地質調查所技正兼代理所長，專長古生代地層及無脊椎化石與腹足類研究。

該所另一著名之地質學家為李春昱。河南汲縣人，北京大學地質系學士、柏林大學哲學博士、南京地質調查所技正及所長，長於普通地質、地質構造等研究。

該所另一著名地質學家為楊傑。安徽人，法國巴黎大學國家博士、地質調查所技正，專長岩石學研究，對於變質岩研究有重要貢獻。

該所另一著名地質學家為高平。北京大學地質系理學士、江西地質調查所所長、地質調查所北京分所所長，現任北京地質調查所長。著有關於江西、湖南、浙江、廣東地質礦產專誌及地質圖等十七種。高氏為最有希望之後進地質學家，富有辦事幹才，今地質調查所擴充，高氏將更有重大之貢獻矣。

地質調查所另一著名的科學家乃發掘「北京人」的裴文中博士。裴氏河北省灤縣人，生於一九〇四年，北京大學地質系學業，歷任地質調查所技正及新生代研究室主任，一九三七年得巴黎大學博士學位。解放後即被中央人民政府任命擔任文化部文物局博物館館長，主持籌設國立自然歷史博物館工作。自地質調查所發掘周口店發現北京猿人後，裴氏周口店繼續發掘工作，先後曾發現北京猿人之頭骨及骨骼數具，並與之同時之獸類骨骼與猿人所用之石器與用火之遺跡等，同時並研究中國史前史之文物，貢獻甚多。曾著有《中國之化石人類》《周口店之食肉動物》《舊石器時代之藝術》《周口店上洞之工藝》《周口店上洞之動物誌》《中國史前時期之研究》《自然發展簡史》諸書及論文多篇，為研究中國化石人類及史前文物學之權威學者。

靜生生物調查所

北京著名的生物學研究機關除北平研究院之動物、植物、生理學三研究所外，當推靜生生物調查所。先是名教育家范靜生先生源濂，歷任教育總長、師範大學校長、中華教育文化基金董事會總幹事。在一九一一年（民元），曾捐鉅款創辦尚志學會。至一九二七年冬，范先生以北京無一生物學研究機關，殊為憾事，乃講秉志博士北來商議籌設一生物調查機關。不幸尚未有成議，范先生即病逝。於是中華教育文化基金董事會乃與尚志學會商議，合作創立一研究生物學機關，以紀念靜生先生。議定由尚志學會籌十五萬元為基金，由中華教育文化基金董事會每年籌經常費，由范旭東先生將靜生先生之故宅捐助作為此機關辦公之用，而名之為靜生生物調查所。一九二八年（民十七）秋此所正式成立，由秉志任所長兼動物部主任，胡先驌任植物部主任，劉崇樂，壽振黃為技師。一九三一年中華教育基金會為靜生生物調查所在北海圖書館西邊建造一辦公大廈，石駙馬大街原地乃用作一通俗博物館。後秉志博士以不能同時兼顧中國科學社生物研究所及本所兩所之事務，乃辭去所長職，由胡先驌任所長。本所自開辦以來，發展甚速，專以調查全國之動植物及採集事業為職志。動物部，曾採集大批華北、西北、華南之鳥類、獸類、魚類、甲殼類、昆蟲類、軟體類標本之多，甲於全國。植物部則採集華北、東北、四川、雲南之種子植物與蕨類植物之臘葉標本，與淡水藻類、菌類標本。尤以十餘年所採之雲南植物標本，數量之多，甲於世界，發現新種新屬甚多。刊物方面，則歷年刊有《靜生生物調查所彙報》《中國植物圖譜》《中國蕨類植物圖譜》《中國森林樹木圖誌》《中國動物誌》《中國木材學》等書。研究方面除各技師各人專長之某類動植物外，尚有研究木材學及細胞學者，而以木材學之研究成績最豐。中國木材學研究之基礎，實由本所所奠定。一九三五年本所又與江西省立農業院合辦廬山森林植物園，由技師秦仁昌、陳封懷主持其事。七七事變後江西淪陷，植物園乃遷至雲南之麗江。一九三八年本所又與雲南省教育廳合辦雲南農林植物研究所。該所除採集雲南省植物標本外，並採集種子苗木，栽培園藝植物，尤以栽培育種美國煙葉成績最佳。本所在太平洋戰事發生時為

日人所佔領，一部分人員乃遷至江西泰和繼續工作。勝利後，以經費困難，動物部未復員。解放後歸中國科學院接收，而與北平中央兩研究院之植物研究所合併，廬山植物園則改為森林植物研究所。本所最著名之動物學家為秉志。字農山，一八八六年生於河南開封，前清舉人，美國康奈耳大學農學院昆蟲系哲學博士，賓西尼亞大學韋斯達研究所研究員，東南、中央、復旦、廈門各大學動物學教授，中國科學社生物研究所及靜生生物調查所所長，中央研究院評議員及院士，北京博物學會，中國動物學會會長。秉氏對於動物學各部門均有深造，循循善誘，故其門下成名者甚多。其專長為神經學，分類學方面則研究軟體動物。著有昆蟲學、解剖學、神經學、生理學、古生物學等論文約二十篇，及《人類一班》《原生動物之天演》《人類天演之脫節》《生物學與民族復興》《競存論略》《科學呼聲》等書。

本所另一著名之動物學家為壽振黃。字理初，浙江諸暨人，東南大學農科學士，美國士丹福大學動物學碩士。清華大學教授、靜生生物調查所技師、水產研究所技正、現任山東大學教授。壽氏專長魚類學與鳥類學，在靜生生物調查所任職時，則專研究鳥類，發表論文多篇，並著有《華北鳥類誌》二巨冊，為中國鳥類學權威著作。

照中國習慣，作文品評人物無自我介紹之例，然為求科學史實計，亦不得不犯此忌。蓋作者領導植物學三十年，雖欲不述亦有不可之勢，故作本人之簡單經歷如下：

胡先驌，字步曾，一八九四年生於江西之南昌。美國加利福尼亞州立大學植物系畢業，哈佛大學科學碩士博士。廬山森林局副局長、南京高等師範學校農業專修科及東南大學生物系教授及主任、北京大學名譽教授、北京師範大學生物系導師及教授、中國科學社生物研究所植物部主任、靜生生物調查所植物部主任兼所長、中正大學校長、中央研究院評議員及院士、中國科學院植物研究所研究員、北京博物學會植物學會會長、英國愛丁堡植物學會會員、中國地質學會會員、中國科學社理事、第七屆國際植物學會副會長。專長植物分類學、植物地理學、新生代古植物學，著有《中國植物圖

譜》五冊、《中國蕨類植物圖譜》一冊、《中國森林樹木圖誌》一冊、《山東中生統植物誌》一冊、《植物小史》，譯訂《世界植物地理》、《種子植物分類學》講義等書及論文四十餘篇，曾創立一多元的被子植物新分類系統，並發現水杉等新奇植物。

其他：如專長魚類學的動物學家張春霖，專研究寄生甲殼動物的喻兆琦，著有華南、華北蟹類誌的沈嘉瑞，在徐海一帶與蝗蟲作戰的楊惟義，攝照植物標本一萬八千幀，對於中國植物分類學研究有甚大貢獻之秦仁昌，研究淡水藻類之李良慶，研究中國蘭科植物之唐進，專研單子葉植物之汪發纘，專研菊科植物之張肇騫，致力於中國木材解剖研究之唐鑱，長於花卉園藝與庭園布置之陳封懷諸氏，均各有專擅，服務本所多年而著有成績者。

農事試驗場

北京一個最重要的應用科學研究機關，是為華北農業科學研究所。遠在一九一一年（民元）即曾將西郊之萬牲園改為農事試驗總場，但一向為一官僚性質之衙門，並無若何研究成績可言。直至敵偽時代，在西郊白祥庵建築大規模房舍，購買充分之圖書設備，始可稱為正式之農業科學研究機關。其時此研究機關名為華北農事試驗場，內設耕種、農林化學、病蟲、畜產、林業、家畜防疫、農業水利等七科；另設分場一處，支場五處，試驗地兩處，原種圃十三處，任用日本人三百六十四名，中國人二百九十四名。高級幹部皆日本人，但除少數技術較高者外，其餘多為二三流人物，中國人皆中下級幹部。在此時期，本場之農業試驗研究工作，優點在有組織，有整個計劃，能與實際配合，有完整而靈活的機構，在各地有分場、支場、原種圃與試驗地，工作一元化，一個改良品種可以很快推廣到農村；但因為只有二三流的技術人員，技術方面，不免有很多缺點。但是這時期內，確有相當研究成績，所發表的刊物在家畜防疫方面有四冊，農業調查報告有二十三冊，華北產研彙報有十一冊，調查資料有三十三冊，成績概要有十九冊，其他有十四冊，此等刊物雖質不算高，但其有不少亦能達到專門研究報告水準。調查工作，較多較好，此外尚有很多未發表的資料。

一九四五年勝利後此場為國民黨反動政府的中央農業實驗所。

中央林業實驗所與中央畜牧實驗所分別接收其農業林業與畜牧獸醫部分，分別成立北平農事試驗場、北平林業試驗場、華北畜牧獸醫工作站。後又因人事關係分設華北畜牧工作站與華北獸疫防治處。此種分割，使試驗研究蒙受不少損失。同時機構擴大，內容空虛，有數方面等於虛設。但有獨立研究的農業科學家二三十人以上，技術方面較日人時代有部分的改進。惟調查工作太少，研究與實際需要不配合，且各研究室各自為政，故少聯繫。自接收至解放三年期中，甚少研究結果問世。

一九四九年平津解放，此分裂後的農業研究機構重新合併，改名華北農業科學研究所，分設作物系、病蟲害系、理化系（包括土壤肥料、農產製造、農田水利三研究室及測候站）、園藝系、應用植物系（包括細胞研究室與生理研究室）、畜牧系、家畜防疫系（包括病毒研究室、細菌研究室、血清製造場）及森林研究系。

其主要研究人員有副所長戴松恩，美國康乃爾大學農藝學博士，現作米邱林理論研究；王桂五，美國明尼蘇達大學農藝學博士，現主持棉作研究；莊巧生，金陵大學農藝系畢業，留美實習，主持麥作研究；張錦章，金陵大學農藝畢業，留美實習，主持食糧研究；王炳文，曾任河北農業改進處處長，主持園藝研究；江福利，曾任北平林業試驗場場長，主持森林研究；鄭沛留，美國威斯康辛大學農學博士，主持人工受精研究；馬聞天，曾任華北獸醫防治處處長，主持病毒研究；陸欽範，美國明尼蘇達大學博士，主持棉籽加工研究及發酵研究；陳耕陶，明尼蘇達大學博士，擔任發酵研究及六氯苯製造研究；陳善銘，明尼蘇達大學博士，主持植物病害研究；曹驥，明尼蘇達大學博士，擔任飛蝗防治研究。此所多數重要人員，雖學術甚優，但多回國未久，故其研究成績，遠不能與歷史悠久科學研究機關之重要科學家相比。然假以歲月，亦必能有重要之貢獻。

現在該所發刊的刊物有《蘇聯農業科學參考資料》（雙月刊）、《農業研究通訊》（月刊）、《米丘林學說介紹》、本所《研究專刊》《農業淺說》《中國農業研究》（半年刊）等刊物。

中華教育文化基金董事會

北京除大學及各研究機關，尚有一重要機關對於北京之科學事

業之發達，有莫大之幫助，是為中華教育文化基金董事會。先是一九二四年（民十三）美回退回庚子賠款餘額，九月政府派定華董事顏惠慶、顧維鈞、范源濂、施肇基、黃炎培、蔣夢麟、張伯苓、周貽春九人，美董事孟祿、杜威、貝克爾、葛理恒、白賴脫五人，組織中華教育文化基金董事會（十月復派丁文江為董事），舉范源濂為會長，孟祿為副會長。

　　一九二五年（民十四）六月舉行第一次年會，議決庚款用途範圍（應用以 1. 發展科學知識及此項知識適於中國情形之應用，其道在增進技術教育科學之研究與表證及科學教學法之訓練，及 2. 促進有永久性質之文化事業如圖書館之類），及分配款項原則六條，改選顏惠慶為董事長，孟祿、張伯苓為副董事長。同年九月第一次執行委員會通過該會與教育部合辦國立京師圖書館契約等二案。一九二六年該會第一次常會通過補助北京圖書館開辦費一百萬元，設置科學教席並補助設備，補助二十個學術機構之經費，在本會設社會調查所，在美國設華美協進社。三月北京圖書館成立，後名為國立北平圖書館。一九二七年設立科學補助金與獎勵金，及科學教育顧問委員會。本年冬第一任總幹事范源濂病故，任鴻雋繼任為總幹事。一九二八年與尚志學會合作設立靜生生物調查所。一九二九年承受教育部及清華基金保管委員會委託，接管清華基金。一九三〇年改組科學教育顧問委員會為編譯委員會。一九三一年補助國立北京大學延聘學者設立研究講座及專任教授。一九三七年抗日戰興，平津淪陷，該會由北平遷上海，後又遷重慶。勝利後遷回上海，解放後為上海軍管會接收。總計該會成立二十餘年，創辦北平圖書館、社會調查所、靜生生物調查所，補助各學術機關經費，設置科學教席及講座，設置科學補助金以資助青年科學家赴歐美各國留學，對於中國科學事業之發展，有莫大之幫助。

　　總觀北京數十年來的科學運動與北京的科學家，以中國在戊戌時代的一個典型的科學落後之國家，清宣統年間始大規模派遣學生至歐美各國留學，辛亥革命以後，新式大學與各種研究機關，始逐漸成立，而在軍閥及抗戰期間，科學家均因環境不良，不能發展其研究事業，較為順利的時代不過短短十餘年，然名科學家輩出，其

研究成績已博得世界各國科學界的推許，此誠可引以自慰者。今後若政治安定，政府積極有計劃的提倡科學，則科學必可突飛猛進，而使中國躋於近代國家之林，執政者其勉之。〔註2307〕

是年，彭立生拜見胡校長。

第二次見到胡校長是 1950 年。那時我在中國人民大學學習。父親寫了封問候信囑我去謁見胡校長，我趕到石駙馬大街靜生生物調查所，見到了胡校長。當時全面學習蘇聯，在生物學界也是如此。胡校長的心境不是很開朗，主要問了家父的健康和在江西的處境，中午留我午餐。我在北京四年，父親要我去看的只有四人：當時的農業部長李書誠，胡校長，國學大師熊十力，當時的政務院委員陳劭先。四老中有的是辛亥護法的老同志，有的是學術界泰斗。從這裡也可以看出父親和胡校長的友情和推崇之心。〔註2308〕

1951 年（辛卯） 五十八歲

2 月 14 日，胡先驌致金兆梓信函。

芚庵學兄惠鑒：

久未通侯，敬口新春多吉，動心增祥，為頌為念。茲寄上《經濟植物學》圖十二幅並說明，即希譽收並將稿費口速寄下為要。《種子植物分類學講義》最後一次校稿如已印就，亦請早寄以期校定後製紙版早日出版也。

專此敬頌

弟 胡先驌 拜啟

二月十四日（1951 年）

請將前寄上《經濟植物學稿》第九章至第十六章原稿寄下，略有修正後再行寄上。又及。〔註2309〕

2 月 17 日，胡先驌致鍾心煊信函。

〔註2307〕 胡宗剛撰《胡先驌先生年譜長編》，江西教育出版社，2008 年 2 月版，第 538～542 頁。

〔註2308〕 彭立生著《兩次見到敬愛的胡先驌校長》。胡啟鵬主編《撫今追昔話春秋——胡先驌學術人生》，北京燕山出版社，2011 年 4 月版，第 286 頁。

〔註2309〕 方繼孝著《名人信札收藏五十講》，國家圖書館出版社，2016 年 7 月版。

仲襄吾兄惠鑒：

二月十一日手書敬悉，Manglietia 標本俟檢出後再請寄下，不必急。今年由孫祥鍾先生領導至鄂西採集佳甚，科學院必可補助，希望儘量搜集 Henry、Wilson、Silvestri 諸人之 topotype，再則臺灣杉與水杉種子仍希望能儘量採集，分寄各處，以便廣為栽培也。鑒定標本，禾本科可請耿以禮擔任，其他單子葉植物可請敝所唐進、汪發纘擔任，菊科可請敝所張肇騫擔任，玄參科、桔梗科可請敝所鍾補求擔任，櫻草科可請敝所廬山工作站陳封懷擔任，傘形科可請敝所南京工作站單人驊擔任，毛茛科、馬鞭草科請裴鑒擔任，龍膽科請北大植物繫馬毓泉擔任，薔薇科、秋海棠科請敝所俞德濬（季川）擔任，楊柳科請敝所郝景盛擔任，唇形科請南京藥專孫雄才擔任，樟科、松柏科請南京大學森林系鄭萬鈞擔任，如此已可解決大部分鑒定工作矣。國人在湖北採集者，前有錢崇澍與陳煥鏞兄，其標本存在何處，容問明奉告。後者為華敬燦君，其標本在鄭萬鈞處，即同水杉、臺灣杉一同採取者，頗有若干新種。Pampanini 及 Pavolini 的植物報告，此間無法覓得，可來信與敝所商議，看能由資料室轉託國外植物學研究機關照成顯微照片否。此種文獻敝所資料室正須搜集者也。Wilson 之湖北草本植物似無名錄可查。靜生刊物可向科學院編譯局索取，可以奉贈。弟所著《中國森林樹木圖誌》第二冊（樺木科與榛科）恐須向科學院購買，請問明如能奉贈更佳。弟之論文單行本可檢寄貴校，所採山毛櫸科標本已定名及未定名者，希望以一全份見贈。因弟正研究此科也。陳封懷年來在贛西北採集植物標本甚多，今後仍將在此區陸續採集，發現與湖北所產者甚為相似，在去年植物分類學會議，曾決議華中區應以廬山工作站為研究中心，武大宜與之大量交換已定名未定名之標本，彼此可以輔助也。

專此敬頌

春綏

弟 胡先驌 拜啟

二月十七日（1951 年）〔註2310〕

〔註2310〕 胡啟鵬輯釋《胡先驌墨蹟選》（初稿），2022 年 2 月，第 100～101 頁。《胡先驌全集》（初稿）第十七卷下中文書信卷，第 492～493 頁。

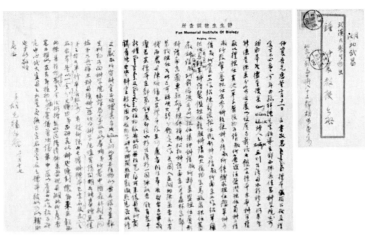

胡先驌致鍾心煊信函手跡

【箋注】

鍾心煊（1892～1961），字仲襄。江西南昌縣武陽人。早年入南昌私立心遠中學、南昌公立江西高等學堂讀書，宣統二年（1910年）夏考取清華學校首屆留美預備班。1913年赴美留學，在伊利諾大學、哈佛大學專攻植物學，獲碩士學位。1920年學成回國，在南開大學、廈門大學任教授。1931年10月到國立武漢大學生物系任教授。1933年8月20日，中國植物學會在重慶北碚中國西部科學院召開成立大會，鍾是19位發起創辦者之一，被會議推選為學會評議員和新創辦的《中國植物學雜誌》編輯員，其後擔任該會武漢分會主席。1951年參與主持制訂《武漢大學調查湖北省植物計劃書》，倡議在武漢建立植物園，1956年武漢植物園建成。

2月19日，胡先驌致張元濟信函。

> 菊生姻長道席：
>
> 　　日前奉到佳什二章，老懷逾壯，陪仰何似。驌自解放後，杜門著述，吟事廢棄久矣。聞公著有八股禮文刊印，贈送知友，能以一分寄贈否？
>
> 　　專此敬頌
>
> 春綏
>
> 姻愚侄　胡先驌　拜啟
> 二月十九日（1951年）〔註2311〕

〔註2311〕上海圖書館編：《上海圖書館藏張元濟往來書信》，第9冊，2017年版，第319頁。

2月26日，產生中國林學會新一屆領導班子成員。

中國林學會正式宣告成立，成立中國林學會第一屆理事長，理事長梁希，副理事長陳嶸，秘書長張楚寶，副秘書長唐耀，常務理事王愷、鄧叔群、樂天宇、陳嶸、張昭、張楚寶、周慧明、郝景盛、梁希、唐耀、殷良弼、黃範孝，理事王愷、王林、王全茂、鄧叔群、樂天宇、葉雅各、李范五、劉成棟、劉精一、江福利、邵均、陳嶸、陳煥鏞、佘季可、張昭、張克俠、張楚寶、范濟洲、范學聖、鄭萬鈞、楊衛晉、林漢民、金樹源、周慧明、梁希、郝景盛、唐耀、唐子奇、袁義生、袁述之、黃樞、程崇德、程復新、傑爾格勒、黃範孝。〔註2312〕

3月12日，胡先驌致金兆梓信函。

芚庵學兄惠鑒：

久未通候，至以為念。去年年底接貴編輯所來函，雲將以拙著《種子植物分類學》最後校稿寄來，再校一次，即製紙型，何以尚未寄來，是否仍可分批寄來，俾能陸續校定，陸續寄紙型，俾能早日出版，各方皆切盼此書能早日出版也。

專此敬頌

時綏

弟　胡先驌　拜啟

三月十二（1951年）〔註2313〕

3月29日，北京農業大學確定新一屆領導機構成員。

北京農業大學新校務委員會名單公布：孫曉村（校長）、沈其益（教務長）、熊大仕（秘書長）、戴芳瀾（植病研究所所長）、湯佩松（農化研究所所長）、徐季丹（農藝系主任）、周家熾（植病系主任）、陳錫鑫（園藝系主任）、張仲葛（畜牧系代主任）、殷良弼（森林系主

〔註2312〕 王希群、傅峰、劉一星、王安琪、郭保香編著《中國林業事業的先驅與開拓者——唐耀、成俊卿、朱惠芳、柯病凡、葛明裕、申宗圻、王愷年譜》，中國林業出版社，2022年3月版，第206頁。

〔註2313〕 胡啟鵬輯釋《胡先驌墨蹟選》（初稿），2022年2月，第105～106頁。《胡先驌全集》（初稿）第十七卷下中文書信卷，第490～491頁。

任)、葉和才(土壤系主任)、劉崇樂(昆蟲系主任)、黃瑞綸(農化系主任)、王朝傑(農機系主任)、王毓瑚(農經係代表)、周明烊(圖書出版委員會主任、圖書館館長)、高惠民(農村工作委員會)、俞大紱、陸近仁、孫文榮、張榮臻、閻隆飛、馮炳昆(工會代表)、於船(獸專)、梁正蘭(大一部)、呂鶴鳴、張珍(學生會代表)。〔註2314〕

3月,與鄭萬鈞合著《擬桄林麗木,中國西南部木蘭科一新屬》文章在《植物分類學報》雜誌(第1卷第1期,第1~3頁)發表。摘錄如下:

擬桄林麗木 Parakmeria,新屬

花被片12,幾相等,內輪的稍小。小蕊約30,插生於圓錐狀短軸上;花絲短;花藥線形,內向開裂;藥隔微伸出為附屬物,大蕊花未發現。——喬木,葉全緣;葉柄上面無疤痕;托葉游離,花單獨頂生,有單性,大小蕊花異株;芽包於鞘狀托葉內;花梗頗壯而長。

此屬與桄林麗木 Kmeria 極為親近,其異處在有12花被片與游離的托葉。此屬有兩種,產於中國西南部。

峨嵋擬桄林麗木 Parakmeria omeiensis Cherig,新種

常綠喬木,高10至20公尺,直徑20至40公分;樹皮深灰色,小枝無毛;葉革質,橢圓形,矩圓橢圓形至倒卵形,頂端鈍尖至鈍漸尖,基部闊楔形,全緣,上面光亮深綠色,下面淡綠色有腺點,中脈上面微有槽,下面顯著凸起,側脈8至10,上面微凸起,下面不顯著,兩面皆無毛,長8至12公分,闊1.9至4.2公分;葉柄無毛,長1.5至2公分;大小蕊花異株,單生枝的頂端;小蕊花有粗壯花梗,花梗長9公釐,乳白色;萼片3,較薄,矩圓形,頂端圓或鈍,長3.8公分,闊1.3公分;花瓣8,倒卵形,長3.2至4.2公分,闊0.8至1.9公分;花托卵圓狀;小蕊30,長2至2.2公分;花絲深紅色,長6公釐,闊1公釐,扁;花藥長1.8公分,藥隔深紅色,頂端鈍尖。

〔註2314〕 王希群、郭保香編著《中國林業事業的先驅與開拓者——汪振儒、范濟洲、汪菊淵、陳俊卿、關君蔚、孫筱祥、殷良弼、李相符年譜》,中國林業出版社,2022年3月版,第335頁。

產四川峨嵋山紅椿坪以上，海拔高 1200 至 1500 公尺叢林中。1940 年 6 月 8 日採，鄭萬鈞號數 10525 號（模式標本），小蕊花標本。

產貴州榕江流域下江縣，加魯寨區公所前，趙子孝採 382 號，喬木高 20 公尺，胸高周圍 3.2 公尺，幹皮灰褐色，花黃色，1940 年 6 月 3 日採。

雲南擬榿林麗木 Parakmeria yunnanensis Hu，新種

喬木高約 22 公尺，小枝圓柱狀，有星狀毛。葉橢圓披針形至披針形，基部楔形至窄形，頂端鈍至鈍漸尖，長 6.5 至 13 公分，闊 2.5 至 4.5 公分，薄革質，上面無毛，下面有星狀毛，中脈上面微凸起，下面顯著凸起，側脈 12 至 15，微顯著，網脈兩面均顯著；葉柄長至 2.5 公分，幾無毛；花芽橢圓狀，包含於鞘狀托葉內；托葉苞狀，革質，外面幾無毛；花梗頗粗壯，短，無毛，直立；花被 4 輪，3 出，花被片 12；小蕊在花芽中約 30，長約 8 公釐；花絲短：藥隔伸出藥室頂端，成一短尖的附屬物。

雲南東南部：麻栗坡，黃金印，高 1200 公尺處，在密生小林中，樹高 18 公尺，1940 年 1 月 13 日，王啟無 83157 號（模式標本）；西疇縣，法度，高 1200 公尺處，在密生林中，大樹高 22 公尺，直徑 80 公分，1939 年 12 月 2 日，王啟無，85180 號。（本文與鄭萬鈞合作）〔註 2315〕

3 月，《雲南山毛欅科補誌一》文章在《植物分類學報》雜誌（第 1 卷第 1 期，第 103～118 頁）發表。同年 6 月，轉載於《植物分類學報》雜誌（第 1 卷第 2 期，第 139～155 頁）。摘錄如下：

短柄山毛欅 Fagus brevipetioliata Hu，新種

雲南東南部：麻栗坡，老君山，高 1500 至 1700 公尺處，生混合林中，喬木高 40 英尺，常見，馮國楣 13815 號（模式標本），1947 年 12 月 13 日。

此種與其他中國種相異之處，在其卵圓矩圓形至卵圓披針形之

〔註 2315〕張大為、胡德熙、胡德焜合編《胡先驌文存》（下卷），中正大學校友會出版發行，1996 年 5 月，第 386～387 頁。

葉長 8 至 12 公分，葉柄長 1 公分，與總苞被有多數細瘦直立或微彎但不外彎有茸毛的刺毛。

黑錐栗 Castanopsis remotidenticulata Hu，新種

雲南東南部：文山縣，老君山，高 1800 至 2000 公尺處，生雜林木中，喬木高 25 英尺，直徑 1 英尺，常見，馮國楣 11140 號（模式標本），1947 年 8 月 12 日。

此種與他種不同處在其窄矩圓形至矩圓披針形之葉，上部有稀疏小齒，頂端鐮狀長尾狀漸尖。

長穗錐栗 Castanopsis macrostachya Hu，新種

雲南東南部：麻栗坡，高 1000 公尺處，小喬木高 8 公尺，常見，王啟無 86647 號（模式標本），1940 年 2 月 3 日。

此種與他種不同處在其葉柄極短，及其細長達 24 公分的大蕊花序。

劍川石栗 Lithocarpus chienchuanensis Hu，新種

雲南北部：劍川縣，喬後井，羅平山，雜木林內，喬木高 10 公尺，常見，秦仁昌 23055 號（模式標本），1940 年 6 月 30 日；龍陵縣，高 1300 公尺處，雜木林內，喬木高 15 公尺，幹胸高直徑 25 公分，王啟無、張英伯、劉瑛 89901 號，1941 年 8 月。

此種與他種不同處，在其長尾狀葉與極小的槲果只在基部與其帶扁形的皂斗相連。

緬寧石栗 Lithocarpus mianningensis Hu，新種

雲南南部：緬寧縣，大折菁，高 2500 公尺處，在森林中，喬木，高 5 至 8 公尺，常見，俞德濬 17805 號（模式標本），1938 年 9 月 30 日。

此種與其他種不同處，在其大矩圓亞球形槲果，僅在基部與其淺皂斗相連合。

順寧石栗 Lith ocarpus shunningensis Hu，新種

雲南南部：順寧縣，烏木龍，高 2300 公尺處，在森林中，樹高 10 公尺，常見，俞德濬 16614 號（模式標本），1938 年 7 月 9 日；鎮康縣，雪山，高 2800 公尺處，在森林中，喬木 8 至 12 公尺，常見，俞德濬 17073 號，1938 年 7 月 28 日。

此種與他種不同處在其皂斗有多數覆瓦狀排列短圓形鱗片，頂端伸長為一軟刺長至 7 公釐。

煥鏞石栗 Lithocarpus Woon-youngii Hu，**新種**

雲南西部：雲龍縣，漕澗，知本山，高 2800 公尺處，生密雜木林中，王啟無 89746 號（模式標本），1942 年 2 月 1 日。

此種與他種不同者在其三角狀亞球形的槲果有極厚木質皂斗，僅與槲果的基部相連。

啟無柯 Pasania Chiwui Hu，**新種**

雲南東南部：硯山縣，高 1200 公尺處，在櫧櫟林中，小喬木，高 2 公尺，王啟無 84092 號（模式標本），1939 年 10 月 1 日。

此種與安南種 Pasania longipedicellata Hickel et A. Camus 相同處為其皂斗的鱗片連合成 6 橫列平行帶片，不同處為穗狀果序僅長 5 公分，卵狀槲果下部 1/3 為無柄半球形皂斗所包。

白絲栗 Pasania confertifolia Hu，**新種**

雲南東南部：麻栗坡，老君山，高 1600 至 2000 公尺處，生雜木林中，喬木高 10 公尺，常見，馮國楣 13716 號（模式標本），1947 年 11 月 9 日；麻栗坡，潘家衖，高 1500 公尺處，路旁，喬木高 10 公尺，常見，馮國楣 12655 號，1947 年 10 月 31 日；文山縣，老君山，高 2200 至 2400 公尺處，生雜木林中，喬木高 10 公尺，常見，馮國楣 11229 號，1947 年 8 月 13 日；同地，高 2300 至 2400 公尺處，生雜木林中，喬木高 8 公尺，馮國楣 11222 號，1947 年 8 月 13 日。

此種與他種不同處在其矩圓形或披針形的葉多少聚集於小枝的頂端，與其淡草黃色卵狀至倒卵的槲果具有小基部疤痕。

瘦穗柯 Pasania ischnostachya Hu，**新種**

雲南東南部：富寧縣，高 800 公尺處，在櫧櫟林中，大喬木，高 15 公尺，直徑 30 公分，偶見，王啟無 89614 號（模式標本），1940 年 5 月 25 日。

此種與他種不同處在其極細瘦的大蕊花序與甚小的花。

長果柯 Pasania longinux Hu，**新種**

雲南東南部：麻栗坡，高 1200 至 1500 公尺處，生雜木林中，

喬木高 20 公尺，稀見，馮國楣 13012 號（模式標本），1947 年 11 月
9 日。

此特異種與他種異者在其三角卵矩圓狀的橚果長至 3.5 公分有
凹深而小的基部疤痕，內部不完全分室與種子多裂狀。

俞氏柯 Pasania Yui Hu，新種

雲南西南部：緬寧縣，莽洞山，高 2000 公尺處，生森林中，喬
木高 8 至 10 公尺，俞德濬 19813 號（模式標本），1938 年 9 月 30
日。

此種與 P. trachycarpa Hicket et A. Camus 相近，不同處在其較大
扁球狀皂斗具有更顯著密貼的苞片，與較大的扁球狀橚果。

文山柯 Pasania wenshanensis Hu，新種

雲南東南部：文山縣，多移樹，高 2200 公尺處，生雜木林中，
喬木高 7 公尺，常見，馮國楣 11342 號（模式標本），1947 年 8 月
15 日。

此種在雲南東南部雜木林中甚為常見。

杜鵑葉柯 Pasania thododendrophylla Hu，新種

雲南東南部：麻栗坡，老君山，高 1600 至 2000 公尺處，生雜
木林中，喬木高至 10 公尺，常見，馮國楣 13720 號（模式標本），
1947 年 12 月 9 日。

此種與他種不同處在其矩圓形革質葉，與密集的皂斗，每 3 個
連生，而包圍倒卵狀長 11 公釐直徑 8 公釐之橚果之 1/3。

漿櫟 Pasania tomentosinux Hu，新種

雲南東南部：西疇縣，香屏山，高 1500 至 1700 公尺處，生水
邊雜木林中，常見，馮國楣 11508 號（模式標本），1947 年 8 月 30
日；西疇縣，法斗，高 1600 公尺處，生雜木林中，喬木高 8 公尺，
稀見，馮國楣 11596 號，1947 年 9 月 3 日；西疇縣，高 1500 公尺
處，生石山上雜木林中，喬木高 10 公尺，常見，馮國楣 12103 號，
1947 年 9 月 29 日。

此種與他種不同處在其密生黃色茸毛的扁球狀橚果高至 2 公分
最後變種為無毛，下部為淺杯狀皂斗所包，皂斗有多數連生覆瓦狀
排列闊三角形有密生黃色茸毛的苞片。

亮果柯 Pasania nitidinux Hu，新種

雲南東南部：西疇縣，法斗，高 1500 公尺處，在石山上雜木林中，樹高 30 英尺，常見，馮國楣 12103 號（模式標本），1947 年 9 月 29 日。

此種似與漿櫟的皂斗與槲果相近似，不同處在其披針形葉與無毛槲果。

仇栗樹 Pasania yenshanensis Hu，新種

雲南東南部：硯山縣，高約 1200 公尺處，生有樹木的山坡上，喬木高 10 公尺，果可食，王啟無 84125 號（模式標本），1939 年 10 月 2 日；文山縣，黃草壩，高 1600 公尺處，生開展叢薄中，小喬木高 2.5 公尺，常見，馮國楣 11332 號，1947 年 8 月 17 日；文山縣，高 2200 公尺處，生雜木林中，喬木高 7 公尺，常見，馮國楣 11332 號，1947 年 8 月 17 日；西疇縣，高 1500 至 1700 公尺處，生雜木林中，喬木高 7 公尺，常見，馮國楣 11581 號，1947 年 9 月 9 日；雲南西北部：中甸縣，金沙江邊，高 2300 至 2500 公尺處，生水邊有樹木的山谷中，喬木高 10 公尺，馮國楣 3206 號，1939 年 11 月 3 日。

此種與 P. dealbata Oerst.相近似，不同處在其有短柄陀螺狀的皂斗被有窄三角形的苞片開張或向內微彎。

疏穗柯 Pasania lysistachya Hu，新種

雲南東南部：西疇縣，高 1000 至 1300 公尺處，生雜木林中，喬木高 30 英尺，常見，馮國楣 12533 號（模式標本），1947 年 10 月 16 日。

此種與他種不同處在其稀疏的穗狀果序及其圓錐狀幾球形的槲果直徑 1 公分。

川石櫟 Pasania Fangii Hu et Cheng，新種

四川西部：峨眉山，二峨山，生森林之旁，喬木高 7 至 8 公尺，李彩祺 4751 號（模式標本），1930 年 8 月 30 日。

此種與俞氏柯相近似，不同處在其較細的側脈與不能見的小脈，與其小而有柄的皂斗不完全包圍其較小的槲果。

硯山錐栗 Castanopsis yanshanensis，新種

雲南東南部：硯山縣，高 1200 公尺處，稀疏杧櫟林中，喬木高

5 公尺,常見,王啟無 84116 號(模式標本),1939 年 10 月 16 日;
硯山縣,高 1200 公尺處,在散見林木中,喬木高 10 公尺,果可食,
王啟無 85155 號,1939 年 10 月 2 日;硯山縣,高 1200 公尺處,疏
散林木中,葉下部帶褐包,果味甜,可食,王啟無 84711 號,1939
年 10 月 27 日。

此種與 Catanopsis tenuinervis A. Camus 相近似,不同處在長尾
狀之葉與較大之總苞與果。

緬寧錐栗 Castanopsis mianningensis,新種

雲南南部:緬寧縣,高 2650 公尺處,森林中,喬木高 4 至 5 公
尺,常見,俞德濬 17910 號(模式標本),1938 年 10 月 5 日。

此種與 Castanopsis tenuinervis A. Camus 相近,不同處在其較大
之葉與較大之總苞與果。其與 C. yanshanensis Hu 不同處在其矩圓形
之葉,與總苞壁被有較密之刺基部連合成一總幹長 3 公釐。

龍陵櫟 Ouercus lunglingensis Hu,新種

雲南西部:龍陵縣,紅木樹,高 2400 公尺處,生山坡上疏生雜
木林中,喬木,王啟無 90064 號(模式標本),1941 年 8 月。

此種與他種不同處在其葉粗齒牙狀有長芒的鋸齒,及側脈在兩
面均凸起而成 30° 至 45° 角。

麻栗坡櫟 Quercus marlipoensis Hu,新種

雲南東南部:麻栗坡,黃金營,海拔高 1100 公尺,生於常綠混
生林,大喬木高 18 公尺,直徑 30 公分,王啟無 86357 號(模式標
本),1940 年 1 月 22 日。

此種與他種不同處在其大革質矩圓至倒卵短圓形葉,葉全緣,
側脈相距頗遠,常自下部或上部分叉。

王氏櫟 Quercus Wangii Hu et Cheng,新種

雲南東南部:屏邊縣,馬鹿塘,海拔高 1300 公尺,大樹高達 27
公尺,有粗壯開張之枝,果生於最高枝上,在開闊淺山谷中偶見之,
王啟無 83109 號(模式標本),1939 年 11 月。

此特殊種與其他種不同處,在其甚大倒卵形之葉與其甚大扁形
皂斗與堅果。

富寧櫟 Quercus fooningensis Hu et Cheng，**新種**

雲南南部：富寧縣，海拔高 1100 公尺，生小石山上，喬木高 8 公尺，偶見，王啟無 89142 號（模式標本），1940 年 5 月 1 日。

楊梅葉櫟 Quercus myricifolia Hu et Cheng，**新種**

雲南南部：富寧，龍邁，海拔高 1000 公尺，生石山上叢莽中，小喬木高 8 公尺，王啟無 89116 號（模式標本），1940 年 5 月 3 日。

帽斗櫟 Quercus pileate Hu et Cheng，**新種**

雲南：大理，蒼山，海拔高 2700 至 3100 公尺，成叢薄，鄭萬鈞 11088 號（模式標本），1944 年 8 月；德欽設治局，海拔高 2700 公尺，生山坡上，王啟無 70275 號，1935 年 9 月；麗江，海拔高 3800 公尺，生山坡上，王啟無 71288 號，1935 年 7 月。

此種與 Quercus semicarpifolia Sm.近似，其不同處在其葉緣生有刺狀齒，與其帽狀皂斗邊緣外卷及有小緊密覆疊頂部披針形之苞片。

炭櫟 Quercus utilis Hu et Cheng，**新種**

雲南東南部：西疇縣，長阱，海拔高 1000 公尺，散生山坡上，喬木高 10 公尺，樹皮石灰白色，在當地常見，木用以燒炭及製杵，王肩無 81298 號（模式標本），1939 年 11 月 7 日；麻栗坡，海拔高 1300 至 1500 公尺，在石山上疏鬆叢薄中，灌木高 4 公尺，常見，馮國楣 13501 號，1947 年 11 月 21 日；西疇縣，法斗，海拔高 1000 公尺，在石山上疏鬆叢薄中，灌木高 5 公尺，常見，馮國楣 12066 號，1947 年 9 月 26 日。

此種與 Quercus phillyreoides A. Gr.相近似，其不同處在其葉之邊緣有腺狀鋸齒及基部作楔形。

木里櫟 Quercus muliensis Hu，**新種**

雲南北部：木里南部，海拔高 2500 公尺，生於冷杉林中，灌木高 8 英尺；俞德濬 7254 號（模式標本），1937 年 7 月 5 日。

此種小櫟與他種不同處在其極小厚革質葉多少呈矩圓形，邊緣顯著外卷，下面有密生星芒狀茸毛。

長柄櫟 Quercus longipes Hu，**新種**

雲南南部：富寧縣，架街，海拔高 700 公尺，在有樹木谷中，喬木高 20 公尺，直徑 45 公分，王啟無 89409 號（模式標本），1940

年 5 月 20 日；富寧縣，龍邁，高 1100 公尺處，生石山上，大喬木高 20 公尺，直徑 40 公分，偶見，王啟無 89165 號，1940 年 5 月 3 日。

此種與他種不同處在其薄革質有葉柄長至 3.5 公分。

黑脈櫧 Cvclobalanopsis nigrinervis Hu，**新種**

雲南西部：龍陵縣，小黑山，海拔高 2500 公尺，在有樹木山谷中，喬木高 20 公尺，王啟無 89830 號（模式標本，1941 年 7 月 28 日。

此種與他種不同處，在其暗綠色革質葉，在上面無毛，在下面有黃色絨狀茸毛，及其變為黑色之側脈。

滇南櫧 Cyclobalanopsis austro-yunnanensis Hu，**新種**

雲南東南部：西疇縣，聽漫，海拔高 1300 至 1500 公尺，生混合林中，喬木高 20 公尺，樹皮灰色，稀見，馮國楣 12387 號（模式標本），1947 年 10 月 12 日。

此種似與 Cyclobalanopsis tomentosi-cupula Nakai 有關係，其不同處為其葉較大，其皂斗與果亦較大。

馮氏櫧 Cyclobalanopsis Fengii Hu et Cheng，**新種**

雲南西北部：貢山縣，海拔高 1600 至 1700 公尺，喬木高 7 公尺，直徑 30 公分，在谷中混合林中，常見，馮國楣 8102 號（模式標本），1940 年 10 月；上帕，海拔高 2800 公尺，在森林中，喬木高 40 公尺，直徑 2 公尺，蔡希陶 58792 號，1934 年 10 月 13 日。

此特殊種與 Cyclobalanopsis rex（Hemsl.）Schottky 有密切關係，其不同處在其較大之葉長至 35 公分邊緣有芒之粗齒狀鋸齒，與在其幾球形之皂斗高至 3.5 公分，直徑 4.5 公分，有 6 疏鬆環狀幾全緣有黃灰色茸毛片，與其黃灰色扁球形堅果幾不高出皂斗。

法斗櫧 Cyclobalanopsis faadoouensis Hu，**新種**

雲南東南部：西疇縣，法斗，海拔高 1400 至 1500 公尺，在小石山上混合林中，喬木高 10 公尺，稀見，馮國楣 12098 號（模式標本），1947 年 9 月 29 日。

國楣櫧 Cyclobalanopsis Koumeii Hu，**新種**

雲南東南部：西疇縣，香屏山，海拔高 1600 至 1800 公尺，生

混合林中，喬木 13 公尺，常見，馮國楣 11560 號（模式標本），1947年 9 月 2 日；西疇縣，法斗，海拔高 1450 至 1500 公尺，生小石山叢薄中，喬木高 12 公尺，常見，馮國楣 11871 號，1947 年 9 月 18 日。

此種與其他扁果種不同處在其長披針形葉。

西疇櫧 Cyclobalanopsis sichourensis Hu，**新種**

雲南東南部：西疇縣，聽漫，海拔高 1300 至 1500 公尺，生混合林中，喬木高 20 公尺，常見，馮國楣 12384 號（模式標本），1947年 10 月 12 日。

此種與 Cyclobalanopsis rex Schottky 相近似，其不同處在其卵矩圓形至倒卵橢圓形之葉下面不帶白霜，與其扁球形皂斗完全包圍其堅果，與其堅果具有凸起基部疤痕與堅果等大。

香屏櫧 Cyclobalanopsis shiangpyngensis Hu，**新種**

雲南東南部：西疇縣，香屏山，海拔高 1500 至 1800 公尺，生混合林中，喬木高 10 公尺，常見，馮國楣 11541 號（模式標本），1947 年 9 月。

此種與 Cyclobalanopsis Blakei 相近似，不同處在葉下面有毛，葉柄較長，皂斗下部之環狀片有顯著之齒。

黑果櫧 Cyclobalanopsis nigrinux Hu，**新種**

雲南東南部：西疇縣，法斗，海拔高 1500 至 1600 公尺，生混合林中，喬木高 10 公尺，常見，馮國楣 11904 號（模式標本），1947年 9 月 19 日。

此種與他種不同處在其薄革質橢圓形葉頂端長尾狀漸尖，及其亮黑色堅果。

龍邁櫧 Cyclobalanopsis lungmaiensis Hu，**新種**

雲南東南部：富寧縣，龍邁，海拔高 1100 公尺，生石山上，大喬木高 20 公尺，直徑 40 公分，偶見，王啟無 89165 號（模式標本），1940 年 5 月 3 日。

此種與他種不同處在其矩圓形有芒狀鋸齒及長至 2 公分之葉柄之葉。〔註2316〕

〔註2316〕張大為、胡德熙、胡德焜合編《胡先驌文存》（下卷），中正大學校友會出版發行，1996 年 5 月，第 390～415 頁。

3 月，《植物分類學報》創刊，公布第一屆編委會，主任錢崇澍，成員陳煥鏞、鍾心煊、劉慎諤、陳邦傑、秦仁昌、饒欽止、吳征鎰、張肇騫、林鎔、戴芳瀾、郝景盛、侯學煜、王雲章。

3 月，羅自梅回憶胡先驌參加高舉愛國主義旗幟會議。

　　50 年代初，我在北京工作時，民盟中央邀請首都科學家舉行了一次座談會，中心內容是高舉愛國主義旗幟，弘揚祖國豐富的文化遺產（參見 1951 年 3 月《人民日報》我寫的專題報導。座談會紀錄同時在《光明日報》第二版全文發表）。這次座談會由張東蓀、曾昭掄、潘光旦主持，應邀參加會議的有周培源、華羅庚、裴文中、胡先驌、楊鍾健、黃翰青、周廷儒等人。會上發言熱烈，科學家們從不同角度闡述了中國科學發展的歷史及其成就。胡校長旁徵博引，侃侃而談，從沈括《夢溪筆談》到水杉活化石的發現，引起在座科學家的強烈反響。北京猿人的發現者裴文中教授指出，20 世紀自然科學的三大發現，中國就占兩個，即古生物學家楊鍾健發現的卞氏獸和胡先驌鑒定命名的水杉，轟動了全世界。周培源教授享有「中國愛因斯坦」的美譽，當場提議中國科學家如裴文中、胡先驌、楊鍾健等人，應該在歷史教科書中刊登照片，介紹他們在科學上的功績，以教育下一代，尊重科學，熱愛祖國云云。在這次座談會上，胡校長還建議把水杉命名為中國的「國樹」，得到科學家一致贊同。會後，我和黃俊民一起跑到胡老跟前，親切地叫了一聲胡校長，他脈脈含情地點頭微笑著，在我的筆記本上寫了「胡步曾，石駙馬大街 83 號」的住址，留下了終生難以忘卻的記憶。

　　胡校長在北京與羅隆基等人相過從，嘗就有關江西的事務交換意見。平日在言談中，羅隆基對胡老學術上的成就深表敬佩，多次談到正大的胡校長和蔡方蔭教授是自然科學界具有代表性的人物。1952 年院系調整時，由中正大學改名的南昌大學文、法、理、工學院及農學院一部分，分別合併於華中、華南和華東各高等院校，江西只剩一所師範學院和半所農學院，元氣大傷。南昌大學解體，胡校長引為憾事，呼籲在京江西人士給予關注，最後由許德珩、羅隆基、吳有訓等人聯名向全國人民代表大會提出「恢復南昌大學」的

建議，表達了江西父老的心聲和願望，引起政府注意。後來，胡校長一度回江西師院講學，支持建立江西大學生物系。其對桑梓教育的殷切關懷和真摯感情，可見一斑。〔註2317〕

4月10日，派員參加世界科協第二屆代表大會。

世界科協將在法國巴黎召開第二屆代表大會，代表全國科聯出席此次大會的代表團由梁希、茅以升、曹日昌、張昌紹、谷超豪等5人組成，梁希、茅以升分任正副團長，谷超豪以浙江大學助教身份參加。〔註2318〕

4月21日，胡先驌致金兆梓信函。

苊庵學兄惠鑒：

弟前寄上《經濟植物學》稿，已逾二星期，何以稿費尚未寄到。請為一查，如尚未寄稿費，請速寄為荷。

此頌

時綏

弟 胡先驌 拜啟

四月二十一日（1951年）

於四月二十四日通知會計部通望 給告〔註2319〕

【箋注】

金兆梓（1889～1975），字子敦，號苊庵，浙江省金華縣人。著名語言學家、文史學家。就讀金華府中學堂、京師大學堂預科。1912年考入天津北洋大學礦冶系。1922年到上海，中華書局編輯所任文史編輯、教科圖書部主任、編輯所副所長，負責編輯中小學、普通師範及南洋中小學的課本。1942年，在重慶中華書局，任《新中華》雜誌社社長、總編輯。1957年聘為中華書局上海編輯所主任。1958年，國務院科學規劃委員會成立古籍整理出版規劃小組，被聘為歷史組成員。1961年，任上海市文史館館

〔註2317〕 羅自梅著著《往事回憶》。胡啟鵬主編《撫今追昔話春秋——胡先驌學術人生》，北京燕山出版社，2011年4月版，第283頁。

〔註2318〕 王希群、秦向華、何曉琦、王安琪、郭保香編著《中國林業事業的先驅與開拓者——凌道揚、姚傳法、韓安、李寅恭、陳嶸、梁希年譜》，中國林業出版社，2018年11月版，第159頁。

〔註2319〕 胡啟鵬輯釋《胡先驌墨蹟選》（初稿），2022年2月，第107～108頁。

長。著作有《苞廠治學類稿》《國文法之研究》《實用國文修辭學》等。

4月，樂天宇錯誤在大會傳達。

  中國共產黨中國科學院支部討論了中國科學院前遺傳選種實驗館館長樂天宇同志所犯的錯誤。支部大會認為：這個錯誤的性質是屬於嚴重的無組織無紀律，嚴重的脫離群眾的學閥作風，以及學術工作上的嚴重的非馬克思主義傾向，為了進一步批判樂天宇同志在生物科學工作上的錯誤，政務院文化教育委員會計劃局科學衛生處會同中國科學院計劃局在本年四月至六月間先後召集了三次生物科學工作座談會。還討論了目前生物科學的狀況及其中若干問題，並對今後工作交換了初步的意見。參加這三次座談會的有竺可楨（中國科學院），趙渢、孟慶哲、何祚庥（政務院文化教育委員會計劃局），耿光波、陳仁（中央農業部），張景鉞、劉次元（北京大學），周家熾、姜炳權、朱振聲（北京農業大學），陳鳳桐、祖德明（華北農業科學研究所），錢崇澍、吳征鎰（中國科學院植物分類研究所），樂天宇、徐緯英、梁正蘭、胡含（中國科學院遺傳選種實驗館），李健武（清華大學），金成忠（中國科學院植物生理研究室），黃作傑、孫濟中（中國科學院達爾文主義研究班），惲子強、丁瓚、汪志華、何成鈞、簡焯坡（中國科學院編譯局及計劃局）等人。〔註2320〕

5月17日，在故宮傳心殿召開的中央自然博物館籌備委員會第一次會議。年初，經中央文教委員會批准，中國科學院和文化部又成立中央自然博物館籌備委員會，4月2日，中央自然博物館籌備處正式成立，委員會由當時的文化部副部長丁西林任主任委員，成員由文化部文物局局長王冶秋、中國科學院、清華大學、北京大學、師範大學等單位的著名科學家裴文中、鄭振鐸、鄭作新、胡先驌、李繼侗、袁翰青、李璞、張春霖、劉鈞等11人組成。

5月23日，胡先驌致鍾心煊信函。

〔註2320〕 王希群、江澤平、王安琪、郭保香編著《中國林業事業的先驅與開拓者——樂天宇、吳中倫、蕭剛柔、袁嗣令、黃中立、張萬儒、王正非年譜》，中國林業出版社，2022年3月版，第020頁。

中央自然博物館籌委會在故宮東華門內傳心殿合影，左起前排：裴文中、
鄭作新、胡先驌、丁西林、繼侗；後排：王冶秋、張春霖、劉鈞、李璞

仲襄吾兄惠鑒：

　　前復一函，想已入覽。鄂西採集隊已出發否？曾否豫定赴水杉壩
採集水杉，及往恩施採集臺灣杉種子？至以為念。敝所廬山工作站今
春已造一水杉林，種出水杉苗一萬株。此將為中國最大之新水杉林。
盼華中林墾部能在水杉壩廣為育水杉苗以造林。聞將在武大對岸湖邊
建立一廣大公園，亦望能多植水杉。沿湖栽種必為繁茂也。茲寄上拙
著《被子植物多元新分類系統》一文乞正。再弟藏有松村任三主編
Icones？ Plantarum Koisikavenses，第一卷二至六冊，第二三卷各一至
六冊，第四卷一至四冊（一九一二至一九二〇年）共二十一冊，為弟
在東京時親自購買。此刊物在大地震後既不易得。今弟願以出讓，價
共人民幣六十萬元。如貴校欲購，請函知，弟即可以寄奉。

　　專此即頌

暑祺

　　　　　　　　　　　　　　　　　　　　弟　胡先驌　拜啟

　　　　　　　　　　　　　　五月二十三日（1951）〔註2321〕

─────────────

〔註2321〕　《胡先驌全集》（初稿）第十七卷下中文書信卷，第493頁。《胡先驌全集》
　　　　　　（初稿）第十七卷下中文書信卷，第493頁。

6月6日，中科院辦公廳致函植物所，為在莫斯科大學內，陳列六十位世界級傑出科學家的浮雕頭像，以志紀念，其中就有中國科學家李時珍（1518～1593，字東壁）。蘇方來函詢問現代中國學者對李時珍及《本草綱目》的評價，以便在該校大禮堂陳列李時珍浮雕是否適當。此事係蘇聯駐華大使館提請外交部，再由外交部轉至科學院，植物所請胡先驌作此短文介紹。摘錄如下：

對李時珍《本草綱目》之評價

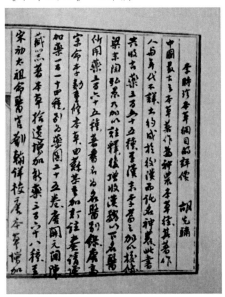

胡先驌對李時珍《本草綱目》之評價手稿

中國最古之本草著作為《神農本草經》，其著作人與年代不詳，大約成於後漢，而託名神農。此書共收古藥三百六十五種。至漢末李當之加以校修，梁末陶弘景乃加以注釋，復增收漢魏以下名醫所用藥三百六十五種，著書名為《名醫別錄》。唐高宗命李勣重修本草，由蘇恭重加訂注，奏請增加藥一百一十四種，別為《藥圖》二十五卷。唐開元間陳藏器著《本草拾遺》增加新藥三百六十八種。至宋初太祖命醫官劉翰詳校唐本草，增加藥一百三十三種，是為《開寶本草》。宋仁宗再詔掌禹錫等補注重修，增加一百種，是為《嘉祐補注本草》。宋徽宗時，蜀醫唐慎微合諸家本草為一書，復拾諸家所遺者五百餘種，附入各部，並增五種，名為《證類本草》，有上之朝廷，改為《大觀本草》。然唐宋以來，各家本草搜集仍不完全，而數錯誤，李時珍乃以三十年之精力，採取歷代各家本草所載一千五百一十種，

加以刪定，編為《本草綱目》，復增加舊本草所無，而為金元明諸醫所用者三十九種及新藥三百七十四種，合計一十六部六十二類一千八十種之多。其編纂此書時，採用各家書籍多至八百餘家，稿凡三易，至七十高齡，書始告成。其書考證精詳，首重正名，次為集解，辨別種類，糾正前人之闕失甚多，重複者刪去，疑誤者辨正。凡唐宋增入藥品，或一物再出三出，或二物三物混注，皆以其目睹與考證之證據，分別歸併或劃分。對於釐訂藥用植物之種類，與辨別藥性，網羅醫方，均有劃時代之貢獻。蓋集中國本草學之大成，故其書三百年來為醫藥界唯一經典著作，而其人亦為中國本草學家第一人。〔註2322〕

6月17日，鄭萬鈞致孫祥鍾信函。

　　接奉五月卅一日來信，因去滬接洽招生，遲復為歉。知道你們將去鄂西採集，聞之欣慶。曲仲湘先生同我們於一九四八年前往水杉產區，調查水杉生長情況及採集標本，我們是由萬縣過江，南行三日到謀道溪，兩日到汪家營（利川境），再一日到利川。小河的水杉壩這個山谷中，是水杉的繁生的家鄉，我們一共採得標本一千三百餘號，其中草本採得不多。這一千多號標本在南京解放前鑒定了大半，解放後未克繼續工作，其中樹木有廿種是新種，我們把水杉壩的森林現況寫了一篇短文，由《科學》卅一卷三期中發表（上海中國科學社出版，我原保存一份，請在你校查閱）。你們由恩施去利川可經宣恩，在利川、咸豐交界有星斗山，山上的天然林頗佳，與鄂西樹種多相同。在利川東南毛壩鄉之花板溪及毛壩鄉之爛泥巴，兩地高八百公尺，有據杉（西稱據杉，利川當地稱水杉）。此樹高足卅公尺，與杉木、馬尾松、油桐等生於一地。到利川縣西行，一天經汪家營（鎮），在汪家營西南十里許鮫魚住，山坡廟前有大水杉樹一株，高四十四公尺，周輪六‧五七公尺；由汪家營南行，越佛寶山，當天可到水杉壩。此處溪流之南，有居民房舍可借住（出租金），可以水杉壩為採集中心。水杉壩為萬山群中之深谷，自然環境異於

〔註2322〕胡宗剛編撰《胡先驌先生年譜長編》，江西教育出版社，2008年版，第544～545頁。

山外地區，因之特產樹種頗多。山谷氣候濕和，夏天晝夜的氣溫變
化很小，特別是陰雨之日，幾無變化，誠為避暑最佳之地區，遠較
盧山牯嶺及峨眉山新開寺為佳。我們前在利川所採之標本，尚有重
份，希望與你們交換，我們只要木本種類。鍾老先生前請代問候。

　　此致

敬禮

弟　鄭萬鈞

一九五一年六月十七日〔註2323〕

　　6月，與鄭萬鈞合著《雲南木蘭科的新種》文章在《植物分類學報》雜誌
（第1卷第2期，第157～160頁）發表。摘錄如下：

　　上帕木蘭 Magnolia shangpaensis Hu，**新種**

　　常綠喬木，高達10公尺，樹幹胸高直徑90公分；小枝粗壯，
圓柱形，有條紋，幾無毛。葉革質，倒卵狀橢圓形至倒卵狀披針形，
頂端有短尖頭，基部楔形至幾圓形，兩面同色而無毛，長12至23
公分，闊4.5至9公分；中脈在上面凹陷，在下面凸起；側脈22至
26對，細瘦，在兩面均可見；小脈在下面成密網狀；葉柄粗壯，上
面有槽，幾光滑，長2至3.5公分。果柄長3公分，幾光滑；果長卵
形，暗紅色，長4至6.5公分，下部闊3公分；心皮多數，長1公
分，頂端尖，微向內彎曲，成熟時沿腹縫及背縫開裂；種子1個，
扁，長8公釐。葉芽長披針狀，長4.5公分，苞片有鏽褐色絲狀毛。

　　雲南西北部：上帕縣，高2000公尺處，生樹林中，喬木高10
公尺，胸徑90公分，果暗紅色，蔡希陶56560號（模式標本）一部
分，1933年9月20日。

　　此種與滇木連混生，葉亦與之相似，蔡希陶誤以為同種，但實
為木蘭屬真木蘭亞屬 Subgenus Magnoliastrum DC. 一新種。與亨利木
蘭 M. henryi Dunn 相近似，但葉與果均較小。

　　大果木蓮 Manglietia grandis Hu et Cheng，**新種**

　　喬木高達10公尺；小枝無毛，淡灰色，有光澤。葉橢圓狀矩圓

〔註2323〕胡宗剛著《鄭萬鈞與中國水杉保存委員會》，公眾號註冊名稱「近世植物學
　　　　史」，2022年09月09日。

形，或倒卵狀矩圓形，基部楔形或漸狹，頂端尖或短急尖，長 20 至 35.5 公分，闊 10.5 至 13 公分，革質，兩面均無毛，上面有光澤，下面色淡或淡白色，有乳狀突起；側脈 17 至 26 對，顯著；葉柄長 2.6 至 4 公分，無毛；托葉外面無毛，附生於葉柄基部。果柄粗壯，無毛，直徑 1.3 公分；果矩圓狀卵形，長 12 公分；心皮約 17 個，成熟時沿腹縫及背縫開裂，長 3 至 3.8 公分，頂端尖，微向內曲；種子 4 粒。

雲南東南部：麻栗坡，地場，高 1200 公尺，密林山谷中，王啟無 87020 號（模式標本），1940 年 2 月 20 日；麻栗坡，黃金營，高 1300 公尺，密林中，王啟無 83823 號，喬木高 12 公尺，有花苞，1940 年 1 月 14 日。

此種與毯果木蓮近似，不同處為小枝無毛淡灰色，葉較大，下面色淡或淡白色，有乳狀突起，有較多的側脈，果較大，矩圓狀卵圓形。

大葉木蓮 Manglietia megaphylla Hu et Cheng，新種

喬木高達 20 公尺；樹幹胸高直徑 50 公分；小枝有密生銹褐色毛。葉矩圓狀倒卵形或闊倒披針形，基部楔形，漸狹，頂端短急尖，長 25 至 41 公分，寬 15.5 至 17 公分，薄革質，上面無毛，下面有密生或稀疏鏽褐色毛；側脈約 22 對，顯著；葉柄長 2 至 2.8 公分，有密生銹褐色毛；托葉外面有密生銹褐色毛，附生於葉柄基部。果柄粗壯，有密生銹褐色毛，長約 8 公分，直徑 1 公分。果卵形或矩圓卵形，長 6.5 至 11 公分，基部截形；心皮多數，成熟時沿背縫及腹縫開裂，長 2.5 至 3 公分，頂端尖，微向外反曲。

雲南東南部：西疇，法斗，高 1100 公尺處，生密林中，王啟無 85156 號（模式標本），大喬木高達 20 公尺，胸高直徑 50 公分，1940 年 12 月 1 日。

此種與他種不同處為葉大而下面有密生銹褐色毛，果大而心皮頂端微向外反曲，與小枝密生銹褐色長毛。

滇木蓮 Manglietia yunnanensis Hu，新種

喬木高 10 公尺，樹幹胸高直徑 90 公分；小枝粗壯，有疏生白色星狀茸毛，直徑 7 公釐。葉革質，窄橢圓形，頂端有斜漸尖頭，

基部楔形，上面亮綠色，下面綠色，兩面均有極稀疏星狀毛，長 19
至 21 公分，闊 6 至 7 公分；中脈在上面凹陷，在下面粗壯，凸出；
側脈約 20 對，顯著；葉柄長 2.5 公分，上面有槽，有極稀疏毛。果
柄粗壯，直徑 8 公釐；果長卵圓形，暗紅色，長 9.5 公分，基部圓
形，闊 4 公分；心皮多數，成熟時，沿腹縫及頂端開裂，長 2 公分，
頂端尖，微向外彎曲；種子 3 至 4 個，扁，有棱角，長 1 公分，闊
7 公釐。

雲南西北部：上帕縣，高 2000 公尺處，生樹林中，喬木高 10
公尺，胸徑 50 公分，果暗紅色，蔡希陶 56560 號（模式標本），1933
年 9 月 20 日。

此種與細柄木蓮 M. tenuipes Dandy 在心皮沿腹縫及頂端開裂一
性質極為近似，而與他種不同，但葉為窄橢圓形。（本文與鄭萬鈞合
作）〔註2324〕

6 月，與陳封懷合著《江西植物小誌（一）》文章在《植物分類學報》雜
誌（第 1 卷第 2 期，第 221～229 頁）發表。摘錄如下：

穗花紫杉 Amentotaxus argotaenia，Pilg

江西銅鼓縣：黃岡山，大西坑，喬木，直徑 20 公分，果橙紅色，
山間，稀見，熊耀國 06372 號，1947 年 10 月 15 日。

分布：湖北，四川，雲南，廣東，香港，臺灣；新發現於江西。

香榧 Torreya grandis Fortune

江西銅鼓縣：上衫鄉，黃荊坑，喬木，高 26 公尺，少見，熊耀
國 06121 號，1947 年 9 月 26 日。

分布：浙江，福建，安徽；新發現於江西。

粗榧 Cephalataxus Harringtonia, var, sinensis, Rehd

江西銅鼓縣：黃岡山，大西坑；喬木高 10 公尺；山間，少見；
熊耀國 06400 號，1947 年 10 月 15 日。

分布：陝西，甘肅，河南，江蘇，浙江，安徽，湖北，四川，
西康，廣東，雲南；新發現於江西。

〔註2324〕 張大為、胡德熙、胡德焜合編《胡先驌文存》（下卷），中正大學校友會出版
發行，1996 年 5 月，第 416～418 頁。

長柄山毛櫸 Fagus longipetiolata Seemen

江西修水縣：幕阜山，流水庵，山溝中，喬木，少見，熊耀國 05834 號，1947 年 9 月 10 日；余袁山，觀音堂，寺側，喬木，直徑 80 公分，常見，熊耀國 06534 號，1947 年 11 月 15 日。

分布：湖南，湖北，四川，雲南，貴州，廣東，浙江；新發現 於江西。

亮葉山毛櫸 Fagus lucida Rehder et Wilson

江西修水縣：幕阜山，流水庵，山間，喬木，常見，熊耀國 05852 號，05886 號，1947 年 9 月 10 日。

分布：湖北，四川，貴州，廣西；新發現於江西。

江西石櫟 Lithocarpus kiangsiensis，**新種**

江西修水縣：幕阜山，天嶽堂，山間，喬木，少見，熊耀國 05913 號（模式標本），1947 年 9 月 12 日。

此種與他種不同處在其甚大橢圓形之葉下面帶白霜，及其頗小 之皂斗與橡果。

華鵝耳櫪 Carpinus cordata, var. chinensis Franchet

江西修水縣：黃龍山，雷犛寺，水溝邊，喬木，熊耀國 05628 號，1947 年 8 月 20 日。

分布：陝西，湖北，四川；新發現於江西。

雷公櫪 Carpinus viminea Wallich

江西銅鼓縣：黃岡山，西河，溪邊，喬木，熊耀國 06436 號，1947 年 10 月 15 日。

分布：廣東，廣西，浙江；新發現於江西；印度，安南亦產之。

章氏鵝耳櫪 Carpinus tschonoskii Maximowicz

江西修水縣：幕阜山，流水庵，水溝邊，喬木，少見，熊耀國 05830 號，1947 年 9 月 10 日。

分布：浙江；新發現於江西：日本，朝鮮亦產之。

玫蓮朴樹 Celtis julianae Schneider

江西修水縣：白沙橋，黃龍寺，山間，喬木，少見，熊耀國 05503 號，1947 年 8 月 5 日。

分布：湖北；新發現於江西。

翼朴 Pteroceltis tartarinowii Maximowicz

江西修水縣：伊山，長老棚，溪邊，喬木，少見。熊耀國 05260 號，1947 年 7 月 13 日。

分布：河北，山東，河南，陝西，甘肅，江蘇，湖北，四川，貴州；新發現於江西。

銳齒亞洲海棠 Malus asiatica nakii var. argutisserata，**新種**

江西修水縣：大板尖，生山坡上，近小路旁，落葉喬木，高約六公尺，少見，熊耀國 6669 號（模式標本），1950 年 7 月 27 日。

此變種與本種不同處在其具有尖鋸齒之葉下面有密生長軟毛，其果亦不同，在本種果為倒卵形，在此新變種果為卵圓形。

亞洲海棠常見於朝鮮與中國北部，但稀見於華中。

軟毛吳茱萸 Evodia mollicoma，**新種**

江西修水縣：白沙橋，黃龍寺，山間，喬木，稀見，熊耀國 05502 號（模式標本），1947 年 8 月 5 日；樹皮與果治婦女月經不調及經痛等症，土名朵椒。

此新種與 Evodia baberi Rehd. &. Wils. 相近似處在其甚大之小葉與其 5 出之花；其不同處在其葉之下面有密生灰色星狀茸毛與傘房圓錐狀花序。其與 E. bodinieri Dode，E. officinalis Dode 與 E. rutaecarpa Bentham 不同處在其葉之下面有密生灰色星狀茸毛。

宜豐山桐 Mallotus yifungensis，**新種**

江西宜豐縣：石陂，黃牯嶺，生林木中，灌木威小喬木，高至 5 公尺，花淡綠色，稀見，熊耀國 6613 號（模式標本），1950 年 6 月 15 日。

此種與 Mallotus maclurei Merr. 極為近似，不同處在其葉緣有圓形有腺體之齒，葉之兩面與花序均有星狀硬毛，與其較長之花梗。

江西黃楊木 Buxus microphylla, S. et Z. var. kiangsiensis，新變種。

江西修水縣：黃龍山，玉皇殿，在山谷中水旁，灌木高 1.5 公尺，熊耀國 5580 號（模式標本），1947 年 8 月 20 日；武寧縣，鋸齒嶺，罐口裏，在山谷中，熊耀國 4154 號，1947 年 8 月 20 日。

此變種之特性為有漸尖頭之葉與直立上升之枝，此皆與原種不同處。

此變種在武寧，修水及其鄰縣甚為常見。

黃毛枳椇 Hovenia fulvotomentosa，新種

江西修水縣：流水庵，生山溝中，喬木，常見，熊耀國 05833 號（模式標本），1947 年 9 月 10 日。

此種與 Hovenia trichocarpa，Chun et Tsiang 相近似，其不同處在其幾圓形至闊楔形之葉在下面有黃色星狀茸毛，與其被有黃色星狀茸毛及長毛之果。

葡萄葉椴樹 Tilia vitifolia，新種

江西修水縣：余袁山，觀音堂，生山坡上，熊耀國 1491 號（模式標本），1939 年夏季；約在同一地區，熊耀國 4074 號，1939 年夏季；約在同一地區，熊耀國 6506 號，1947 年 11 月。

此種與 Tilia endochrysea Hand.-Mazz. 至為相近，不同處在其顯明斜形葉之基部，在其有稀疏尖齒之葉緣，及其有長梗匙形之苞片。

（木麥）木 Melliodendron xylocarpum Hand.-Mazz.

江西銅鼓縣：黃岡山，東河，喬木，高 27 公尺，直徑 50 公分，常見；熊耀國 06464 號，1949 年 10 月 15 日。

分布：湖南，廣東，福建；新發現於江西。（本文與陳封懷合作）〔註2325〕

1951 年 7 月 24 日至 28 日中國植物學會第一屆全國代表大會在北京舉行，前排右 7 胡先驌（摘自馬金雙主編《中國植物分類學紀事》）

〔註2325〕張大為、胡德熙、胡德焜合編《胡先驌文存》（下卷），中正大學校友會出版發行，1996 年 5 月，第 419～425 頁。

7月1日，胡先驌致中華書局編輯所信函。

　　敬啟者：

　　　　頃奉，六月廿七日來書籍悉，一是《經濟植物學》稿，確係二萬字，前函乃筆誤，請即將稿費匯下為盼。專致

　　中華書局編輯所

　　　　　　　　　　　　胡先驌 拜啟 一九五一年七月一日

　　（1951 年 7 月 4 日，稿費已匯出）〔註 2326〕

　　7月，參加在北京舉行中國植物學會第六屆年會，選舉錢崇澍（1951～1963年）為第六屆會長。

《種子植物分類學講義》

　　7月，著《種子植物分類學講義》，34.4萬，共 423 頁，印數 3000 冊，中華書局出版初版，正文前有內容提要和自序。

　　　　內容提要。

　　　　這是一本種子植物分類學上新穎、完備而權威的著作。作者本其研究中國植物分類學三十年的經驗，參合了近代植物形態學、解剖學、分類學的研究，在流行的數家植物分類系統之外，另創一個新的多元分類系統。全書計分十五章，共三十萬字。對植物形態、種子植物、裸子植物、被子植物、雙子葉植物、單子葉植物及各目科之親緣關係，均有極詳細的闡述。書中並載有中國產種子植物檢

〔註 2326〕胡啟鵬輯釋《胡先驌墨蹟選》（初稿），2022 年 2 月，第 112 頁。

索表及重要族與屬的說明，極適於我國國情。

目錄

第一篇　花之分析：基本原理

第一章　植物分類學……………………………… 1

第二章　命名，屬與種，同源與同功……………… 12

第三章　花……………………………………………… 16

第四章　花萼與花冠………………………………… 22

第五章　小蕊羣與心皮羣…………………………… 24

第六章　花托………………………………………… 30

第七章　果…………………………………………… 31

第八章　花序………………………………………… 37

第九章　營養器官性質……………………………… 40

第二篇　分類

第十章　種子植物…………………………………… 59

第十一章　裸子植物………………………………… 60

第十二章　被子植物………………………………… 70

第十三章　雙子葉植物……………………………… 101

第十四章　單子葉植物……………………………… 307

第十五章　植物分類檢索表之製作與使用………… 381

9月22日，胡先驌致金兆梓信函。

芟庵學兄惠鑒：

　　上次所寄之稿知已收到。茲有寄上第五十三至五十八章，約兩萬字，收到後，請速將稿費匯下為感。

　　此頌

時綏

弟　胡先驌　拜啟

九月廿二（1951 年）〔註 2327〕

9月24日，胡先驌致金兆梓信函。

敬啟者：

〔註 2327〕《胡先驌全集》（初稿）第十七卷下中文書信卷，第 491 頁。

在本月先後寄上《經濟植物學》稿兩份外，均書金先生收，第一份約計一萬六千字，第二份約寄二萬字，第一次寄稿之回執已寄回，第二次之稿計日想亦已收到，但稿費均未匯來。聞金先生患病多日，尚未康復，茲特作此函命小女胡昭文面交，請將兩次稿費均交她手收，如第一次稿費已匯出，即請將第二次稿費交她為荷。又《種子植物分類學講義》初版印了幾多本，便乞示知。

此致

中華書局編輯所

胡先驌 啟

九月廿四日（1951年）〔註2328〕

10月11日，竺可楨調解胡先驌與商務印書館糾紛。

《竺可楨日記》10月11日記載：接袁翰青電話，知胡步曾曾為商務印書館審查植物大辭典，當時言定審定後依抽版稅給費，但步曾要求先撥一部分款，七個月當中已付了一千一百五十元，而仍依舊要款。商務以為預付太多，不肯再付，而步曾則謂前付之款乃審查之費，而稿費要另付，以此發生糾葛，步曾對於金錢非常重視。〔註2329〕

10月，共同完成《中國植物科屬檢索表》工作。

中國科學院植物分類研究所主持《中國植物科屬檢索表》，植物分類研究所以「植字第776號公函」分寄全國各地植物分類學家，邀請合作，得到熱烈響應，並於1952年上半年陸續寄來稿件。參加此項工作凡39人，所內有錢崇澍、林鎔、張肇騫、吳征鎰、胡先驌、郝景盛、汪發纘、唐進、俞德濬、鍾補求、匡可任、崔友文、傅書遐、王文采、黃成就、劉瑛、呂烈英、湯彥承、馮家文、崔鴻賓。分類所以外的有廣州中山大學植物研究所陳煥鏞、張宏達、何椿年，北京中央林業部林業科學研究所陳嶸，廣州華南農學院蔣英，南京

〔註2328〕 胡宗剛撰《胡先驌先生年譜長編》，江西教育出版社，2008年2月版，第547頁。

〔註2329〕 胡宗剛著〈胡先驌佚箚一通——擬增訂《植物學大辭典》致商務印書館函〉，公眾號註冊名稱「近世植物學史」，2023年05月21日。

大學耿以禮、耿伯介，南京華東農業科學研究所曾勉，南京華東藥
學專科學校孫雄才，廣州華南師範學院徐祥浩，桂林雁山廣西農學
院經濟植物研究所陳少卿，北京大學馬毓泉，南京中國科學院植物
所華東工作站裴鑒、單人驊、周太炎、劉玉壺，江西牯嶺中國科學
院植物所廬山工作站陳封懷。檢索表是識別和鑒定植物的常用之工
具，其編制原理是基於對植物形態特徵的對比，按照劃分不同等級，
選擇一一對應明顯不同的特徵，將植物分為兩類，然後在每類中再
根據其他相對應的特徵作同樣的劃分，如此下去，直至最後分出科、
屬、種。《中國植物科屬檢索表》只是科、屬級，沒有包括種級，但
一樣為植物分類學研究，農、林部門及高等學校有關教學所需要。
其編制工作並不複雜，故在植物分類所制定各項集體工作計劃中，
率先完成。儘管該項工作僅為讀者提供科、屬級的檢索表，遠不能
解決植物定名的問題。但仍然不失為 50 年來中國植物調查研究的第
一次總結，為編寫《中國植物誌》打下一個良好之基礎，對野外調
查的工作提供初步定名的參考書，也滿足了教學工作的需要。《中國
植物科屬檢索表》先連載於《植物分類學報》，自 1953 年 12 月出版
第二卷第三期至 1954 年 5 月出版的第二卷第四期，錢崇澍為此撰寫
編後記，對此項集體工作成績除表示鼓呼外，自然又是以現在提倡
者對過去植物學工作作一番檢討。至於該項工作的缺點，在錢崇澍
之編後記中也作說明，未免有著作者客套之語，但《一九五三年高
等植物分類組總結》所言則更加切實，錄之如下：「1. 事前關於工作
內容格式規劃不夠，所以內容如地區、中名、分布、種數名詞等，
規格多有不一致，當然有一部分作者因為注意不夠，已規定好的格
式也沒有遵守；2. 各工作參加者對於交稿完成期，因有臨時工作或
出差，影響工作的完成期，同時也就影響了印刷廠或編譯局的工作。
3. 工作內容的水準不一致，有的是多年的工作總結，有的由書上編
輯而成，因此在水準上極不一致，且初稿完成集體審查討論不夠，
僅由胡先驌、吳征鎰兩位同志初步審查了一遍，發現問題很多，因
為付印迫切，不能做詳細的修改。」如此嚴肅對待工作，在以後的
各類工作總結中並不多見。而所言之缺點，是集體研究所無法克服
之弊端。既便有如此之多缺點，該檢索表還是應用廣泛，1955 年出

版單行本，至 1957 年即脫銷。20 多年之後，1979 年予以修訂，並增加了苔蘚植物部分，以及一些常用術語的解釋，改名為《中國高等植物科屬檢索表》，由科學出版社出版。〔註 2330〕

胡先驌填寫中國科學社社員重新登記表

11 月 2 日，重新填寫《中國科學社社員登記表》，橫線上的文字由胡先驌本人填寫。

中國科學社社員登記表

社號　 32 　　　　　　　　　　　　　　姓氏歲數　59 歲

　　　　入社期　 本社成立之 　年

姓名　胡先驌　性別　男　年齡　五十八　籍貫　江西　省（市）　新建　縣

學歷　科學博士　科　植物

著作《中國植物圖譜》五冊，《中國森林樹木圖誌》一冊，《山東中新統化石植物誌》一冊，《種子植物分類學講義》一冊，《植物學小史》一冊。

〔註 2330〕一九五三年高等植物分類組總結，中科院植物所檔案。胡宗剛、夏振岱著《中國植物誌編撰史》，上海交通大學出版社，2016 年 9 月版，第 55～57 頁。

簡歷（包括家庭狀況及任事經過）<u>廬山森林局副局長，南京高等師</u>
<u>範專科學校及東南大學植物學教授及生物系主任，中國科學社</u>
<u>生物研究所植物部主任，靜生生物調查所所長兼植物部主任，</u>
<u>北京大學名譽教授，北京師範大學生物系教授，中正大學校長，</u>
<u>中央研究院評議員及院士。</u>
<u>哈佛大學科學博士，愛丁堡植物學會名譽會侶，第七屆國際植</u>
<u>物科學會議副會長，北京博物學會會長，中國植物學會會長。</u>

黨團關係（包括過去現在加入過黨派及社團）<u>過去曾加入國民黨，</u>
<u>後來國民黨舉辦黨員登記，即未登記，等於脫黨，現在未加入</u>
<u>任何黨派。</u>

現任職務<u>中國科學院植物分類研究所研究員。</u>

通信處——服務單位<u>北京西郊公園內</u>　　　　電話　<u>二局 2006</u>
　　　　　　住所<u>北京石駙馬大街 83 號</u>　　　　電話　<u>三局 2556</u>

填表期 1951 年　<u>十一</u>　月　<u>二</u>　日　　　登記社員　<u>胡先驌</u>（印章）

　　11 月 30 日，中共中央發出《關於在學校中進行思想改造和組織清理工作的指示》，12 月 15 日，教育部發出《關於京、津高等學校教師思想改造學習運動進行情況和初步經驗的通報》。1952 年 1 月 5 日，政協一屆全國委員會第 34 次會議作出了《關於開展各界人士思想改造的學習運動的決定》，這次思想改造學習運動首先從教育界開始，逐漸擴大到整個知識界，形成一個全國範圍的知識分子思想改造運動。對兩個運動積極參加，披露過去錯誤、不正確的思想行為，提高認識，重新樹立為人民服務的觀念。自傳載：

　　　　在政治方面，雖歷經抗美援朝、鎮壓反革命、三反五反、思想改造諸運動，我的認識終未能徹底的改變，還未能建立與無滅資的人生觀。〔註 2331〕三反運動與思改運動，證明共產黨不但要創造新的生產機關，還要創造新的社會與新人。這些一個緊接一個的運動，對於我這並非不問政治的人，不能不有所感動。一方面使我十分興奮，一方面使我彷徨。自經過了這長期的學習，使我認識了我的本質，因為我的家庭環境，封建主義成為我的思想主流，改良主義、個人英雄主義皆由我的封建主義衍生而來。我認識了我的錯誤，我

〔註 2331〕胡先驌著《自傳》，1958 年。《胡先驌全集》（初稿）第十五卷人文科學文章，
　　　　　第 656～659 頁。

否定了我的過去，因而也引起了我的彷徨。我因為過去犯了許多錯誤，到了現在便事事小心，本來不會明哲保身的也要學明哲保身，不敢妄作主張了。而且過去居於領導地位多年，今日即退居於被領導的地位，也得避嫌，不便多所陳說。加以近年來多病，尤其使我陷於某一程度的消極，自認為是過去的人物，並且有退休的思想，只想從事著作，以為我在業務上的貢獻。

可是在另一方面，我覺得過去許多我的政治改革的主張，從前想依靠統治階級而不能實現的，在革命成功，人民取得政權後，以革命的精神，人民的力量，這些政治改革不僅已經實現，而且遠遠超過我的期望。在這次思改運動中，我不但研究了頒發的文件，還看了些重要書籍。我不是不問政治的，我對政治肯虛心學習，自問也還容易瞭解與接受新的學說。雖然我的封建思想有五十多年根深蒂固的基礎，我的個人英雄主義如此的特出，我的改良主義與親美思想有二十多年的歷史，要在短期內將這些腐朽思想完全除盡，不是容易的事。然而因為我對於過去並無留念，我自來即有深厚的愛國主義與為人民服務的熱心，現在既已建立了正確的為誰服務的觀念，我雖年老，還能接受新的學術思想，在業務上配合政府的號召，為生產文化建設而服務。我願努力不斷的提高我的政治思想水平，仔細研究馬克思主義與毛澤東思想，不斷的培育新我，以與舊我鬥爭，克服我的消極思想，一心一意盡可能的做一個為人民服務的科學家。〔註2332〕在三反五反運動發生之初，報上所發表的一些新聞，使我震驚。我先以為在解放以後的三年中，國家的建設已有突飛猛進的成就，社會到處有蓬勃的新氣象。抗美援朝都不至影響我們國家的穩步前進，這種太平思想麻痺了我的思想。我沒有料到資產階級的腐化分子對於無產階級的進攻在統一戰線的口號下，篡奪領導權不惜用五毒的手段來腐蝕政府幹部，其手段的毒辣出於我的想像之外。同時，各大學與本院的三反展覽會，使我體驗到資產階級的黑暗腐朽思想妨害國家與人民到了何種程度，我不禁憤怒與嗟歎。但因為我思想落後，對於群眾鬥爭所發生的偏差，心中免不了非議，

〔註2332〕胡先驌著《對於我的舊思想的檢討》，1952年8月13日。《胡先驌全集》（初稿）第十五卷人文科學文章，第629～640頁。

以為打擊資產階級過甚；殊不知一面團結，一面鬥爭，本是統一戰線的基本政策。在中國社會中，黑暗勢力有幾千年的基礎，尤其是在蔣匪幫的黑暗統治之下，四大家族掠奪行為，在資產階級思想中，留下了極壞的影響，何況不少的資本家本與官僚資本有甚深的關係，無時無刻不在想爭取領導權，而以腐蝕政府幹部為其毒辣手段。在這種險惡的情況下，只有以革命的精神，發動一次全國性的激烈鬥爭，才能清除五毒的毒害；只有共產黨才有這種大無畏的精神來澄清社會的黑暗、腐朽的毒素。我對於三反五反運動得到了必要的教育，使我的思想提高了一步。〔註2333〕

11 月，與鄭萬鈞合著《擬木蓮，木蘭科之一新屬》文章在《植物分類學報》雜誌（第1卷第3期，第255～256頁）發表。摘錄如下：

擬木蓮 Paramanglietia Hu et Cheng，新屬

常綠喬木；葉全緣，托葉與葉柄上面基部結合而生。花具兩性，單生小枝頂端；花被瓣4輪排列，每輪3個共11個；小蕊多數；心皮群無柄；心皮多數，各有3至4個胚珠；果球形，成熟心皮厚，木質，沿腹縫開裂，頂端平闊成截形。種子3至4個，有假種皮。

此屬與木蓮屬（Manglietia）甚為相近，其不同處為（1）成熟心皮厚木質，僅沿腹縫開裂，頂端闊成截形，（2）心皮具3至4個胚珠。

此屬只有一種產於中國。

擬木蓮 Paramanglietia aromatica（Dandy）Hu et Cheng，新名
Manglietia aromatic Dandy.

常綠喬木，高達15公尺，胸高直徑50公分，小枝初具密生短而平貼之鏽褐色毛，後漸無毛。葉橢圓狀倒卵形，闊倒卵形，稀橢圓形，革質或薄革質，長19至28.7公分，闊6.6至11.4公分，頂端尖或短急尖，基部楔形，中脈在上面凹陷，在下面凸起，側脈20至23對，互生或幾對生，近邊緣處弓彎與環結，成60°角，小脈顯著；葉柄無毛，長2.5至3.5公分，基部肥大，上面具托葉疤痕。花具兩性，頂生，白色或黃綠色，花被瓣11個；小蕊多數；心皮多數，

〔註2333〕 胡先驌著《對於我的舊思想的第三次檢討》，1952年9月4日。《胡先驌全集》（初稿）第十五卷人文科學文章，第647～654頁。

各有 3 至 4 個胚珠；果圓卵形或球形，紫色，直徑 7.5 公分，基部心臟形。成熟心皮厚木質，分離，長 2.5 至 3.3 公分，頂端大，成截形，沿腹縫開裂；種子 3 至 4 個，有假種皮。

廣西：百色縣，八角山，秦仁昌 7413 號，Manglietia aromatica，Dandy 之模式標本。

雲南：西疇縣，法斗，王啟無 85683 號；廣南縣，王啟無 87854 號，富寧縣，龍邁，王啟無 88754 號。（本文與鄭萬鈞合作）〔註 2334〕

11 月，《雲南一種新芮德木》文章在《植物分類學報》雜誌（第 1 卷第 3 期，第 329 頁）發表。摘錄如下：

馮氏芮德木 Rehderodendron fengii，新種

喬木高達 7 公尺；小枝細瘦，圓柱形，有條紋，紅褐色，無毛。葉薄膜質，橢圓披針形，披針形至倒披針形，頂端尖，基部楔形，邊緣微卷有極細齒，中脈細但在下面隆起，側脈甚細，互生，弓彎與環結，小脈可見，無毛，長 7 至 10 公分，闊 2.5 至 3.5 公分；葉柄開張，長 5 至 8 公釐。果斜倒卵形，頂端有尖突起，基部漸窄或幾圓形，有不規則之 10 肋，長至 8.5 公分，直徑 4 公分，乾燥後亮紅褐色，外果皮薄，內果皮纖維狀海綿質，種子未見。

雲南南部：西疇縣，海拔 1200 至 300 公尺處，生混合林中，喬木高 20 英尺，果綠色，常見，馮國楣 12307 號（模式標本），1947 年 10 月 9 日。

此特殊新種與其他各種不同處在其薄披針形至倒披針形葉有甚短之葉柄，及其斜倒卵形之果。〔註 2335〕

11 月，《湖北一種新木蓮》文章在《植物分類學報》雜誌（第 1 卷第 3 期，第 335～336 頁）發表。摘錄如下：

巴東木蓮 Manglietia patungensis，新種

喬木高達 15 公尺，小枝粗壯，幾圓柱形，有不規則環狀之葉疤，

〔註 2334〕 張大為、胡德熙、胡德焜合編《胡先驌文存》（下卷），中正大學校友會出版發行，1996 年 5 月，第 388～389 頁。

〔註 2335〕 張大為、胡德熙、胡德焜合編《胡先驌文存》（下卷），中正大學校友會出版發行，1996 年 5 月，第 426 頁。

帶紅色,粗至 1 公分。葉薄革質,倒卵狀橢圓形至倒卵狀披針形,頂端尾狀漸尖,尾長至 3 公分,基部楔形,長 14 至 18 公分,闊 5 至 6.5 公分;兩面無毛,上面亮綠色,下面色較淡,中脈在上面微有槽,在下面顯著隆起,側脈 13 至 15 對,互生或幾對生,尚顯著,在邊緣處弓彎與環結,成 60°角;葉柄粗壯,無毛,長 3 公分。花單生枝之頂端,白色,直徑 8.5 公分;萼片 3 個,窄矩圓形,頂端圓,長 4 公分,闊 1.5 公分;花瓣 4,倒卵形,頂端鈍或圓,長 4.5 公分,闊 2.5 至 3 公分;小蕊多數,密集,長 6 公釐;花絲扁,闊 3 公釐;心皮群連載小蕊部分長 3.5 公分;心皮多數,柱頭直立開張,長 2.5 公釐,顯然有喙,果未見。

湖北巴東縣;思陽橋,喬木高 15 公尺,花白色,周鶴昌第 484 號(模式標本),1934 年 6 月 5 日。

此種與其他中國所產種不同處在其頗大而頗闊倒卵形之葉長至 18 公分。此號標本分送時曾用 Manglietia insignis Bl.?之名,但後一種之葉為矩圓狀橢圓形。此屬在湖北為初次發現。〔註 2336〕

12 月 1 日,中共中央作出《關於實行精兵簡政、增產節約、反對貪污、反對浪費和反對官僚主義的決定》,要求採取群眾運動的方式,開展「三反」鬥爭。歷時半年多,於 1952 年 10 月結束。

12 月 2 日,胡先驌致鍾心煊信函。

仲襄吾兄惠鑒:

久疏問候,時切懷思。敬維動正,多吉為頌,為念。敝所標本室內有貴校在巴東所採標本 484 號,定名為 Manglietia insignis Bl.曾經與 Dandy 所定名。香港標本比較,恐非此種不知有?有果實之標本否?弟正在研究木蘭科一新屬,計有六種之多。此屬弟名之為 paramanglietia 包括 P. aromatica(Dandy)Hu,P. hainanensis(Dandy)Hu,P. tenuipes(Dandy)Hu,及其他新種。此屬與 Manglietia 之別,在前者必皮在背部開裂後,者心皮在腹部開裂。故必須有果實標本,始能鑒定。故湖北所產之 Manglietia 標。請寄下研究,至以為禱。

〔註 2336〕張大為、胡德熙、胡德焜合編《胡先驌文存》(下卷),中正大學校友會出版發行,1996 年 5 月,第 426 頁。

　　　　專此敬頌

　時綏

　　　　　　　　　　　　　　　　弟　胡先驌　拜啟

　　　　　　　　　　　　　　　　　十二月二日

　　附錄：信封標識

　　　　湖北武昌珞伽山

　　　　武漢大學生物系鍾仲襄教授親啟

　　　　北京石駙馬大街八十三號胡步曾寄〔註2337〕

馮晉庸先生所繪的水杉科學畫

　　12 月 11 日，前蘇聯科學院植物研究所古植物學部克瑞陶維奇教授致函胡先驌，要求提供有關水杉的論文和標本。如著名的前蘇聯植物學家 A. JI，塔赫他間把載有水杉的《高等植物》專著（1956 年版）親筆簽名後贈送胡先驌。作者在書中附有胡先驌的水杉精細插圖，不僅圖面較原圖大而且清晰，特別增加線形葉在枝上交叉對生呈假二列頭排列方式的小枝圖，這是作者依胡先驌對水杉細緻觀察後，對葉所作出的正確描述繪成，絕對不同於他人誤認水杉「葉為對生羽狀排列」的描述。

―――――――――――――――――
〔註2337〕　胡啟鵬輯釋《胡先驌墨蹟選》（初稿），2022 年 2 月，第 103～104 頁。

12 月 15 日，胡先驌對參加政治學習有不滿情緒。

　　據竺可楨日記記載，1951 年 12 月 15 日，在北京西郊公園參加學習會，討論學習與業務的矛盾問題，「胡先驌提出學習是突擊性的，大家不贊同，又渠不肯做筆記，講自大學畢業以來已無此習慣，抗拒抽查筆記，謂其記性甚好，可知其確存在若干包袱。討論學習和業務上之矛盾，時間上是免不了的，但二者可以統一調和，錯誤是把業務當是自己的，學習當是人家的。」〔註 2338〕

　　是年，《我們有遠溯到一萬萬年前的活化石——水杉》文章在《中學生》雜誌（第 235 期）發表。摘錄如下：

　　在一九四一年的冬天，中央大學森林系教授干鐸從湖北到四川去，路經四川萬縣南邊的磨刀溪（又名謀道溪），發現路旁有三株偉大的落葉的松杉類大樹。因為這樹已經落葉，所以未採標本。第二年干教授託萬縣高級職業學校校長楊龍興採得標本，僅知道俗名水杉，未曾鑒定學名。一九四四年前農林部王戰君往湖北西部神龍架調查森林，經楊龍興建議由萬縣、恩施入鄂西，並請他注意磨刀溪的水杉。王君到磨刀溪採得枝葉和果實，鑒定為廣東常見的水松（Glyptostrobus pensilis Koch）。一九四五年夏天，中央大學森林系技術員吳中倫因事到前農林部，王君把採得的水杉標本一小枝並果實兩個贈送吳君。吳君帶迴學校交給鄭萬鈞教授研究。鄭君見到它葉是對生的，毬果又是鱗片盾狀，交叉對生，認為決不是水松，而是一個新屬。一九四六年二月及五月，中央大學森林系技術員薛紀如前後兩次到磨刀溪，又採集到水杉的小蕊花、幼果及枝葉標本，它的形態特徵，便更加明瞭。鄭教授把所有枝葉、花果的標本都寄給作者。經作者證明這種水杉和日本三木茂教授（S. Miki）在一九四一年根據日本的兩種化石所發表的 Metasequoia 屬形態相同，確定水杉屬於化石屬 Metasequoia，由作者和鄭君共同命名水杉的學名為 Metasequoia glyptostroboides Hu et Cheng，並於一九四八年四月在《靜生生物調查所彙報》中發表。

〔註 2338〕《竺可楨日記》第三冊，第 241 頁。張劍著《科學社團在近代中國的命運——以中國科學社為中心》，山東教育出版社，2005 年 10 月版，第 361 頁。

　　水杉是落葉大喬木，高達三十五公尺，幹胸高直徑二公尺；枝對生斜展，小枝對生；葉交叉對生，成假兩列狀、線形，扁平，長八至十五公釐，闊一‧二公釐，羽狀排列，冬季與小枝同落。大小蕊花同株，小蕊花單一對生或頂生，無柄，生於小枝的上端，排列成圓錐花序狀，小蕊約二十枚，花粉囊三室；大蕊花單一，多對生，在帶葉的長小枝上，鱗片十一至十四對，交叉對生，各有五至九個直立胚珠。毬果幾呈圓形，微具四昳，或為矩圓形，長一‧八至二‧五公分，直徑一‧六至二‧三公分，鱗片盾狀，頂端中部微四，每鱗片有五至九個種子，載果小枝長二至五公分。種子倒卵形，扁平，兩邊有窄翅，長六公釐，闊五公釐。

　　水杉初發現於四川萬縣東邊磨刀溪的，共有三株。最大的一株生於溪邊廟側，高至三十三公尺，近地面處樹幹膨大，直徑三‧三公尺，胸高直徑二公尺，這是模式標本樹。其他兩株較小。在四川境內所知道的，僅有這三株。一九四七年，中央大學森林系助教華敬燦前往水杉產區採集種子，並調查它的分布。除了四川境內這三株以外，還在湖北利川縣境內，續有發現，以水杉壩至小河一帶四十華里的山谷中約有大小樹一千餘株為最多。最大的一株在汪家營，高至三十五公尺。據現在所知水杉的分布，北自萬縣，南至湖北利川水杉壩一帶，方廣約八百方公里，以水杉壩為中心，其垂直分布，自海拔八百到一千三百五十公尺之間。水杉產地之天然環境，雨量充沛，氣濕亦高，冬季有雪，但不嚴寒。水杉喜生水邊，雖然終年浸在水中，也能夠生長，這一點與水松性質相似。它最適宜的生育地是華中一帶海拔一千公尺的山谷，但水杉的適應性極大，北至阿拉斯加，南至爪哇，在戶外都能生長（是新近從我國移過去試種的）。所以我國南北各地，大部分都能種植水杉，不過在近水之處，水杉便生長得更好。

　　水杉在幼年的三十年之中，生長頗速，樹形成為塔形。最老的樹曾經鑽孔測算，約有六百餘年。當他幼齡時代，實在是一種優美的風景樹。它的木纖維長四‧五至五‧五公釐，色淡，少油脂，用作造紙原料，必比馬尾松為佳（其實用馬尾松造紙，已較舶來品為佳）。所以除了用以造風景林外，水杉還用來大量造林，作為木造紙

的原料。

水杉的發現，在植物學與古植物學上，意義都極為重大。在未發現活的水杉以前，水杉的化石已經在一萬萬年前的下白堊紀地層中發現。後來在歐洲西北部與東部，亞洲東部與北美洲西部都陸續發現。最北的分布為北緯六十二度，離北極只有八度，最南的分布為東歐與美國南部諸州，達北緯四十度。水杉所以分布如此之廣，是由於在白堊紀時代，北大陸為一整體，北美洲西部與歐亞兩洲連接成一塊阿留申陸地（Aleutian Land），而格陵蘭與北美洲各島則與北美洲東部連為一體，所以產生於北極圈內的水杉，才能夠廣布於北半球各地。

水杉在白堊紀發生於北極圈內，到了第三紀便逐漸南移。自一萬萬年前的白堊紀到四千萬年前的第三紀始新統，地球上的氣候頗為溫暖，因為印度洋的暖流可以經由那時的特西士海（Tethys Sea）接連現在的地中海，流往北冰洋，今日所有的北極冰帽是不存在的。在活的水杉未發現以前，水杉的化石都被認作美國西部的紅杉化石。紅杉是常綠樹，常綠樹如何能在北極圈內生長成林，這是古植物學家所難以解答的問題。而且於水杉化石一同發現的被子植物化石，都是些落葉樹，如水松、落羽松、楊、柳、胡桃、山核桃、樺木、鵝耳櫪、栗、山毛櫸、楓、榆、櫻桃、椴樹、膾、紫荊、紫荊葉等等。但是與今日美國紅杉在一起生長的，卻不是這些落葉樹，這也是古植物學家所難以解答的問題。由於活水杉的發現，才知道水杉是落葉樹，與紅杉不是同屬。水杉與這些落葉樹所以落葉，不是因為北極地帶寒冷，而是因為北極地帶有半年的長夜，對於植物的生長活動有妨害，所以北極地帶的樹木養成了一種落葉休眠的習性。關於落葉樹的發源問題，是可以如此解答的。

同時被子植物的發源於北半球或南半球，也是植物分布學上的一個爭執的問題。和水杉同時發生於北極圈內被子植物，如上面所說的各種落葉樹，被稱為北極第三紀植物群。這群植物在始新統以後，因為氣候漸冷，才逐漸南移，到了三千萬年前的中新統，才南移到中國東北及朝鮮、美國西部，到了鮮新統才南移到日本的東京附近與中國的四川、湖北。這些植物顯然是發源於北半球，而非發

生於南半球，然後向北遷移，如某些植物學家所主張的。這些北極第三紀植物群雖發生於一萬萬年前的白堊紀，但到今日仍存在於中國四川、湖北的水杉區，不但水杉是活化石，即這些落葉被子植物也是活化石。這些被子植物是在始新統、中新統時與水杉共生的，到今日仍在水杉區與水杉共同生活。由於水杉及其共生的落葉植物的存在於今日水杉區，古植物學家可以根據水杉區的植物生態狀況，以推斷中新統水杉植物群，亦即北極第三紀植物群的生態狀況。古植物學家因而斷定這群植物需要夏天多雨的氣候，雨量不能少過四十英寸，冬天的溫度不能太冷。但由於水杉在今日的阿拉斯加也生長得很好，可見他耐寒性還是很大的。這些植物學上的純理論推論，都是從水杉的發現與研究而獲得的；所以水杉的發現，不愧被認為二十世紀重要的發現。〔註 2339〕

1952 年（壬辰） 五十九歲

2 月 20 日，中國科學院植物分類研究所組織成立思想改造小組學習，根據 1 月 5 日，政協一屆全國委員會第 34 次會議作出了《關於開展各界人士思想改造的學習運動的決定》，這次思想改造學習運動首先從教育界開始，逐漸擴大到整個知識界，形成一個全國範圍的知識分子思想改造運動。胡先驌參加學習，通過召開大會聽報告、學習文件、個人撰寫自傳和總結思想，開展批評與自我批評。身處中國科學院植物所的胡先驌，跟大家一樣撰寫《對於我的舊思想的檢討》文章，交待舊歷史。

2 月，On a Living Species of Juglandiarya Found in South Yunnan（雲南南部發現 Juglandiarya 的活植物）刊於 Paleobotanist《中國古生物學會會刊》（1952 年第 1 期，第 263～265 頁）。

8 月 13 日，胡先驌在檢討會上作書面檢討。會後，小組成員針對胡先驌的檢討進行討論，針對胡先驌檢討書，結合大家意見，專門起草一份《堅決站穩人民立場，徹底肅清反動思想——記對胡先驌先生提意見大會》資料。

　　在思想改造中，進一步剖析思想根源和對歷史事件認識的反思。
　　由於我有濃厚的封建思想，使我有極嚴重的個人英雄主義與宗

〔註 2339〕　《胡先驌全集》（初稿）第十四卷科學主題文章，第 356～360 頁。

派主義。因為我自小聰明，後來做事又是一帆風順，所以我是自高自大的。因為過分的自高自大，所以我雖承認蔣介石為正統，我雖然歌頌他，稱他為天人，然而我還敢當面批評他、反駁他，違反他的命令，我也不屑為陳立夫或熊式輝的私人。這並不是因為我是清高的，而是由於我有自高自大的個人英雄主義，我的各項成就，使我贏得生前身後名之感。因為我有特殊的個人英雄主義，便高不見群眾，一切唯我獨尊，這就使我有濃厚的宗派主義。我所有的不是狹隘的宗派主義，而是廣袤大的宗派主義。凡不投到我的門下的，我便不肯幫助，而有意無意的打擊他，因此便不能團結所有中國的植物分類學工作者，來搞好中國植物分類的工作，而且散佈了不團結的毒素。

因為我自高自大，我崇美的思想是很少的，我瞧不起美國的拜金主義，瞧不起美國庸俗文化和腐爛生活，痛恨他們的種族歧視。然而因為我是在美國受教育的，確有親美的思想。

我辦了靜生生物調查所二十餘年，其經費出於美國退回庚款所辦的中華教育文化基金董事會，所以我辦的事業是替美國的文化侵略政策服務的。

而我在主持靜生所二十餘年中，一直是與阿諾德森林植物園有密切聯繫的。我經常接受他們的補助金，採了標本便送他們一份，他們花不了多少錢，便得到十分珍貴的標本。〔註2340〕

8月18日，胡先驌在小組會上第二次作書面《對於我的舊思想的再檢討》，針對反動政治言論，作深刻檢討，檢討崇美思想。

我在上次檢討時，我說我沒有崇美的思想，而有親美的思想，實際上親美思想還是以崇美思想出發的。我雖對美國有種種的不滿，但我是喜歡所謂的美國生活方式的。我對美國的工業成就是崇拜的，我尤其崇拜他的物力，所以我主張親美，希望藉美國的幫助來建設現代化的中國。我沒有體認到美國這樣一個帝國主義的國家，不會誠心誠意幫助中國來建設工業的。我們若利用美國的資本，便會斷送我們的經濟命脈，把中國變成美國的殖民地。我現在要承認這不

〔註2340〕胡先驌著《對於我的舊思想的檢討》，1952年8月13日。《胡先驌全集》（初稿）第十五卷人文科學文章，第629～640頁。

但不是愛國的思想，簡直是美國的思想。〔註2341〕

8月18日，胡先驌再次檢討舊思想，樹立為人民服務的意識。

　　我在解放以後，我的思想沒有改變，我還站在與人民對立的立場，並沒有誠心誠意為人民服務的決心。我以為我把我手創的事業無保留的送與人民政府，我表示了我的進步思想，但是我還沒有積極的表示爭取為人民服務。一方面我有避嫌的思想，一方面仍有我的反動思想，以為我現在既不被重視，我便以做客的態度，苟且偷安，而不肯站在人民的立場，以主人翁的態度，爭取主動為人民服務。我在反動政權的時候，自己雖遭到挫折，但是一篇篇的文章不斷發表，恨鐵不成鋼的替反動政權劃策；而在解放以後，人民政府如此重視科學，我倒一直保守沉默。這一對比，顯然顯示我還是有反動的思想。這種思想若不徹底清除，是不能好好地為人民服務的。〔註2342〕

8月18日，提高認識，站人民立場，為社會主義服務。

　　但是三年來，我對與共產黨與人民政府是逐漸有了深刻的認識，在這八個月思改運動中，我的思想也提高了許多。我認為共產黨的偉大，便是站在人民立場，發揮人民的力量，以積極為人民服務，所以才能有一系列的驚人成就，這是在中國幾十年的歷史上所未有的。照這個方向做去，若經過了十年建設，一定可以走向共產主義的道路。而國家的富強，也是無可比擬的。我在徹底批判了我的反動思想以後，我決意要虛心學習，積極研究馬列主義與毛澤東思想，以不斷提高我的政治思想，一面要繼續不斷吸取蘇聯的先進科學思想，理論聯繫實際，誠心誠意積極為人民服務。〔註2343〕

8月19日，小組針對胡先驌檢討召開討論大會，認為他第二次檢討比上

〔註2341〕胡先驌著《對於我的舊思想的再檢討》，1952年8月18日。《胡先驌全集》（初稿）第十五卷人文科學文章，第641～646頁。

〔註2342〕胡先驌著《對於我的舊思想的再檢討》，1952年8月18日。《胡先驌全集》（初稿）第十五卷人文科學文章，第641～646頁。

〔註2343〕胡先驌著《對於我的舊思想的再檢討》，1952年8月18日。《胡先驌全集》（初稿）第十五卷人文科學文章，第641～646頁。

次較深刻，仍然避重就輕，企圖用「中間路線」的招牌掩飾反動思想，更深入地揭發他親美反蘇反共反人民的言論和行動。形成《堅決和反動思想鬥爭，徹底劃清界線》文章，讓胡先驌看到大家提出意見，幫助提高。特別是他的弟子俞德濬、汪發纘、唐進、匡可任、張肇騫等毫無留情，斷章取義對他批評，讓他震驚，思想觸動很大！

8月，胡先驌評職稱受不公平待遇。

> 思想改造運動在 1952 年 8、9 月間進行，緊隨其後是給知識分子定級評薪。胡先驌被評為三級研究員，再次受到羞辱。……1952年，通過思想改造運動，胡先驌已受到群起攻之。所以在定級時，主其事者，以政治取代學術，輕易將其定為三級研究員，有失公允。孰知，一個人的政治地位，可以隨其失勢，而迅速消失；但一個人的學術地位不是輕易就能獲得，也不是輕易能否定。胡先驌受此待遇，不僅其本人不服，就是他人也為其鳴不平：在 1952 年底評薪，將胡評為三級，並排隊把他排在他的學生和學孫的後面，胡甚為不滿，他覺得自己過去一直在作領導，很講派頭，他屢次談過植物所的所長他不做，讓給別人來做，是寬宏大量。這次評薪將他壓低還排在徒子徒孫的後面，自己的面子不好看，下不了臺。在排隊對比時，胡忍不住氣曾提出責問：「裴鑒（華東工作站主任）怎能和我比，還排在我的前面？」（張肇騫副所長、汪發纘等都是胡的學生，而都排在胡的前面。）胡大為不悅。在評薪之後，與胡相識的各科學家都說將胡的級別壓得太低了。如戴芳瀾先生曾向黨員講過：「胡的工薪評得低了，是不合適的。」林鎔、張肇騫、汪發纘也向黨員提過此事。在黨員徵求意見時，張肇騫曾講過，在評薪時，他覺得是有些偏差，因不瞭解黨的政策而不敢提出。黨員在徵求胡的意見時，他談到評薪的問題說：「我自作研究工作以來，從未拿過三等薪水，都是頭等，為什麼把我的學術水平降低？我不曉得是什麼道理。」他對吳征鎰副所長訪蘇所寫的報告〔註2344〕，關於中國植物學發展

〔註2344〕吳征鎰訪蘇報告後整理成《中國植物學歷史發展的過程和現狀》一文，刊於《科學通報》1953 年第 2 期。其中有云：「在 1922 年和 1924 年在胡先驌和錢崇澍的領導下，先後建立了中國科學社生物研究所植物部和靜生生物調查所，這兩個研究機構都是私人的學社和學會發起。」靜生所成立於 1928年，而不是文中所言 1924 年。這兩個研究所之植物部，均為胡先驌所創建。

史的文章，他不滿意，他說科學社等都是我創辦的，為什麼說是錢
崇澍所長創辦的呢？」他說：「歷史總是歷史，不能隨便改。」從他
所反映的一些問題來看，他是對黨員有些意見的。胡先驌定為三級
研究員，能得到普遍的同情，或為主其事者未曾預料，所以在第二
年職稱調整時，將胡先驌提升為一級研究員。〔註2345〕

　　9月4日，胡先驌第三次作《對於我的舊思想的第三次檢討》，把個人思
想劃分為四個階段，第一階段是在未做中正大學校長以前，第二階段是在中正
大學校長這個時期，第三階段抗日戰爭結束後，為獨立時論社寫文章的時期，
第四階段在解放後到今日。對思想改造再次反思：

　　　　誠於思想改造運動我起初是以為不太需要的，因為我自高自大，
所以不承認我的思想有改造的必要。我以為我的聰明高人一等，我
看文件容易懂，沒有嚴格學習的需要。但周總理的講話，對於我有
莫大的啟發作用。而在學習文件的時候，不斷使我發生正確的認識。
在思改的初期，我還以為我的思想是進步的，是「左」傾的，我以
為我的政治主張與新民主義以及人民政府的設施只能程度的差別。
後來，看了斯大林與威爾斯的談話，才知道我的錯誤，才知道立場
不對，滿盤皆非，才知道改良主義的毒害。

　　　　我讀了毛主席《在延安文藝座談會講話》這個文件，尤其使我
對於「為人民服務」這句話有了更深刻的認識，《實踐論》與《矛盾
論》給予我極大的影響。《實踐論》使我認識教條主義的錯誤，《矛
盾論》使我瞭解社會不是靜止的，不是一成不變的，是繼續不斷的
前進與發展的，人類的前途是不可避免的走向共產主義的，共產社
會無階級無剝削的社會，是人類社會最高發展形態。我將《聯共黨
史》從頭到尾仔細看了一遍，使我知道了蘇聯在革命前後具體情況，
使我知道蘇聯的社會情況同中國有如何之不同，因而更體會到毛澤
東思想的偉大，而認識到中國必須在毛主席的領導下，才能穩步前
進；反過來，我認識到我過去的思想如何落後與反動，我必須不斷

〔註2345〕科院植物所黨支部：《黨在貫徹團結科學家政策上的經驗教訓》，1954年，
　　　　　　A002-44。胡宗剛、夏振岱著《中國植物誌編撰史》，上海交通大學出版社，
　　　　　　2016年9月版，第52～54頁。

的改造與提高我的思想才能,為人民服務。〔註2346〕

9月4日,對解放軍三年取得成就由衷讚歎。

我在解放後的三年中,對於人民政府的一切設施是深切注意到的。首先是看到解放軍與志願軍英勇無比的英雄事蹟與剛健中正的美德,如何在西藏、如何興建康藏公路,如何自新疆越過崑崙山到西藏會師,如何在新疆屯墾,如何在朝鮮幫助朝鮮受苦難的人民。這一切的表現,不但證明了解放軍與志願軍是世界上無可比擬的優秀軍隊,而且說明了在共產黨領導下的中國軍隊不但表現了最高的軍人品質,而且充分發揮了中華民族的品德智慧與才能,養成這樣軍隊的國家是無敵的,是有無限光明前途的。〔註2347〕

9月4日,物價穩定,治理淮河,農業豐收,農產品暢銷等工作感到驚訝。

再則我看到人民政府對於財政經濟一系列的設施,如何的賢明而有效。在蔣匪幫濫發鈔票的政策下,所引起的通貨膨脹終於克服了,物價並終於穩定了。過去各機關經營小家務的惡習是徹底劇除了。在解放後短短一年間,全國的交通完全修復了,破壞的工業也完全恢復了,尤其是馬上便興修治淮這樣大的水利工程,並且設計如此周詳,執行計劃如此正確,使水利專家稱之為奇蹟。農業突飛猛進,使我們竟能以大批糧食接濟印度,這是何等的光榮!這在團結亞洲的兄弟民族起了何等的作用。各大行政區都舉行了物資交流大會,使得貨暢甚流,「無遠弗居」,從來沒有到過北京的果品,也廉價在市場上出現了。各地滯銷的貨也都找到了銷路了。工商品下鄉,提高了農民的生活水準,擴大了工商品的市場,加強了國營經濟的領導。這在短短三年內的經濟上的收穫是在過去反動政權統治下不能夢想的。〔註2348〕

〔註2346〕 胡先驌著《對於我的舊思想的第三次檢討》,1952年9月4日。《胡先驌全集》(初稿)第十五卷人文科學文章,第647~654頁。

〔註2347〕 胡先驌著《對於我的舊思想的第三次檢討》,1952年9月4日。《胡先驌全集》(初稿)第十五卷人文科學文章,第647~654頁。

〔註2348〕 胡先驌著《對於我的舊思想的第三次檢討》,1952年9月4日。《胡先驌全集》(初稿)第十五卷人文科學文章,第647~654頁。

9月4日，對推行各民族平等，社會教育，醫療保障等政策，給社會帶來無限生機。

在另一方面盡善盡美的民族政策的執行，使數千年來在大漢主義下的受盡了壓迫的少數民族真的翻了身，並且執掌了政權。這在民族團結上起了何等的作用，同時表示了中國共產黨如何的偉大。以革命的手段推行教育，使在廣大的農村中萬萬的農民得到了受教育的機會，並且使他們有了正確的政治思想。工農速成中學與人民大學的教育成果，使我體驗到正確的政治覺悟，在教育上能發生莫大的作用，祁建華的速成識字法指示著新的教學法所能發生的偉大作用。醫藥下鄉與衛生知識的宣傳，使萬萬的農民得到了生命的保障，無數的嬰兒避免了夭折的命運。〔註2349〕

9月4日，對婦女問題重新認識。

我對婦女問題的看法，以我的生物學的知識作憑藉，強調男女分工。婦女最大貢獻還是做良妻賢母，因此便忘記了這個婦女代表中國一半的人口，他們在數千年來封建統治下，受盡了種種的壓迫。在解放後的中國，婦女是迫切要求翻身的，今日當務之急便是盡速求將中國半數的人口在封建禮教下解放出來，以從事生產建設與文化建設。解放後的婦女在生產事業上發揮了偉大的力量，正證明了我輕視婦女是如何錯誤。往昔婦女在事業上的成就不如男子原因，便在婦女在舊社會裏受著雙重壓迫，沒有機會發揮他們的智慧。〔註2350〕

9月4日，成為人民的科學家而努力工作。

我現在經過同志們的熱情幫助，對於我自己的反動思想有了比較深刻的認識。我決心否定我的過去，決心不斷的與我的反動思想作鬥爭，決心培養我對人民的事業熱情，無保留地忠誠為人民服務，決心虛心學習，積極研究馬列主義與毛澤東思想，以不斷提高我的政治思想水平，決心繼續不斷的學習蘇聯的先進科學思想，以充實

〔註2349〕 胡先驌著《對於我的舊思想的第三次檢討》，1952年9月4日。《胡先驌全集》（初稿）第十五卷人文科學文章，第647～654頁。

〔註2350〕 胡先驌著《對於我的舊思想的第三次檢討》，1952年9月4日。《胡先驌全集》（初稿）第十五卷人文科學文章，第647～654頁。

我的學問，好做一個人民的科學家。〔註2351〕

9月4日，胡先驌第三次檢討的遭遇。

　　中科院在院部召開大型檢討會，胡先驌作第三次檢討。關於此次會議，王揚宗寫到：「會議地點是院部文津街3號，即從前他主持的靜生所舊址，與會者包括院學習委員會領導和成員與京區各所代表共80餘人。此次他將眾人批判他有法西斯思想、反蘇反共反人民等問題都一概包攬下來，但他只講了一個小時。竺可楨認為他仍然『不老實，不誠懇』。胡自我檢討後，大家踴躍發言批評，有20多人對他進行了揭發和批判。會議從下午三點開到深夜十一點半，開了八個半小時。」〔註2352〕散會後，吳征鎰囑王文采送胡先驌回其石駙馬大街（現名新文化街）寓所，胡先驌一路無語，〔註2353〕可以想見其心情之沉重。在思想改造運動之中，「胡先驌情緒很波動，植物研究所的高級研究技術人員多是他的學生，或者是過去在他領導之下的工作人員，都給他提了很多意見，他認為是「眾叛親離」，在運動之後思想不穩。後來黨支書劉大年同志與胡談過一次話，很起作用」〔註2354〕。劉大年係黨內歷史學家，時任中科院院部黨支部書記，院思想改造運動即由其主持。〔註2355〕

　　9月，四川大學植物學教授方文培與西南師範學院植物學教授戴蕃瑨聯名函請胡先驌寫一部《植物分類學簡編》，以供師範學院與農林學院的植物分類學課程做教學參考書用或教本，同時也可以作為綜合大學植物分類學的教本，

〔註2351〕 胡先驌著《對於我的舊思想的第三次檢討》，1952年9月4日。《胡先驌全集》（初稿）第十五卷人文科學文章，第647～654頁。

〔註2352〕 王揚宗：中國科學院的思想改造運動（1951～1952），《院史資料與研究》，2014年第1期（總第139期）。

〔註2353〕 王文采口述、胡宗剛整理：《王文采口述自傳》，湖南教育出版社，2009年，第40頁。

〔註2354〕 中科院植物所黨支部：《黨在貫徹團結科學家政策上的經驗教訓》，1954年，A002-44。胡宗剛、夏振岱著《中國植物誌編撰史》，上海交通大學出版社，2016年9月版，第51～52頁。

〔註2355〕 王文采，山東掖縣人。植物分類學家。1949年畢業於北京師範大學生物系。中國科學院植物研究所研究員、博士生導師。1993年當選為中國科學院院士。曾任《植物分類學報》主編。主持編著的《中國高等植物圖鑑》《中國高等植物科屬檢索表》。

中學生物教師或其他研究植物分類學的人參考。

　　10月22日，陳邦傑致胡先驌信函。

　　步曾師座賜鑒：

　　　　賜函因遷校遷居關係，至稽奉讀。生七月自海南返校，隨即院系調整，九月始決定在南京師範學院工作。此工作崗位時生適合各項條件，對此工作亦有信心，故今後當追隨師座努力工作，至盼隨時賜予教誨。苔蘚譯名一文，係去海南以前即寄京，返校後才由黃宗甄寄生十冊植物學雜誌，以作單印本，茲另函寄呈一本，其中印刷之錯誤已改正，其他誤謬之點，祈師座加以指正。

　　　　苔蘚中學教材，生建議改用全國習見的葫蘆蘚（Funaria hygrometrica Sibth.），現初中植物學的編者方宗熙同志已採用，高等學校大學和師範的教材，生建議以採用下列教程為適宜：

　　　　一、普通植物學課程（選讀者不再讀其他植物分類或低等植物形態課程者）：

　　　　1. 苔蘚植物的特徵；2. 苔蘚植物的形體構造；3. 苔蘚植物的生殖和生活史；（上列以各一種植物舉例或統括敘述而以多種植物舉例均可。）4. 苔蘚植物在植物進化系統上的關係；5. 苔蘚植物和人類生活的關係。

　　　　應用苔蘚教材 Hepaticae：Riccia sarocarpa 錢苔、Ricciocarpus natans 浮苔、Marchantia palaea 僧帽地錢、M. palmata 掌托地錢、Bazzania spp.鞭鱗苔、Frullania spp.耳葉苔、Anthoceros spp.角苔

　　　　Musci：Sphagnum squarrosum 粗葉水蘚、S. pseudocymblifolium 擬大水蘚、Funaria hygrometrica 葫蘆蘚、Pogonatum inflexum 小金髮蘚、Polytrichum commune 大金髮蘚、Mnium cuspidatum 提燈蘚等。

　　　　視地域特產苔類資料，可以酌量應用。

　　　　二、大學植物形態學苔蘚植物教材：

　　　　（一）苔蘚概述：①一般特徵；②生態；③一般形體特徵；④生殖方法：a. 無性繁殖法──各種芽體形態，b. 孢子，c. 配子──生殖器官和生殖細胞；⑤生活史概述；⑥演化系統上的位置；⑦與人類生活的關係。

　　　　（二）分類：

①苔類和蘚類的比較。

②苔類三大綱：地錢 Marchantiales，蘚苔綱 Jungermanniales，角苔綱 Anthocerotales。三綱的區別在 a 其孢子體和配子體的關係和形式上。（圖略）圖中細線為配子體，粗線為孢子體，可資比較。

（a）地錢綱：一般形體特徵，重要科屬的區別為

1. Riccia 錢苔屬（全國有 8～9 種）：R. fluitans 義錢苔（水生），R. sorocarpa 錢苔（陸生）。

2. Ricciocarpus natans 浮苔（僅一種）：水生。

3. Marchantia polymorpha 地錢（全國有 8～9 種）：M. palaea 僧帽地錢；M. palmata 掌托地錢。雌雄異體。

4. Reboulia hemisphaerica 石地錢（僅一種）：雌雄同體。

5. Dumortiera hirsuta 毛地錢（二種）：生於陰濕地區，表皮氣孔均已退化。故屬於進化上高級的形式。

6. Plagiochasma 紅鱗地錢（全國有 4～5 種）：生於乾燥性石上，此屬器託生於葉狀體上面，並為其他屬之由下方轉上者。

不必每科全講，選擇材料就形體須選上有關者講，如（1）Riccia 無彈絲，孢子體無 Seta，foot 究屬高等還是低等的形質。（2）在 Marchantia 等藏卵器生於腹面，Plagiochasma 等，生於背面亦屬進化的一條線路。

（b）鱗苔綱：可以分為頂蒴鱗苔（Jungermanniales acrogynae）和腋蒴鱗苔（J. anacrogynae）。頂蒴鱗苔在我國分布甚廣，種屬亦最多，計有十一科，五十二屬。其中包括趙修謙先生在附近採到的 Calobryum，Eucalyx。我在四川採到尚未發表的有 Trichacaleopsis（原僅產於日本），Jubula 和 Microlejeunea（兩者原僅見於馬來群島及菲列賓群島）。

一般材料須就本地習見者，設法以符合實驗。舉例如後：1. Lophozla 鐵鱗苔（全國約 6 種）；2. Plagiochila 羽苔（全國約 30 種）；3. Scapanla 反葉鱗苔（全國約有 6～7 種）；4. Bazzania 鞭鱗苔（全國有 20 種以上，變量性大）；5. Madotheca（Porella）五列葉苔（全國有 40 種以上，有多種新種）；6. Frullanla 耳葉苔（全國種類在 50 種以上）。

在頂蒴鱗苔中表現進化的形態有下列幾種重要點：（圖略）

腋蒴鱗苔：種類較少，下列材料為中國習見種屬。1. Pellia（綠絨苔）中國西部習見，有三四種；2. Metzgeria（義葉苔）中國有 4 種；3. Aneura（肉葉苔）中國有 5～6 種。於上列三屬中任擇舉一例即可，科的分別以葉狀體中肋之有無，孢子囊裂開之形式而分。

（c）角苔類：一科一屬，Anthoceros 約有五六種，在西南平原習見。東南及北部山地可有之，記錄少。

（三）蘚類：亦分三大綱；亦就孢子體配子體之關係，孢蒴的形式而分。（圖略）

（a）水蘚綱：僅一科一屬，Sphagnum 我國約有七種。西康、川西多大片。東北口亦有之，未見記錄，其他山地多零星片段有之。習見者：Sph. squarrosum 粗葉水蘚，Sph. Pseudo-cymblifolium 擬大水蘚。

（b）黑蘚綱：中國僅有一種見諸紀錄 Andraea yunnanensis。此標本生未見到，頗懷疑是否正確，因其無孢子體，單憑葉之形態鑑定，未必可靠。因原產地係雲南麗江，生曾致函秦仁昌先生，請其注意採此類標本（生於向陽處花崗岩石上），承其寄來多種，均非此植物。生處現有者，係在歐洲採集之品種（當另函寄奉少量）。

（c）真蘚綱：全部科屬繁多，約在五十科二百五十屬左右，可能有一千五百種左右。重要舉例作示範材料者可有下列：

代表單列蘚齒類：Fissidens cristatus 鳳尾蘚，葉兩列，具高度變異形態，蘚齒以表演明顯水促運動。Barbula spp. 扭齒蘚，北方習見的屬。葉細胞具疣。

代表雙列蘚齒類：Funaria hygrometrica 葫蘆蘚，可以見到明顯 annulus，葉細胞。可做葉綠粒觀察試驗。可以盆栽培養。Mnium spp. 提燈蘚。雄性生殖器官易於尋找。

代表腋蒴蘚類形態：Entodon spp. 蟲蘚，葉細胞狹長形，北方種類多。

葉代表早發性形式：Pogonatum inflexum 小金髮蘚（平原山坡有之）與 Polytrichun commune（大）金髮蘚（即普通書中所謂「土馬騌」）。葉齒單列由多數細胞構成。雌雄異株。

關於蘚類進化要點，各家觀點不同，略舉數點如下：

a. 三大綱之區別應以孢子體和配子體的關係為準則，已詳見上列圖形。

b. 蘚齒的單列和雙列是大類的區別點，蘚齒多數形成或由薄膜形成亦為大類的區別點。

Nematodonteae

Arthrodonteae：Naplolepideae，Diplolepidea

c. 無蘚齒可能是退化的形式，即並非是原始的形式，因此各種無蘚齒的種屬，係由不同科屬退化而成的，其情形可能如高等植物的合瓣花類。單列齒的蘚類，亦可能係由雙列齒蘚類中退化其中之一列齒者。

d. 葉形的變異甚大，僅供作種的鑒定標準，且必須注意生長環境的條件，葉細胞的形態如等軸形和長軸形，光滑與具疣，形體的大小均是種屬的好標準。

e. 營養體極度退化的形式見於少數種屬，如 Bauxbaumia 僅以原絲體形態供給營養，爪哇產，生於樹葉上的 Ephemeropsia tjibodensis Goeb.亦是以原絲體作營養體的。

其他請參考 Enger & Prantl：Die Natürlichen Pflanzenfamilien Bd. 10-11.1925

以上所述，就生愚見略舉一二，以供師座參考。至於標本當於各類中就生所有者，擇可供實驗教程奉上。惟生處標本歷來均放南京大學，此次搬遷，校產並交南大，生調來南京師院工作，尚未將標本搬來，故必須先行搬來師範學院（南京大學現在原金大校址，南京師範學院在原金女大校址），才好整理分裝標本，但無論如何，總在十一月內可以寄奉。

生來此暫時擔任科務，一切重新學起，設備和教師均感缺少，希望師座隨時予以指示，將來高等植物教材方面，尚懇賜予指助。又此師大為全國師範學院之業務領導機構，請師座賜寄有關生物科學的各項規程和實驗方法，以備此間教學進行的參考。

此請

教安

生　陳邦傑　敬上

一九五二年十月廿二日〔註2356〕

12月,《美軍飛機在朝鮮北部和中國東北撒布兩種朝鮮南部特產樹葉的報告》發表《科學通報》《反細菌戰專刊》（第3期第132～135頁）。摘錄如下:

從美軍飛機在朝鮮北部和中國東北境內撒布的植物材料之中,我們發現了山胡椒和朝鮮紅柄青岡櫟。這兩種植物只分佈在朝鮮的南部,分述如下:

一、山胡椒（Linderaglauca Bl.）

（一）投擲的情況:1952年5月3日,在中國東北遼東省海龍縣第六區連山村、居民李春貴目睹美軍飛機四架從北向南飛行,投擲大量的樹葉。

（二）樹葉的鑒定:這些投擲的樹葉主要是平常的櫟樹（Quercusdentata Thunb.，Q. mongolica Fisch. et Var.等等）葉,但其中我們發現一枚山胡椒（Linderaglauca Bl.）的樹葉。這種樟科植物樹葉的特點如下:葉片橢圓狀長圓形,全緣,先端常稍彎,上面稍有光澤,葉柄短,小脈細網狀,側脈達不到葉片的邊緣。這片枯老的樹葉的下面少有毛或幾無毛;根據這一點可以證明這一植物是屬於朝鮮的變型（圖一）。

（三）山胡椒的分布:這種朝鮮變型的樟科植物是分佈在朝鮮三八線以南。在三八線上只在西海岸上的幾個地方有這種植物的分布;但在中國東北的全境內從來沒有發現過。在朝鮮境外,如日本和中國南部雖有本種的分布,但此朝鮮變型則是朝鮮南部所特有的。

二、朝鮮紅柄青岡櫟（Quercusaliena Bl. var. rubripes Nakai）

（一）投擲的情況:1952年2月28日上午11時,在朝鮮大德山地方,中國人民志願軍武耀軍目睹有美軍飛機兩架,投擲大量樹葉;撒布的面積達一平方公里。我們收到這次撒布的一片樹葉基部的斷片是由北京大學張景鉞教授親自從朝鮮北部帶回的。

（二）樹葉的鑒定:我們將這片樹葉的斷片經詳細觀察後,鑒定為朝鮮紅柄青岡櫟（Quercusaliena Bl. var. rubripes Nakai）。這是一

〔註2356〕《胡先驌全集》（初稿）第十七卷下中文書信卷,第575～578頁。

種落葉櫟樹（圖二）。這種的
特徵是：

1. 葉柄長 1～2 釐米，上面平，近基部略現溝狀，顏色帶紅，乾燥後也容易辨認；

2. 葉片的基部全緣，通常兩邊稍不相等，上面稍有光澤，下面被有帶灰白色的短密絨毛；

3. 中脈在葉的兩面均高起。

從葉下面的絨毛，中脈在葉的兩面均高起和葉柄、中脈、側脈的顏色看來，這種朝鮮變種與青岡櫟（Quercusaliena Bl.）的其他變種和變型都有顯明的區別。中國科學院藏有一份由日本東京帝國大學贈送的完整朝鮮臘葉標本、（1900 年 8 月 30 日 Uchiyama 採自朝鮮仁川），將此朝鮮標本與我們的斷片標本相比較，可以證明這一鑒定工作的結果是正確的（圖三）。

（三）朝鮮紅柄青岡櫟的分布：這植物在朝鮮的分布，僅限於三八線以南（全羅北道，忠清南道，京畿道），但在朝鮮北部並不存在。上述的兩項事實再次證明這些植物材料的來源是美軍飛機撒布的。

鑒定者：

錢崇澍　中國科學院植物分類研究所所長

胡先驌　中國科學院植物分類研究所研究員

林　鎔　中國科學院植物分類研究所研究員

俞德濬　中國科學院植物分類研究所研究員

吳征鎰　中國科學院植物分類研究所研究員

汪發贊　中國科學院植物分類研究所研究員

唐　進　中國科學院植物分類研究所研究員

匡可任　中國科學院植物分類研究所副研究員

劉慎諤　東北農學院植物調查研究所所長

報告日期 1952 年 8 月 15 日〔註2357〕

是年，知識界開展思想改造運動。

〔註2357〕《胡先驌全集》（初稿）第一卷植物學論文，第 291～294 頁。

開展的思想改造運動，或者是運動的深入，或者是面對不同的人，情況就不一樣了。在 8 月間，胡先驌所作之檢討不僅沒有得到研究所同仁之同情，反而引起大家的義憤。……胡先驌則被列為中科院重點檢討人物，是全院唯一在第三次檢討會上檢討，於 9 月 4 日才最後過關的。……胡先驌最初之檢討被認為不深刻，避重就輕，屬於「惡劣頑強抗拒者」，所以不得不再檢討。在第二次檢討會前，植物所先召開小組長會議，布置會議發言。會議記錄載：「錢崇澍、張肇騫、吳征鎰、汪發纘、侯學煜、俞德濬等人參加。會議總結第一次檢討會情況，抱著治病救人、嚴肅認真的精神，幫助胡先驌進行改造，但認為其檢討避重就輕，很不認真。對於第二次檢討作出布置，分配發言名單，以植物所高級人員為主，遺傳所、地球所、數學所、昆蟲所亦準備發言。」胡先驌再次檢討時，被認為依舊沒有進步，植物所在會前組織人員在會上對其進行批判。〔註2358〕

1953 年（癸巳） 六十歲

6 月 25 日，胡先驌致金兆梓信函。

苊庵學兄惠鑒：

久未通候，深以為念。茲寄上拙著《經濟植物學》稿。三十八至四十八章，凡十一章，約四萬字，乞詧收。並請將稿費，從速寄下為感！

專此敬頌

夏綏

弟 胡先驌 拜啟

六月廿十五日

注：經計算至多只有 21000 字，先生信問，明再付稿費 1347 元。

〔註2359〕

9 月，著《經濟植物學》，43.1 萬字，共 542 頁，印數 2200 冊，中華書局初版，正文前有內容提要和自序。

〔註2358〕胡宗剛、夏振岱著《中國植物誌編撰史》，上海交通大學出版社，2016 年 9 月版，第 49～50 頁。

〔註2359〕胡啟鵬輯釋《胡先驌墨蹟選》（初稿），2022 年 2 月，第 109～110 頁。

本書內容提要

本書對於農藝、園藝（花卉除外）以及工業用植物，廣泛搜羅，作極詳盡的記載。對各種植物的利用，也有詳細的敘述。所有材料，都是從作者歷年調查、研究、實驗及參考有關的中外著作而來。可作農學院的課本及供農、工業工作者的參考之用。

胡先驌講《生命起源》　　　　　胡先驌編著《經濟植物學》

目次

序 ……………………………………………………………………… 3
第一部 …………………………………………………………… 11
　第一章　種子植物的軀體 …………………………………… 11
　第二章　植物內部的基本構造 …………………………… 12
　第三章　根 …………………………………………………… 14
　第四章　莖 …………………………………………………… 18
　第五章　葉 …………………………………………………… 26
　第六章　花 …………………………………………………… 28
　第七章　果、種子與幼苗 …………………………………… 31
　第八章　植物之分類與命名 ……………………………… 33
第二部 …………………………………………………………… 38
　第九章　禾本科 ……………………………………………… 38

第十章　稻………………………………………………46

第十一章　小麥…………………………………………50

第十二章　燕麥…………………………………………63

第十三章　大麥…………………………………………67

第十四章　黑麥…………………………………………74

第十五章　高粱、蜀黍與蘆粟…………………………76

第十六章　粱、粟、黍、稷……………………………81

第十七章　玉蜀黍與薏苡………………………………89

第十八章　甘蔗…………………………………………102

第十九章　禾本科牧草及工業用禾本草………………103

第二十章　竹類…………………………………………117

第二十一章　莎草科……………………………………123

第二十二章　燈心草科…………………………………128

第二十三章　澤瀉科……………………………………129

第二十四章　鳳梨科……………………………………129

第二十五章　芭蕉科……………………………………130

第二十六章　蘘荷科……………………………………136

第二十七章　美人蕉科…………………………………137

第二十八章　蔦鬱金科…………………………………138

第二十九章　百合科……………………………………139

第三十章　天南星科……………………………………143

第三十一章　香蒲科……………………………………144

第三十二章　石蒜科……………………………………146

第三十三章　龍古蘭科…………………………………152

第三十四章　薯蕷科……………………………………155

第三十五章　田代薯科…………………………………159

第三十六章　蘭科………………………………………159

第三十七章　棕櫚科……………………………………161

第三十八章　露兜樹科…………………………………168

第三十九章　蕃荔枝科…………………………………170

第四十章　樟科…………………………………………172

第四十一章　胡椒科……………………………………175

第四十二章　蕁草科……………………………………176

第四十三章　楊梅科……………………………………177

第四十四章　榛科………………………………………178

第四十五章　山毛櫸科…………………………………181

第四十六章　桑科………………………………………184

第四十七章　大麻科……………………………………192

第四十八章　蕁麻科……………………………………197

第四十九章　杜仲科……………………………………198

第五十章　睡蓮科與蓴菜科……………………………199

第五十一章　傘形科……………………………………201

第五十二章　蓼科………………………………………210

第五十三章　藜科………………………………………214

第五十四章　莧科………………………………………221

第五十五章　亞麻科……………………………………223

第五十六章　酢漿草科…………………………………226

第五十七章　馬齒莧科…………………………………227

第五十八章　十字花科…………………………………228

第五十九章　西蕃蓮科…………………………………253

第六十章　葫蘆科………………………………………255

第六十一章　萬壽果科…………………………………267

第六十二章　仙人掌科…………………………………268

第六十三章　山茶科……………………………………269

第六十四章　獼猴桃科…………………………………272

第六十五章　巴西果科…………………………………274

第六十六章　藤黃科……………………………………275

第六十七章　田麻科……………………………………277

第六十八章　梧桐科……………………………………278

第六十九章　利末花科…………………………………280

第七十章　木棉科………………………………………282

第七十一章　錦葵科……………………………………293

第七十二章　　大戟科 …………………………………… 294

第七十三章　　茶藨子科 ………………………………… 301

第七十四章　　薔薇科 …………………………………… 307

第七十五章　　蘇木科 …………………………………… 357

第七十六章　　豆科 ……………………………………… 360

第七十七章　　桃金孃科 ………………………………… 404

第七十八章　　安石榴科 ………………………………… 410

第七十九章　　菱科 ……………………………………… 410

第八十章　　　瑞香科 …………………………………… 411

第八十一章　　衛矛科 …………………………………… 412

第八十二章　　鼠李科 …………………………………… 413

第八十三章　　胡頹子科 ………………………………… 415

第八十四章　　葡萄科 …………………………………… 416

第八十五章　　芸香科 …………………………………… 421

第八十六章　　橄欖科 …………………………………… 443

第八十七章　　楝科 ……………………………………… 444

第八十八章　　無患子科 ………………………………… 445

第八十九章　　槭樹科 …………………………………… 448

第九十章　　　漆樹科 …………………………………… 450

第九十一章　　胡桃科 …………………………………… 459

第九十二章　　越橘科 …………………………………… 464

第九十三章　　柿樹科 …………………………………… 468

第九十四章　　赤鐵科 …………………………………… 471

第九十五章　　木犀科 …………………………………… 474

第九十六章　　茜草科 …………………………………… 479

第九十七章　　山蘿蔔科 ………………………………… 482

第九十八章　　敗醬科 …………………………………… 483

第九十九章　　菊科 ……………………………………… 484

第一〇〇章　　車前科 …………………………………… 500

第一〇一章　　桔梗科 …………………………………… 501

第一〇二章　　茄科 ……………………………………… 501

第一〇三章　　旋花科……………………………………523

第一〇四章　　胡麻科……………………………………524

第一〇五章　　爵牀科……………………………………527

第一〇六章　　紫草科……………………………………528

第一〇七章　　唇形科……………………………………529

第一〇八章　　蘇鐵科……………………………………537

第一〇九章　　銀杏科……………………………………538

第一一〇章　　紫杉科……………………………………539

第一一一章　　羅漢松科…………………………………540

第一〇二章　　松科………………………………………541

序

編著此書的動機是因為現在中國缺乏以本國文字寫的經濟植物學教科書與參考書。現在國內各大學的農學院多規定以植物分類學為必修課程，但農學院的學生不需要生物系學生所需要的植物分類學那麼詳細的內容，而需要關於經濟植物較詳備的知識。一般主講植物分類學的教授們若欲開一門適合於農學院學生的需要的植物分類學或經濟植物學，則苦於無適當的教科書或參考書可用。

在英美各國，此類書籍亦不多。最著名的為英國裴希和教授（Prof. John Percival）所著的「農業植物學」。但其書包括普通植物學及植物病理學的材料太多，不適於專門經濟植物學這一科目之用。美國羅奔馳教授（Prof. Wilfred W. Robbins）所著的農藝植物學則較為適用，然為中國學生作教科書或參考書之用也嫌不足。蓋中國幅員廣大，農業資源豐富。美國農部曾有統計，美國所用的食用植物有一千餘種；中國所用的食用植物則有二千餘種。歐美各國常見的蔬菜果品，為在中國所不常見的為數不多，而在中國常見在歐美不常見者則甚多。果品如柿、棗、枇杷、山楂、楊梅、荔枝、龍眼等，在中國皆極常見，而在歐美則不常見；蔬菜如莧菜、蕹菜、大白菜、芥藍菜、芥菜、榨菜、芸苔、塌科菜、茭白、芋、山藥、藕、薑、荸薺、韭菜、薤頭、冬瓜、瓠子、苦瓜、茴香菜、筍等，在中國皆極常見，而在歐美則不常見。其他經濟植物如油桐、油茶、烏桕、漆樹、鹽膚木、白蠟樹、楮樹、棕櫚等亦在中國習見而在歐美不習見者。

故欲寫一本適合於中國學生所用的經濟植物學，必須收羅較歐美書籍所收羅更多的材料。

本書的編纂是以羅奔馳教授所著的農藝植物學為基礎而大為擴充的。第一部共八章，為植物普通形態的複習。若已授過普通植物學，則可以不講。主要的為第二部各章，則除原書所有的各章略有補充修改外，增加了許多章，都是中國所有或在中國所能見到的經濟植物。內中包括熱帶、亞熱帶的若干種類，若在溫帶地區，時間不夠，可以略去不講。此書搜羅材料較多的目的，在除供作教科書外，更為一般從事農業或工業者作常用的較為完備的參考書。但花卉、森林、藥用植物則未收入，否則此書必嫌篇幅太大。

胡先驌序於北京寓齋

8月25日，植物分類研究所致中國科學院辦公廳通信函。

中南行政委員會各部門在廬山召開中南森林建設及廬山今後發展建設會議，陳封懷應邀出席會議，提出若干中南森林建設意見，獲得會議採納。在此次會議上，陳封懷瞭解到廬山房屋撥配概由中南行政委員會掌握，大部分房屋已分配妥當，惟蘆林尚有一些房屋等待分配，就在工作站附近，便於利用。為此陳封懷與中南行政委員會聯繫，得到面允，並立即去函中科院植物研究所，請植物所致函中科院，再由中科院致函中南行政委員會，以辦理正式手續。植物所致中科院辦公廳之函，節錄如下：「含鄱口植物園只有小樓一幢（可容五人住宿），另有工人宿舍一處。蘆林與含鄱口隔一小坡，約有一刻鐘的行程。現工作站辦公室及標本室等均在原地質研究所舊址修復後的兩層小樓內工作，宿舍係向廬山管理局臨時借用辦公室附近412號房屋一幢，能容納少數人員住宿。因之兩處宿舍根本不夠用。按蘆林方面原歸廬山管理局，現歸中南行政委員會掌握的房屋尚有多幢，其中即有411號（比較完整）及其他破舊房屋數幢，目前正在統一撥配中。我所工作站為解決員工宿舍問題，前曾提五四年度基建計劃報院在案。今既有此機會，擬請院方速通中南行政委員會，要求將蘆林411、412房屋兩幢及其他破舊房屋一併正式撥於我所工作站使用。如此亦可節省年度基建費用，而利於工作站工

作的進行。又廬山發展中為一療養區，日前本院藥物研究所丁光生同志家屬曾捐獻牯嶺房屋一幢，院方曾派員上山瞭解。是否可在廬林及含鄱口兩處建立本院療養基地，其用房屋問題，亦須早作準備，向中南行政委員會商撥建議，一併考慮。」〔註2360〕

胡先驌（中）在石駙馬大街寓所接待匈牙利科學家（摘自胡宗剛著《中國植物學先驅胡先驌》）

10 月，成立了江西師範學院（繼承中正大學教育系）。1951 年底至 1953 年，教育部對全國高等學校進行院系調整。南昌大學（前身是中正大學）撤銷。1952 年組建江西農學院，其他各系併入武漢大學、中山大學、華中工學院等院校。

是年，中國科學院植物分類研究所更名為中國科學院植物研究所。

是年，中國科學社列出選舉理事候選名單。

據檔案記載，1953 年中國科學社曾預備召開大會，更換 1953 年到期理事 7 人，並列出了當時「在滬社員」名單和「不在滬社員」名單。當時社員在滬 160 人、不在滬 56 人，共僅二百餘人，與鼎革之際三四千人的盛況相比，其窘狀可以想見。相較「在滬社員」，「不在滬社員」雖然於社務貢獻上可能不能相提並論，但精神的支持與

〔註2360〕植物分類研究所致中國科學院辦公廳通，1953 年 8 月 25 日，中國科學院植物研究所檔案。胡宗剛著《廬山植物園最初三十年》，上海交通大學出版社，2009 年 7 月版。第 135 頁。

理念上的共通可能更大，因此列出這個名單，更具有歷史的意味：
丁求真、丁緒賢、尹友三、王希成、王璡、王毓秀、王福山、朱榮昭、朱炳海、朱崗崑、何增祿、何魯、吳元滌、吳功賢、李樂元、李賦京、李良慶、汪德耀、金通伊、金寶善、侯德榜、段子燮、俞德濬、胡先驌、倪尚達、唐鉞、徐利治、袁復禮、高尚蔭、張洪沅、張孝騫、張芳、張輔忠、曹仲淵、莊俊、陸仁壽、陸鳳書、陳義、陳忠傑、彭謙、黃汲清、馮澤芳、楊姮彩、劉宅仁、歐陽翥、蔣英、蔡堡、鄭集、鄭萬鈞、鄭衍芬、鄧植儀、錢崇澍、謝家玉、鍾心煊、嚴振飛、嚴敦傑。〔註2361〕

編年詩：《贈許傅楨》。

1954 年（甲午） 六十一歲

1月14日，胡先驌致袁翰青信函。

> 翰青先生惠鑒：
>
> 　　久未奉訊，想開歲多吉，至以為念。植物學大辭典自一月初起，開始繼續整理，明日為十五日。請即將整理費送下為感。
>
> 　　此致
>
> 敬禮
>
> 胡先驌
>
> 一月十四日
>
> 　　注：函請京處，於每月十八日，照一送一百五十萬元，送至四月份為止。
>
> 翰青
>
> 一月十七日〔註2362〕

【箋注】

袁翰青（1905～1994），男，漢族，江蘇通州人。有機化學家、化學史家和化學

〔註2361〕 《中國科學社現任理事名單》（1952年選出），上海市檔案館藏檔案，Q546-1-199-168。張劍著《賽先生在中國——中國科學社研究》，上海科學技術出版社，2018月12月版，第270頁。

〔註2362〕 胡啟鵬輯釋《胡先驌墨蹟選》（初稿），2022年2月，第141頁。

教育家。長期從事有機化學研究、中國化學史研究以及科技情報研究的領導和組織工作。1932 年首先發現聯苯衍生物的變旋作用。1925 年就讀清華大學化學系。1929 年被公派到美國深造，1932 年獲伊利諾大學哲學博士學位。1937 年擔任甘肅科學教育館館長。1952 年中國高等教育開始有了較大的發展，需要一整套理工科教材，袁翰青又調任商務印書館總編輯，負責組織編寫和出版這套教材。1956 年為了發展科技情報事業的需要，調中國科技情報研究所任研究員。著《化學重要史實》《中國化學史論文集》。1955 年當選為中國科學院學部委員。

1954 年京師大學堂同學在北京中山公園合影，前排左 2 胡先驌、9 秉志（摘自胡宗剛編纂《胡先驌年譜長編》

2 月，《種子植物分類學講義》印數 1500 冊，中華書局出版第 2 版。著者認為：「種子植物分類學講義，胡先驌著。一九五一年中華書局出版，四百二十四頁，無圖。此書乃按作者所發表的被子植物的一個多元的新分類系統所編著。一部分照赫經生的系統，但基本概念與之不同。科的性質描寫後，對於中國所有的種子植物的亞科與族都有描寫，屬亦有簡短扼要的描寫，並舉有中國原產習見的若干種的學名，以及重要的經濟植物。」〔註 2363〕

〔註 2363〕 胡先驌著《植物分類學簡編》，高等教育出版社 1955 年 3 月版，第 416～417 頁。

《種子植物分類學講義》

　　1951 年，為解決新中國成立後高等學校生物系教學缺乏中文版教材的問題，胡先驌將他在 30 多年執教高等植物分類學中使用的自編講義，經過修正編寫出了《種子植物分類學講義》一書。該講義最初是以英國人哈欽遜（J. Hutchinson，1884～1972）的《有花植物科誌》為藍本，他結合自己獨創的《被子植物一個多元分類系統》，對目與科的排列，作了重大的變更。他還注意利用中國人自己研究的材料，增加了裸子植物各科的內容。在科的描寫中，他補充了在中國分布的重要種屬，從而使該書的內容更為豐富和完善。〔註 2364〕

上海茂名北路升平街 41 弄 26 號一樓，夏祖武，夏菲，胡啟坤，胡啟超，胡棣，夏祖禹

〔註 2364〕馮永康著《緬懷中國現代生物學的開山宗師胡先驌──寫在國立大學第一個生物學系創建 100 週年之際》，2021 年 10 月 8 日。

4 月 18 日，胡先驌致金兆梓信函。

　　芑庵學兄惠鑒：

　　　茲寄上《經濟植物學》二十二章、又三十二至三十七章，約共一萬二千字，收到後請即將稿費寄下，以應急需。又寄上《種子植物分類學》修改校樣一頁，凡因筆字下，有雙橫線者，請即照樣將紙型挖補，此後之一頁，挖補紙型功竣後，不知尚須有若干。只能出版，便乞告之為荷。

　　　此頌

　　時綏

　　　　　　　　　　　　　　　　　　　　弟　胡先驌　拜啟

　　　　　　　　　　　　　　四月十八日（約 1954 年）〔註 2365〕

1954 年 4 月，胡先驌在上海科技圖書館（明復圖書館）水杉樹前合影，胡德熙攝

〔註 2365〕胡啟鵬輯釋《胡先驌墨蹟選》（初稿），2022 年 2 月，第 108～109 頁。

1954 年在上海復興公園，前左起：夏祖武、夏茜、夏祖禹；後胡先驌、胡昭文

4 月，在上海科技圖書館門外的水杉樹前合影留念。

　　先翁於 1954 年春到南昌講學，經上海返京。他除在公園和我們拍照外，還在上海科技圖書館門外的水杉樹前與秉農山、任鴻雋二位老伯合影留念。1956 年秋和 1957 年夏天兩次到南昌講學，1957 年的那次又上廬山。過上海時，除拜訪親友，接待來客，還和我們談他工作計劃研究心得，當談到國家 12 年科學規劃時，高興、興奮，滿面笑容的情景宛如昨日，這是我們最後一次見到他老人家。〔註2366〕

著《經濟植物學》

〔註2366〕 符式佳著《緬懷先公翁胡先驌》。胡啟鵬主編《撫今追昔話春秋——胡先驌學術人生》，北京燕山出版社，2011 年 4 月版，第 385 頁。

　　4月，著《經濟植物學》，43.1萬字，印數1500冊，中華書局第2版。著者認為：「經濟植物學，胡先驌教授所著。一九五三年中華書局出版，五百四十二頁。此書凡一百十二章，對於農藝、園藝（花卉除外）以及工業用植物廣泛搜羅，作極詳盡的記載，對各種植物的利用，亦有詳細的敘述，乃植物分類學及農業工業工作者極重要的參考書。」〔註2367〕

　　4月，馮國楣、馮漢英編著，胡先驌、蔡希陶校訂《雲南的造林樹》，中國科學院植物研究所丙種專刊2號，中國科學院植物研究所編輯、中國科學出版。內容提要：本書一共敘述了一百種雲南常見而重要的造林樹種，每種都簡要地敘述了該種植物的學名和通俗、特徵、性狀、用途以及分布情況，全文公約十萬字，每種均附有一個插圖。本書可以作為林業、農業工作者以及生物學工作者的參考書。

馮國楣、馮漢英編著，胡先驌、蔡希陶校訂《雲南的造林樹》

　　4月，譯、A.Л.塔赫他間著《高等植物系統的系統發育原理》，科學譯叢，植物學：第1種，3.65萬字，共54頁，印數5200冊，中國科學院初版。正文前有內容提要。譯者認為：「高等植物系統的系統發育原理（филогенетичоскио Осионювы Системы Высших Растении），此論文為蘇聯列格勒大學塔赫他間教授（A. П. Тахтаджян）所著，一九五〇年在蘇聯植物學報（Ботаничоскии Журнал）第36卷第2號發表，胡先驌譯，一九五四年四月中國科學院出版。此論文總結近三十年來新形態學的研究，對於高等植物系統的系統發育原理，

〔註2367〕胡先驌著《植物分類學簡編》，高等教育出版社1955年3月版，第422頁。

有卓越的貢獻，對於高等植物親緣系統的研究，有莫大的啟發作用。」〔註2368〕

胡先驌譯、А. Л.塔赫他間著《高等植物系統的系統發育原理》

本書內容提要

本書原是一篇論文，為蘇聯列格勒大學塔赫他間教授（Проф. А. Л. Тахтаджян）所著，登載於 1950 年蘇聯植物學雜誌第 35 卷，譯者轉譯自一個英文譯本，登載於 1953 年的植物學評論，這篇論文根據著近幾十年來的形態學與分類學，尤其是近三十年來的所謂新形態學的研究，對於高等植物的分類系統的系統發育原理作一綜合的敘述與批評，並建立一個新的分類系統，內容十分豐富而精到，為大中學各級學校教授植物學必不可少的參考書。

《豆科圖說》

〔註2368〕 胡先驌著《植物分類學簡編》，高等教育出版社 1955 年 3 月版，第 413 頁。

6月，共同完成《豆科圖說》一書。

中國科學院植物研究所編輯《中國主要植物圖說——豆科》，該科編寫完成，共收錄 791 種，包括栽培、野生和有經濟價值的種類，分隸 120 屬，書中有科、亞科、種、變種的記載，並有亞科、分屬和分種檢索表，有圖 704 幅。其中自繪 368 幅，轉載他書 294 幅，翻拍照片 42 幅。翻拍照片來自秦仁昌在國外所拍植物標本照片。參加編寫人員還有匡可任、吳征鎰、胡先驌、黃成就、張肇騫、崔鴻賓、傅書遐、楊漢碧、鄭斯緒、戴倫凱，參加繪圖有朱蘊芳、張榮厚、馮晉庸、劉春榮、蔣杏牆等。《豆科圖說》於 1955 年 12 月由科學出版社出版。〔註2369〕

《中國植物科屬檢索表》（上）

6 月，中國科學院植物研究所編輯《中國植物科屬檢索表》（上），（原載植物分類學報，1953 年 11 月第 2 卷第 3 期，第 173～338 頁，單行本），26.4 萬字，印數 3100 冊，中國科學院初版。該表包括中國高等植物 395 科，其中苔蘚植物 106 科，蕨類植物 52 科 197 屬，裸子植物 11 科 41 屬，被子植物 226 科 2946 屬。

本書中所載植物各大類記載綱要

（各門根據 Engler Diels：Syllabus der Pflanzenfamilier，11 版，1936 的系統）

〔註2369〕 胡宗剛、夏振岱著《中國植物誌編撰史》，上海交通大學出版社，2016 年 9 月版，第 60 頁。

第十三門　頸卵器植物門 Arechegoniatae 不具花，雌性繁殖器官為頸卵器。

第一亞門　苔蘚植物亞門 Bryophyta（本書未收）小形植物；孢子世代不顯著，僅為孢子囊，寄生配子體上；不具維管束；配子世代顯著，多具莖及葉，即普通所見者。

第二亞門　蕨類植物亞門 Pteridophyta（本書第一篇）草本，很少為木本；孢子世代顯著；有真的根，莖有維管束；配子世代為原葉體，卵位於瓶形的頸卵器中，精子產於精子器中。

第十四門　具管有胚植物門 Embryophyta Siphonogama（本書第二篇）有花，有種子。

第一亞門　裸子植物亞門 Gymnospermae 胚珠裸出，不為子房所包被；花單性，罕為兩性。

第二亞門　被子植物亞門 Angiospermae 胚珠包被於子房之中；花通常有花被，單性或兩性。

第一綱　雙子葉植物綱 Dicotyledoneae 胚通常有子葉兩枚；莖具無限維管束；葉通常有網狀脈，花通常不為三基數。

第二綱　單子葉植物綱 Monocotyledoneae 胚只有一個子葉；莖具有限維管束；葉經常有平行脈；花通常為三基數。

第一篇　蕨類植物

第一章　中國蕨類植物綱目科記載綱要（胡先驌、傅書遐）

I. 石松綱 Lycopodiinae

1. 石松綱 Lycopodiaceae

2. 卷柏科 Selaginellaceae

3. 水韭科 Isoetaceae

II. 松葉蘭綱 Psilotinae

4. 松葉蘭科 Psilotaceae

III. 木賊綱 Articulatae

5. 木賊 Equisetaceae

IV. 蕨綱 Filicinae

A. 真囊蕨亞綱 Eusporangiatae

（1）瓶爾小草目 Ophioglossales

6. 瓶爾小草目 Ophioglossaceae

（2）觀音座蓮目 Marattiales

7. 觀音座蓮目 Maratticeae

B. 真囊蕨亞綱 Leptosporangiatae

a. 真蕨目 Eufilicales

8. 紫萁科 Osmundaceae

9. 海金砂科 Schizaeaceae

10. 裏白科 Gleicheniaceae

11. 苔蔥科 Hymenophyllaceae

12. 鳳尾蕨科 Pteridaceae

13. 水蕨科 Parkeriaceae

14. 骨碎補科 Davalliaceae

15. 瘤足蕨科 Plagiogyriaceae

16. 桫欏科 Cyatheaceae

17. 叉蕨科 Aspidiaceae

18. 烏毛蕨科 Blechnaceae

19. 鐵角蕨科 Aspleniaceae

20. 水龍骨科 Polypodiaceae

21. 書帶蕨科 Vittariaceae

b. 水生蕨目 Hydropteridales

22. 蘋科 Marsileaceae

23. 槐葉蘋科 Salviniaceae

第二篇　具管有胚植物（種子植物）

第四章　種子植物分目科記載綱要

第一節　中國裸子植物各目科記載綱要（胡先驌）

第十四門　具管有胚植物門 Embryophyta Siphonogama

第一亞門　種子植物亞門 Gymnospermae

（1）蘇鐵目 Cycadales

1. 蘇鐵科 Cycadaceae

（2）銀杏目 Ginkgoales

2. 銀杏科 Ginkgoaceae

（3）松杉目 Coniferae

  3. 紫杉科 Taxaceae

  4. 羅漢松科 Podocarpaceae

  5. 粗榧科 Cephalotaxaceae

  6. 松科 Pinaceae

  7. 杉科 Taxodiaceae

  8. 柏科 Cupressaceae

（4）倪藤目 Gnetales

  9. 麻黃科 Ephedraceae

  10. 倪藤科 Gnetaceae

第五節 中國雙子葉植物分科檢索表（胡先驌）

（內容略）

第六章 中國種子植物分屬檢索表

第八節 中國雙子葉植物分屬檢索表上、離瓣花區各科

第十八科 樺木科 Betulaceae（胡先驌）

第十九科 山毛櫸科 Fagaceae（胡先驌）

第三十科 馬兜鈴科 Aristolochiaceae）（胡先驌）

第四十七科 木通科 Lardizabalaceae（胡先驌）

第四十八科 小檗科 Berberidaceae（胡先驌）

第五十科 木蘭科 Magnoliaceae（胡先驌）

第八十二科 楝科 Meliaceae（胡先驌）

第九十九科 查茱萸科 Icacinaceae（胡先驌、劉玉壺）

第一〇八科 椴樹科 Tiliaceae（胡先驌）

第一一五科 山茶科 Theaceae（胡先驌）

第一一六科 Guttiferae（胡先驌）

第一三一科 瑞香科 Thymeleaceae（胡先驌）

第八節 中國雙子葉植物分屬檢索表下、合瓣花區各科

第一五九科 山欖科 Sapotaceae（胡先驌）

第一七七科 胡麻科 Pedaliaceae（胡先驌）

第一七八科 列當科 Orobanchaceae（胡先驌）

第一九二科 山羊草科 Goodeniaceae（胡先驌）

正文後有編輯例言。

編輯例言

編輯緣起　1950年8月中國科學院召開植物分類學專門會議，做出決議從速編纂中國植物科屬檢索表。1951年夏中國植物學會全國代表會議時又經提出，本所因於1931年10月分發函件請全國各地植物分類學工作者分別擔任，承各地專家熱烈響應，並盡先寄下稿件。1952年本所同志參加偉大的「三反」運動及思想改造運動，科屬檢索表的工作進行遲緩。1953年因本所重視此項工作，又因全國各地工作同志們的共同努力，本書得以完成初稿。

參加工作人員　參加本書編纂工作共有39人，分列如下：

陳煥鏞、侯寬昭、張宏達、何椿年（廣州中山大學植物研究所）

陳嶸（北京中央林業部林業科學研究所）

蔣英（廣州華南農學院）

耿以禮、耿伯介（南京大學）

方文培（成都四川大學）

曾勉（南京華東農業科學研究所）

孫雄才（南京華東藥學專科學校）

徐祥浩（廣州華南師範學院）

陳立卿（桂林雁山廣西農學院經濟植物研究所）

馬毓泉（北京大學）

錢崇澍、林鎔、張肇騫、吳征鎰、胡先驌、郝景盛、汪發纘、唐進、俞德濬、鍾補求、匡可任、崔友文、傅書遐、王文采、黃成就、劉瑛、呂烈英、湯彥承、馮家文、崔鴻賓（中圖科學院植物研究所）

裴鑒、單人驊、周太炎、劉玉壺（南京中國科學院植物研究所華東工作站）

陳封懷（江西牯嶺中國科學院植物研究所廬山工作站）。

內容　本書就中國所有的高等植物（包括蕨類植物及種子植物）各科屬，作科的記載綱要，分科分屬的檢索表。

地區　所收各科屬都是中國各地有記錄的。地理區域是指中華人民共和國全部領土，因各科作者多年工作範圍和性質的關係，及我國邊疆各地植物調查未周，所以新疆、西藏、臺灣等地的種類或

有遺漏，自所難免。

　　排列系統　蕨類植物按照 Copeland 的系統，種子植物按照 Engler et Diels，Syllabusder Pflanzenfamilien，第十一版，1936 年，本書所以用這兩個系統，並非說我們認為這兩個系統最合理，僅僅因為這兩個系統都發表了全世界全面的科屬全誌，便於利用的原故。

　　文獻　本書內容除少數是經專家作過專誌性的研究而摘出者以外，大多數是根據文獻編譯而成。主要的文獻是：Copeland，Genera Filicum，lq47 Engler et Prantl，Dienaturlichen Pflanzenfamilien，第一版、第二版；Lemee，Dictionaire descriptive et synonymique desgenres de plants phanerogames，卷 1 至卷 8；Willis，A dictionary of the flowering plants and ferns，第七版；胡先驌，中國植物誌屬，1925，英文未刊稿。其餘零星書志，因限於篇幅，不能一一備載。

　　名稱　本書因係手冊性質，其同物異名僅選擇最重要的或中國特產的，予以收入。

　　中名儘量收入，有一時尚無法查到和未有妥善中名的暫缺。中文科名各家譯名也有不同的，會經本所一部分同志集體討論，採取一個我們認為較合適的使用。種子植物的中文屬名正由中國科學院編譯局召開會議審訂中，將來該項中名公布後應以之為準，本書現使用的屬名，仍是由各科著者自行採用的；又蕨類植物屬的中名，大都採用秦仁昌教授的意見。

　　栽培植物僅收入最普通的及順化的。

　　名詞　科學名詞翻譯是根據中國科學院編譯局編訂的種子植物形態學名詞，1953 年商務出版，該書未牧而新譯者附以原文。

　　本書因為是集體工作的嘗試，且交稿匆忙，內容的工作水平很不一致，名詞翻譯因科學院編訂的名詞出版在本書付印期中，未能一一請各位作者按照公布的名詞改正。初稿完成前經本所一部分同志集體審查；做了一些必要的修改，因時間關係，各問題未能一一妥善解決，其餘缺漏錯誤想必甚多，希望各地讀者在使用中發現問題，隨時通知，以便在再版時修正。

中國科學院植物研究所

1954 年 3 月 10 日

《中國植物科屬檢索表》（下）

　　6 月，中國科學院植物研究所編輯《中國植物科屬檢索表》（下），（原載植物分類學報，1953 年 12 第 2 卷第 4 期，第 39～470 抽印本），30.9 萬字，印數 2020 冊，科學出版社初版。正文後有編後記。譜主認為：「中國植物科屬檢索表，中國科學院植物研究所主編，全國植物分類學工作者集體合著。一九五三年十二月與一九五四年五月分兩期在植物分類學報第二卷第三四期發表，共三六三頁，另有單行本。此書首次將中國原產的蕨類及少數習見栽培植物凡二百三十二科三千除屬作成檢索表，實為治植物分類學最重要的參考書。」〔註 2370〕

編後記

　　自近代植物學引入中國以來，已有三十年歷史，直至今日有走上發展的正當軌道。現在各植物學工作者，在共產黨、毛主席和人民政府的英明領導之下，都向著理論與實際相結合的新道路邁進，這與以前植物學工作者孤芳自賞，抱殘守闕的風氣，已迥然不同了。中國植物科屬檢索表的寫作，正反映著向這條新道路的轉變，因為這是合乎今日實際所要求的。其理由如下：（一）要作任何植物學的研究，首先必須正確認識植物的種類。植物的性質隨植物種類而不同，研究的對象若不確切不移，則所得成果要用之於實際中，不冤張冠李戴，豈特不如所期望，且往往因錯誤而得相反的結果。今日

〔註 2370〕　胡先驌著《植物分類學簡編》，高等教育出版社 1955 年 3 月版，第 416 頁。

各部門的植物學在新的方針下，正在開始發展，則鑒定植物種類書刊的需要，又與日俱增了。（二）中國地大物博，植物資源的豐富，可以說勝於任何國家。總路線的光輝照耀下，我們當國家正進行生產建設，各方面對於我國植物資源的調查搜求，也正在開展之中，鑒定植物種類的著述，各方面的期望、甚為殷切。（三）工、農、林、牧幹部在實際工作中時時需要知道植物種類以改進業務，而常苦沒有適當的書籍可用。各級學校又廣泛地需要，如手冊、檢索表一類的分類書籍，以滿足教學和研究的要求，就上述幾個例子來看，我們這個科屬檢索表的編纂，是適應各方面的需要而進行的。

這種形式的檢索表，事實上是為各方面所早經需要的，而在我國植物分類學的研究進行最早，人數亦最多，何以從前沒有這類刊物之出現？回答得都很簡單，就是以前的植物學研究是與實際脫節的；第二個原因是以前的植物學工作者著重於個人研究，對於羣眾的需要熟視無覩，且滿足於離羣索居，關起門來獨自工作，雖有些工作是少數幾個人合作的，然亦只限於一、二個人，集體工作的名詞對於他們來說是新鮮的，甚至於是從未理會到的。故三十年來在植物學範圍內，還沒有一部著作，是經大家共同來做，以供廣大的需要。中國植物誌的編纂，早經有人擬議大家來合作，但在反動政府時代，沒有集體工作的條件，始終不能進行。人民革命勝利之後，人民自己掌握了政權，由於社會的革新的轉變，時代的薰陶，我們的觀點轉變了，我們的確從舊的樊籠中解放出來了，集體合作的條件也已具備而成為完全可能了。這個可能就表示在科屬檢索表的成功上。這檢索表是由大多數植物分類工作者集體合作而成，這在植物學範圍內是一個創舉，不問這工作內容的優劣如何，單就這工作的方式和規模而言，是值得我們興奮的。

科屬檢索表的缺點當然是很多的，最顯著的是我們在安排這工作之初，缺乏集體工作的經驗，故在計劃和方式上，沒有經過多數人集體詳細討論，缺乏統一性。在編纂中執筆者有不少科屬專家，自他們經驗中做出表格，自然合於實用，但也有不少科屬是從書籍上採取來的，在實用上不甚適合。其他在地區分布及名詞上也不統一。尚有其他缺點，在例言上——舉出。此皆就所見到的而言，其

他未兄到的錯誤之處亦必不少，因這是初版，缺點是少不了的，但各方面需要甚切，所以就先發表了。出版以後，經過各方面的應用，必能指出錯誤之處，所整用者隨時給與批評和指正，使這書漸臻完善，不勝幸甚。

錢崇澍 1953 年 12 月 15 日

第八屆國際植物學大會

是年，第八屆國際植物學大會在法國巴黎召開，有代表 2548 人。

《種子植物名稱》

　　6月，種子植物名稱審查小組成員，負責種子植物名稱審查工作。《種子植物名稱》序例中記載，中國科學院編譯局為了統一學術名詞起見，曾根據中國科學院植物研究所的初稿，油印分送有關各方面徵求意見。嗣經政務院文化教育委員會學術名詞統一工作委員會自然科學組參照中國植物學會的建議，聘定匡可任、吳征鎰、林鎔、胡先驌、唐進、夏緯瑛、耿以禮、郝景盛、陳嶸、裴鑒諸同志負責審查，並由黃瑾同志擔任整理。在集體審查期間，植物研究所資料室馬士偉、張育敏二同志曾參加工作。本編審查工作雖經多次綜合意見，逐條討論，但遺漏與不妥之處仍恐難免，希望各方多提意見，以便於再版時續予補充修正。種子植物名稱審查小組謹識。

1954 年 10 月 25 日，中國科學社 40 週年紀念大會留影，二排左 9 秉志、三排左 9 胡先驌

　　6月，撰《裘文達公詩翰合冊》跋。

　　　　清雍乾二朝，號稱盛世，名臣輩出，而風流儒雅獨推裘文達公。時論有天仙化人之譽，其夫人亦特蒙宮廷寵眷，閭巷播為美談。政績以治河為最，相傳公臨終時自言：將為燕子磯水神。後人至形諸歌詠。平生有善書之名，見「國朝書人輯略」。伯弓姻長，客京都，得公與鄉先達楊勤愨公為高文端公祝壽詩冊囑為題跋。伯弓克紹箕裘，舊學淹貫，與驌有同硯之誼，今將赴長春講學，特致數語以歸之，聊申景仰先賢之忱，亦以為五十年來，萍蹤離合，略記鴻爪爾。

　　　　款識：丙申六月同邑後學胡先驌識於都門。

　　　　鈐印：胡先驌印（白文）。

　　　　（胡宗剛先生提供）

【箋注】

胡先驌跋語寫於 1954 年，係受裘曰修後人裘伯弓所請。

9 月 9 日，胡先驌致金兆梓信函。

芑庵學兄惠鑒：

久未奉訊為念，前曾面談及門人唐燿博士所著《中國森林資源》一書，今得其來函，云：全稿已經整理就緒，意欲付印，並賣稿。此稿驌曾讀過，編纂極佳，並有極佳之圖表，全書約十萬餘字。唐博士為中國淹（淵）博之木材專家，學問遠在梁希之上，手創林墾部木材實驗館，並主持十餘年。此書真為一權威著作，如中華（書局）欲買其稿，弟可函彼逕寄。吾兄請示復為荷。

專頌

秋綏

弟　胡先驌　拜啟
九月九日〔註 2371〕

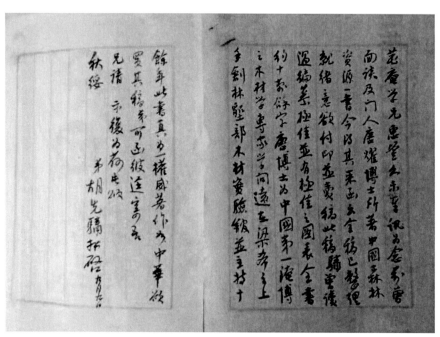

胡先驌致金兆梓信函

〔註 2371〕 胡啟鵬輯釋《胡先驌墨蹟選》（初稿），2022 年 2 月，第 110～111 頁。

9 月，為《經濟植物手冊》作序。

我國地大物博，植物資源較任何同等面積的國家所有的為多。我國的農業與醫藥從遠古的時代便十分發達；我國的森林樹種亦比任何溫帶國家為多，至於美麗的花卉之多，可證以歐美各國流行的「沒有中國花卉便不成一花園」這一句話。我國古代的植物農林醫藥書籍亦有不少，但是現在還缺乏全國性的經濟植物手冊這一類的書籍。

多年以前，陳嶸教授曾刊布了一部「中國樹木分類學」為學森林的一本重要參考書。崔友文先生最近刊布了一部「華北經濟植物誌要」，作者亦刊布了一部「經濟植物學」，這三部書雖都是重要參考書，但都有它們的局限性，不夠全面。

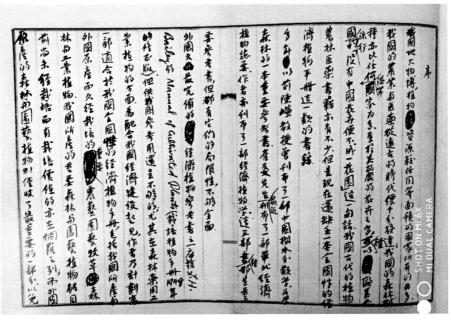

《經濟植物手冊》作序文

為了配合我國經濟建設起見，作者乃計劃寫一部適合於我國全國性的經濟植物手冊，包括我國所產與外國原產而久經栽培的重要農藝、園藝、牧草、森林與工業原料植物。我國所產的重要森林與園藝植物，雖目前尚未經栽培而有栽培價值的亦在綱羅之列；而外國原產的森林與園藝植物則僅收了最重要的一部分，以免篇幅過大，增加讀者的負擔。

　　本書包括重要的蕨類植物與種子植物的描述，先載有一分科檢索表，在每一科下有分屬的、與每一屬下有分種的檢索表。在每種之下，首列中文名稱，次列拉丁文學名，繼則有本種植物的形態特徵、分布與用途的簡要描述。科的排列次序，為方便計，除蕨類植物是採用 Copeland 的「Genera Filicum」所用的分類系統外，種子植物則大體是用 Engler-Diels 的「Syllabus der Pflanzenfamilien」1936 年版書中的系統，除將單子葉植物各科置於雙子葉植物之後外，只有少數的科有變動。

　　各種植物的形態特徵的描述，除一部分是從該種植物的臘葉標本作直接的描述外，大部分轉錄自重要的參考書或該種植物的原始拉丁文描述，一部分錄自本人的手稿，總期正確無訛。

　　寫這麼一部大的書，工作是繁重的，其去取之間是大可以商量的；不經意的錯誤亦在所不免，但有些植物的學名的改訂具有充分的理由和根據，若有真正的錯誤，希望讀者不吝指教，以便在再版時修正。

　　　　　　　　　　　　　　1954 年 9 月胡先驌序於北京

11 月，為《植物分類學簡編》作序。

　　因為想供給植物分類學以一中文本的教本，著者在一九五一年刊布了一部種子植物分類學講義。此書大體取法於赫經生（J. Hutchinson）的有花植物科誌（Families of Flowering Plants），將所有的被子植物各科完全敘述，而加上裸子植物各科，共計三百六十一科。在科的描寫之外，再按其需要，對於亞科與族以及中國產的重要屬，亦有簡短的鑒別性的描寫，再加上第一篇花之分析，基本原理，共九章，以為教導初學之用。

　　在中國尚無適當的植物分類學的教本時，此書是能供給其需要。然其缺點，在於材料過多，不但中國所不產的各科，沒有時間講授，而且亦不必講授；便是中國所產的各科，亦沒有時間完全講授。因此我的門人四川大學植物學教授方文培與西南師範學院植物學教授戴蕃瑨，聯名函請作者再寫一部植物分類學簡編，以供師範學院與農林學院教學之用，並供中學植物學教員以及農林幹部參考之用。這便是編寫此書的動機。

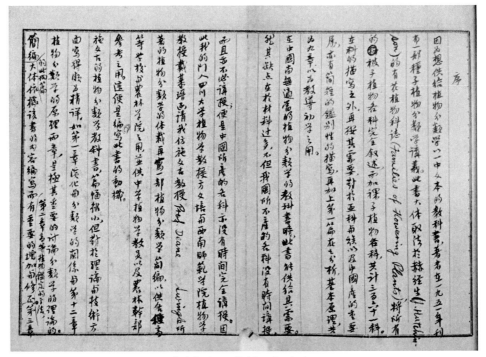

《植物分類學簡編》作序文

　　此書因為以教學為目的，故對於理論與技術方面寫得更詳些。
如第一章演化與分類學的關係與第十二章植物分類學的原理兩章，
是極其重要的討論植物分類學的理論的。而第二章高等植物鑑定的
方法，第三章標本室的建立；第四章植物分類學的術語；第十一章
命名；這四章是討論採集鑑定描寫植物與為植物命名的一切技術的。
第五章苔蘚植物與蕨類植物兩章，則是照蘇聯的學制而添寫的。因
為苔蘚植物甚少經濟價值，故寫得較為簡略，真苔目的五十餘科皆
未分別敘述。但蕨類植物則有較大的經濟價值，而且我國一般的植
物分類學家對於此項植物都少有研究。故在此書中敘述特詳。蕨綱
的十八個科皆按柯潑侖特（E. B. Copeland）的新分類系統有詳細的
描寫，並介紹中國所有的重要屬，同時有多幅精圖。如此初步講授
蕨類植物的困難，便可以解決了。在第八章裸子植物各科、第九章
雙子葉植物各科與第十章單子葉植物各科，一共敘述一百個科，皆
是中國所產或所栽培的富於經濟植物種的科。在某些科中尚述及亞
科，族，以及重要的屬與種。故所敘述的科雖為數不過種子植物分
類學講義中所敘述的四分之一，但重要的科大多數都有了。第十三

章植物分類系統對於重要的分類系統有詳細的介紹與評論，這對於瞭解各家分類系統的內容與優劣是有益的。第十四章植物分類學文獻初次將關於研究植物分類學尤其是關於研究中國植物的分類的文獻介紹於讀者，這是有助於治此學的人們的進修與建立小規模的植物分類學的圖書室的。

此書在各方面看來，可以算是一本很適當的參考書，亦可用作大學植物分類學的教本，同時亦可用作師範學院與農林學院的植物分類學的教本。但在某些情形下，這書的分量可能尚嫌過重，執教者可以斟酌與以減損。若時間不夠或教學的要求不高，則關於討論植物分類的理論與技術的各章，可以只作簡略的介紹，而多著重蕨類植物與種子植物百十餘科的描述。若再有減損的必要，則可略去若干本地區所無的植物科不講，這便全靠教師們的靈活運用，而是不能預先說及的。

中國科學院植物研究所副所長林鎔教授曾將此書原稿全部校閱一遍，並提出甚多寶貴意見；北京師範大學生物系武季許教授亦曾閱讀過此稿的一部分，指出若干須加修正的地方；特此致謝。

一九五四年十一月著者序於北京寓齋

12月，《水杉水松銀杏》文章在《生物學通報》（12月號，第12～15頁）雜誌發表。摘錄如下：

《生物學通報》雜誌

　　偉大的祖國，確是地大物博，植物種類更是異常豐富。我國的領土北接蘇聯和蒙古人民共和國，南到南海的備島嶼，如海南島、西沙、中沙、南沙群島，東西相距亦有萬餘里，有寒、溫、熱三帶的氣候。而當第四紀冰川時代，冰川又不甚發達，在植物南遷時全境復無大海或沙漠為之阻隔，所以古代植物遺留的特多，這些就是所謂「孑遺植物」，又可稱為「活化石」。中國早已發現的活化石，並非少數，有些雖有極高的科學理論價值，但最著名的便是水杉、水松與銀杏。三者之中尤以水杉最為有名，因為它有一極有趣味的歷史。

《水杉水松銀杏》文章

一、水杉

　　在 1941 年冬天前中央大學森林系干鐸教授等由湖北西部走到四川萬縣的磨刀溪（又名謀道溪），看見路旁有一株落葉的松杉類大樹，當地人稱為水杉。干教授極為注意，當時以葉已盡脫落，未能採得標本。第二年他託萬縣高級農業職業學校校長楊龍興採得枝葉標本，亦未能鑒定為何種植物。1944 年夏間前農林部王戰為了赴鄂西神農架調查森林，經楊龍興的建議，由萬縣、恩施以入鄂西，並

請其注意磨刀溪的水杉。王戰經過磨刀溪時採得水杉的枝葉標本與果實，先鑒定為水松（Glyptostrobus pensilis Koch）。1945 年夏天，王戰曾託吳中倫以這種水杉標本的一個小枝與兩個果實交給前中央大學森林系教授鄭萬鈞鑒定。鄭教授以為此標本枝葉雖似水松，但其葉對生，毬果鱗片盾狀，而交叉對生，認為一定不是水松而為松杉植物中一個新屬。1946 年 3 月及 5 月前中央大學森林系技術員薛紀如兩次赴磨刀溪採得花及幼果標本，對於它的形態特徵更為明瞭，乃將枝葉花果標本寄請筆者覆查。經筆者研究後才知道與日本大阪大學三木茂教授（S. Miki）在 1941 年根據日本的兩種化石植物在《日本植物學雜誌》11 卷 261 頁所發表的 Metasequoia 屬的形態相同，乃確定這種植物屬於 Metasequoia 屬（即水杉屬），由胡、鄭二人命名為水杉，其學名是 Metasequoia glyptostrobaides Hu et Cheng。

　　……

　　水杉的形態，尤其以它的落葉特性與葉的形態甚似我國的水松（Glyptostrobus）與北美洲的落羽杉（Taxodium）兩屬。它與前者不同處，在水松的果鱗為覆瓦狀排列，而水杉的果鱗則為盾狀排列；水松的葉有二型，鱗片狀與針形，互生，而水杉的葉則為一型，線形，對生。它與後者不同處，在落羽杉的葉為互生，針形或扁平而果鱗螺旋狀排列。在花與果以及木材的性質上，水杉又與北美洲的紅杉（又名紅檜檜 Sequoia）相近似，但紅杉與水杉的不同處，在其葉為常綠而互生，果鱗則為螺旋狀排列。

　　水杉、水松與落羽杉及紅杉皆相類似，亦皆有親緣關係。在中生代白堊紀，水杉、水松與落羽杉皆是發源於北極附近的，且其細胞內的染色體的數目同為 22，當可證明它們之間有密切的親緣關係。而紅杉則發生在第三紀，為期較晚，其細胞內的染色體的數目為 66，證明它可能是從水杉以增加細胞中的染色體的倍數演化而來，因為生在溫帶，其葉獲得了常綠性。

　　水杉在中國分布的地區較為狹窄。最初發現於四川萬縣東部的磨刀溪，計有 3 株，最大的 1 株生於溪邊廟側，高至 33 米，靠近地面樹幹腫大，直徑 3.3 米，這性質與北美洲的落羽杉相似，胸高直徑為 2 米，此為模式標本樹。其他兩株較小。在四川境內所知道的僅

有此 3 株。1947 年中央大學森林系助教華敬燦前往水杉產區採集水杉種子，並調查其分布，在湖北利川縣境內發現大小樹約 1000 株（近聞湖南西部也有發現，惟未得詳細報導），大的約有 100 株，高的至 30 米，胸徑 1.3 米，散生於溪邊、田邊，或生於山坡之上。據現在所知，水杉的分布北起四川萬縣南至湖北利川水杉壩，方廣約 800 方公里，其垂直分布自海拔 800～1050 米之間，其產地的天然環境為雨量充足，氣溫亦高，夏季涼潤，冬季多雪而不嚴寒，與杉科（Taxodiaceae）的杉屬（Cunningharnia）與柳杉屬（Cryptomeria）的產地天然環境相同，故同為華中一帶高地的樹種。若種植在盧山、黃山、天目山、天台山、貴州的梵淨山、四川的峨嵋山、湖南廣東交界的莽山等處，在海拔 1000 米上下之處，都可以生長繁茂。近年在北京試種甚至在冬季也可在室外過冬了，不過在幼齡時需要保護。在南方如廣州則生長極為迅速了。

水杉為我國特產偉大松杉植物之一，又為「活化石」。就此一點而論，便有莫大的科學價值。其幼年枝葉扶疏，為優美的風景樹，其牲喜近水，若種在長江中下游湖濱與河邊，既可為風景樹，又可大量推廣造林，以增生產而保護河堤湖岸。水杉在前 30 年生長頗速，在南方數年即高至丈餘，可專造林以為木造紙原料。其木材較軟，不耐水濕，故不宜作柱，但作為室內裝修材料，仍不失為上等良材。水杉的最高年齡據最近所知為 600 歲。

水杉除其本身價值外，最有趣者為其歷史。在一萬萬年前的白堊紀地層中，在歐、亞、北美三洲，皆已發現很多水杉化石。水杉的分布區域是很廣的。因為在那時代的世界上的水陸的分布情形同現在是不一樣的，在白堊紀時，歐亞大陸與北美洲的西部為一大阿留申陸地所連接，亞洲有一大部分在海底，在東半球有一特西士海（Tethys Sea）包括地中海、非洲北部、歐洲大部分及西藏、阿富汗、伊朗、馬來亞與中國南部，並將印度分割為二，由於北大陸的連接，所以水杉易於廣布於北半球各處。

發源於北極第三紀植物群，在第三紀是分為三路自北極南下的：一為亞洲東部，一為北美洲西部，一為北美洲東部。在當時歐洲的西部受著暖流的影響，氣候極暖，一般的植物是屬於有常綠革質葉

的始新世植物群，在中新世的時候，亞洲的東部與北美洲的西部與東部的主要植物乃與水杉並生的落葉植物群。到了中新世末期，北美洲西部的氣候起了重大的改變，變成夏旱而冬雨的地中海氣候，所以落葉性的水杉以及其他的落葉樹都趨於滅亡，只是變為常綠的紅杉乃將其祖先水杉取而代之了。而墨西哥高原與智利系統的常綠闊葉樹亦成為今日北美洲西部的主要植物群。這種植物區系的變化使起源自北極的三個兄弟屬水杉、水松與落羽杉分道揚鑣，各奔前程。水杉與水松發展到中國，水杉留在華中，水松則遠徙華南；而三種落羽杉則走向北美洲南部與墨西哥。

水杉在發現之後，便經採集了大量的種子，分送與國內及國外的 170 餘處的植物學研究機關，數年來試驗栽培的結果，證明它的適應性極大。除在溫室盆栽的不計外，它在北方可栽植在阿拉斯加，而南則可栽植在赤道以南的爪哇。爪哇最古老有名的茂物植物園（Buitenzorg Botanical Garden）的辦公大廈前便種植了兩棵水杉，鑒於水杉在溫暖的地方生長甚速的報導，這兩棵水杉一定高到 2～3 丈了。在蘇聯科學院列格勒植物園和其他的植物園中也在大量栽培著。在我國大規模育苗的為中國科學院植物研究所的廬山植物園，已育了幾萬株苗，現在將要蔚然成林了。廬山植物園曾以 3000 株讓與中南區以供栽值於公園中作觀賞樹之用，在南京中國科學院植物園中水杉亦生長得甚好，有在第三年即結實的，這是松杉植物結實最早的例子。在廣東生長亦極速，北京亦可在室外栽植。水杉可用插條法繁殖，所以為易於繁殖的觀賞樹，在今日種子與苗木都不難得到。筆者希望長江流域各省大量繁殖水杉以造林及作觀賞樹，也希望各學校各公園都栽植幾棵水杉以供觀賞之用，兼以傳播科學知識，使到處人人都可見到我國的光榮活化石，如同銀杏一樣。

二、水松

水松在新生代時，雖也分布於整個北半球，到了現在僅遺存在我國了。它與水杉相反，是一種久已知名的樹。2000 年前晉代稽含所著的《南方草木狀》便對水松有了記載；清代吳其濬所著的《植物名實圖考長編》寫道：「水松產粵東下關，種植水邊株多排種，水浸易長，葉碧花小，如柏葉狀，樹高數丈，葉清甜可食，子甚香美。」

　　水松在廣州附近河岸上栽植甚多，樹幹基部常膨大而有深槽，在羅浮山則成大喬木，在福建也是常見的。1920 年筆者在江西東北部採集植物，得見在鉛山縣峰頂寺鵝湖書院面前，種有數十株水松，高約 20 米，此為其最北的分布了。1946 年在江西臨川縣鄉村中發現有栽植的小樹。水松在鉛山一帶殊為常見，土名叫長柏，常取其多果之枝，蓋在嫁妝上，以為「多子」的象徵。它的木材不甚好，可供作柴薪用。水松的耐寒性不及水杉，故不能在長江以北種植，但在長江以南，尤以在水邊，仍為美麗的觀賞樹。

　　水松雖在科學上的重要性不及水杉，但也是一種重要的活化石，它是與水杉、落羽杉及其他的落葉闊葉樹繁盛在上白堊紀的北極第三紀植物群的重要分子，亦曾分布到北美洲、歐洲與日本，不過在冰河期以後只幸存於我國南部廣東、福建一帶。可種植在溪流及溝渠的兩岸，作為保護之用，也可種植村莊的邊緣，當作防風牆。

　　三、銀杏

　　至於銀杏卻是比水杉更古的活化石，論理其在科學上的重要性，應在水杉之上，但是由於習見，也便失去了若干的珍奇性，但在外國仍然是十分重視它的。

　　銀杏又名公孫樹，又名白果，又名鴨腳（鴨腳又為一變種的名稱）。……

　　此種原產於我國東部（現分布於江蘇、浙江、江西、湖北、湖南、河南、四川、雲南、貴州、山東、河北、遼寧等省），多被砍伐，除栽培外，僅在浙江偶有野生種存在。銀杏有以下幾個變種：……

　　銀杏屬於裸子植物，為松杉類的近緣植物，但與之親緣頗遠。與松杉植物相比較，它有許多較為原始的性質。第一為葉的性質，它的葉扇形，無上下面，頂端二裂，在幼葉與裂葉銀杏，多作兩歧狀細裂，與某些化石種（Ginkgoites spp.）相近似；最重要的為其兩歧狀分叉的葉脈，這是與蕨類植物及種子蕨相類似的原始性質，而為其他的裸子植物與被子植物所無的。它的雄蕊具有分離而下垂的花粉囊，亦是一種原始性質；尤其以花粉粒萌發為花粉管後，前端破裂而釋放兩個能運動的螺旋狀有多數纖毛的精子，這仍保存了蕨類植物的原始性質，這種性質與現存的蘇鐵科植物（Cycadaceae）相

類似，但為其他的裸子植物與被子植物所無的。其胚珠的頂端在珠孔下面的有一花粉房，這亦是一種原始性質以適應能運動的精子的，這性質在現存的裸子植物中只見於蘇鐵科植物。另一種原始性質為銀杏與蘇鐵植物所共有的便是它的核果狀的種子，這種子有三層種皮，一為帶黃色的外部肉質外種皮，二為其核狀的乳白色骨質中種皮，三為其膜狀內種皮。複雜種子為原始性。種子的演化為趨於簡化；在被子植物其演化路線為果的形態的異常複雜的分化，而種子始終是簡單的。至於胚珠在發達時其內部構造所表示的原始性質此處不談了。

銀杏的歷史遠比水杉與水松為古老，它們可能發生於古生代，但無疑的是它們是中生代三疊紀的重要植物，有幾個屬與許多種曾被發現，但至今日只有銀杏一種活化石了。

銀杏與蘇鐵植物雖有重要的性質彼此相同，但沒有深切的親緣關係，它的遠祖是一群古生代上石炭紀的植物名為苛得狄樹（Cordaites）的，這類植物亦是松杉植物的近緣植物，但在今日已完全滅種了。

銀杏是富有經濟價值的大喬木，樹極高大而長壽，樹形甚美，而葉形奇特，秋季的黃葉亦極美觀，故為優美的觀賞植物及行道樹。其種子可食，在江蘇泰縣以及他處常大量栽植以供收穫種子之用。其核仁若炒熟或用糖煮，味甚美，惟食太多則可中毒，相傳食滿千個者死，故不可多食。油浸白果可以治肺病，亦能治其他的病症與殺蟲。近經好些科學家的研究，以其中含有白果醇與白果酸，有殺菌之功。其葉亦能殺蟲，日本人採葉置於稻田中以殺蟲。其木材紋理直行，結構甚細，質輕而軟，可供建築及細工用。惜生長太慢不適於造林。其花又為蜜源，當穀雨後開花時，蜜蜂雲集，惜花時只有十日，而產量又不多。

總而論之，水杉、水松與銀杏乃三種國產珍貴樹木，其歷史皆在一萬萬年左右，或更遠古，皆可種為風景樹與行道樹。水杉且可用以大規模造林，以供建築與造紙用，銀杏的種子又可食又能治病。故除水松只能種於長江以南各省外，水杉與銀杏皆宜在大江南北廣為種植。每一學校皆可種數株，使學生皆知珍愛我國寶貴的活化石，這便是科學教育與愛國教育的結合，希望從事教學工作的同志們千

祈注意此事才好。〔註2372〕

12 月，中國科學院編譯局編訂頒布，胡先驌等 10 人審訂《種子植物名稱》，中國科學院初版。書前有中國科學院郭沫若院長 1951 年 3 月寫的序文。指出，政務院文化教育委員會下設一個學術名詞統一工作委員會，分設自然科學組、社會科學組、醫療衛生、藝術科學與時建名詞五大組；每組之下，復按照科學範圍分設若干小組和分組，延聘了全國各方面專家為工作委員，分頭負責，協助進行。

編輯例言

1. 為統一學術名詞，便利今後的研究、教學、編譯圖書及初學者之用，特編訂各科名詞。

2. 各科名詞根據學術名詞統一工作委員會議決的學術名詞統一工作初步方案，分組負責進行編訂。

3. 所編訂的名詞，暫作為一種草案印行，提供學術界參考，今後將不斷改正、補充，以期達於完善。

4. 為便於查考，各科名詞正文編成中文外文對照形式；另附外文中文對照之副編。

5. 兩科以上通用名詞應依照基本學科方面所定名詞為準。如物理學與氣象學通用名詞，應依照物理學方面所定名詞為準。

12 月，對李森科偽科學理論進行批評。

中國科學院主編《科學通報》12 月號刊有羅鵬、餘名命翻譯的蘇聯《植物學期刊》編輯部的文章，題為《物種與物種形成問題的若干結論及其今後的任務》，對李森科偽科學理論進行了批駁：「這次討論之所以在李森科最初發表關於種的意見幾年以後才開始，應當歸咎於一些生物學家。他們身居科學中的領導職位，不加批評地崇拜權威，並蓄意用行政的方法和給人戴侮辱性的帽子來阻礙科學的向前發展。」〔註2373〕

〔註2372〕 張大為、胡德熙、胡德焜合編《胡先驌文存》（下卷），中正大學校友會出版發行，1996 年 5 月，第 428～436 頁。

〔註2373〕 胡宗剛撰《胡先驌先生年譜長編》，江西教育出版社，2008 年 2 月版，第 375 頁。

胡先驌譯，I. H.勃基爾著《人的習慣與舊世界栽培植物的起源》

12 月，譯，I. H.勃基爾著《人的習慣與舊世界栽培植物的起源》，科學譯叢，4.2 萬字，共 64 頁，印數 3440 冊，科學出版社初版。正文前有內容提要。

內容提要

這是英國著名老植物學家勃基爾教授於 1953 年在英國倫敦林奈學會所發表的虎克演講（Hooker Tecture）。人類栽培植物遠在史前時期，由於人類氏族的遷徙，栽培植物亦隨之移植至各地；其起源與移植的歷史，有些見於過去的研究報告，有些則頗難追尋。過去幾世紀的植物學家曾作不少研究，但仍多錯誤之處。勃基爾的這篇著作，對於研究舊世界（即東半球）栽培植物的起源，是有成績的，並且討論了瓦維洛夫栽培植物八大起源中心學說的若干缺點。這對於研究經濟植物與農學的人將與以莫大的啟發與指導。

此書可供作植物學工作者、農業工作者的參考資料。

是年，陳封懷致熊耀國信函。

耀國吾弟惠鑒：

昨介紹黎（引者注：即黎興江，中科院植物所人員，時在南京隨陳邦傑治苔蘚分類學）同志信，想渠已持信達到矣。山中想十分擁擠，大家皆忙於招待。一年之中，山上最盛之時，對研究工作不無影響。懷前三日由太湖區域調查歸來，瞭解植物分布情況。今夏

將此調查整理，擬寫一篇太湖區域植物分布，將此項材料結合盧山、黃山植物分布研究參考資料。預計九月出發（引者注：指赴黃山植物調查），由南京動身較為方便，屆時希望吾弟來寧結隊同行，藉可在此閱讀參考文獻，以為如何？鄒垣弟亦可同時來寧。

來信及紅茶樣品甚好，園中所製者與寧紅似無區別，香味可口與祁紅略有不同，但別有風味。將來可採取紅綠製法，以供大家品評，二種各有其風趣也。前將弟所作之盧山採集與胡先生，聞已轉寄旅行雜誌社矣。不知已否登載。其他稿交俞先生，亦未得何消息。近日所方忙於學部事，對此事想擱置矣。啟明弟來山想已展開名牌工作，渠所寫之稿不知已完成否？希望在山仍繼續進行，在本年底務必爭取送所付印。此篇係盧園數十年大家努力之工作，其意義非常重要，如一部分完成，可先寄來，趁懷在此未出發以前可以整理。南京氣候雖熱，但每日仍可抽出一二小時作此工作也。頃接宋輝來信，知園中工程進行情況，甚慰。亭元事不知最近已批准否？念念。

封懷十八日〔註2374〕

是年，葉恭綽作《壽胡步曾六十》詩。

余在書肆上見有《葉恭綽全集》，遂購置一部，閒時翻閱，知葉氏經歷豐富、感情細膩，以文言書之，讀來意深境遠，久久不能散去。其詩作中，有一首寫給胡先驌，一首涉及胡先驌，過錄如次：壽胡步曾六十老學渾忘歲月遷，漢牛圖譜遜精專。君為吾國植物學權威。鈎深別啟光明藏，探頤平分造化權。薪火師傳綿奕葉，藝林談往有新編。吾粵張南山先生六十歲時，曾著《花甲談往》一書。尋根衍出枝無數，好與喬松競大年。君發現孤傳於吾國之三千萬年前中水杉遺種，以之分播於全世界，此杉子孫與君之令譽均將永垂不朽。查阜西招王簡庵易、胡步曾先驌、王琴西季點、唐立庵蘭、俞平伯、潘懷素及余研談京音樂。京音樂者，乃阜西與懷素於京師智化寺，訪得宋元以來教論〔坊〕鼓吹樂之樂器、樂譜、樂工，為數百年來樂律家所未知者也。考論之餘，繼以酒食。而天津音樂學

院教務長李元慶、上海霄樂團李廷松二君復至，敘言既暢，興趣飆舉。簡庵贈余以詩，余乃次韻答之，並呈諸公。

不須換羽廢清吟，同調尤欣愜素心。入座塵談增跌宕，考原燕樂費研尋。鼓吹教坊樂屬燕樂。興懷似續群賢集，時亦暮春。息野知非惡木陰。相賞爨余琴韻好，漫驚淮海變微禽。座客多善琴歌。〔註 2375〕

1954 年冬與蘇聯專家交流，左起吳征鎰、錢崇澍、胡先驌、唐進、吳素萱（胡宗剛提供）

1955 年（乙未） 六十二歲

1 月 22 日，胡先驌致盧弼信函。

慎之先生侍席：

前奉一月十五日手教藉悉《國志集注》印行經過，將來談及亦屬一段掌故也，「整理國故」方案誠為遠期支票，或在三個五年計劃（劃）完成以後，始能議及此事。鄙意宜直寄毛主席。至郭院長處由他人轉交反較由驌代達為宜，此中緣因亦不必細述。《慎園詩文集》如數分配請以三分（份）見寄，一分（份）當珍襲，其餘二分（份）當以轉贈章行嚴與張傚彬二公。驌之文字交近年亦只此二位也。《毛

〔註 2375〕 胡宗剛著〈葉恭綽作〈壽胡步曾六十〉〉，公眾號註冊名稱「近世植物學史」，2022 年 12 月 14 日。

詩》《爾雅》之草木鳥獸之精確解答亦非易事。《管子・地圓篇》近來始由一植物學家詮釋明白。讀舊籍亦非易事。英儒李約瑟以生物化學名家近年鑽研我國之科學遺產，將成書九冊，兩冊已出版，於是知讀周秦古籍亦非無科學根柢者所能盡得其奧窔也。

　　專此敬頌

著安！

弟　胡先驌　拜啟

一月廿二日

【箋注】

　　盧弼（1876～1967），字慎之，號慎園，湖北沔陽（今仙桃市）人。現代著名藏書家、學者。早歲肄業湖北經心、兩湖書院，受教於楊守敬、鄒代鈞。後留學日本早稻田大學，攻讀政治經濟學。撰有《三國志集解》《三國志集注補》《三國志引書目》《三國志職官錄》《三國志地理今釋》等。

2月22日，胡先驌致盧弼信函。

慎之先生侍席：

　　戴君蕃豫來，攜來手教《聲調譜》、詩及《聲調淺說》，拜誦之餘，至為佩仰。聲調固為吟詩之末技，然昧於此則音節不諧協或不響亮，不但律詩如此，即古詩（尤以七古為甚）亦莫不然，淺學者無知，秋谷之誇張皆過也。得先生綜括指點，後學知其津逮矣。然古詩亦有聲調，知之者尤寡。近代詩人如胡詩廬即昧於此，故其詩暗啞，讀之令人不歡。七古除長慶體外，皆以豪岩鏗鏘，頓挫駿快，勝則音節、聲調所關尤大，偶一失檢，則如眼中著沙，刻不能忍。近代大家如張廣雅尚時有所失，他人可知。甚望先生仍隔舉示人，則嘉惠後學者大矣。改作之什視前益進，第二首一語破的，具見漁洋、秋谷皆為下乘矣。

　　先生淹貫百家，一代儒宗，耄年以吟事自娛，裒成巨軼，與章行嚴先生並為當今宗匠，鎔經鑄史，當非高適可比矣。驌自解放以來，已焚筆硯，但以從事科學著述自勵，最近始將舊譯《長生殿》稿本請一俄籍友人譯為俄文，期能問世，結習未忘，至可哂也。余不一一。

敬頌

吟綏

弟　胡先驌　拜啟

二月廿二日（1955 年）〔註2376〕

3 月，《水杉》文章在《旅行家》（第 3 期，第 20 頁）雜誌發表。摘錄如下：

我國水杉的發現，是 20 世紀植物學界的一件犬事情。因為水杉不但是一種高大的美麗的松杉類的新樹種，而且有極其漫長的歷史，它是經過北半球冰期浩劫的孑遺樹種。

水杉的發現，有相當曲折的經過。抗戰期間，森林學教授干鐸到四川萬縣磨刀溪去，看見路旁有一棵落葉的松杉類大樹，當地人稱為水杉，因為當時樹葉已脫盡，未採標本。第二年他託萬縣朋友採得枝葉標本，也未能鑒定它是何種植物。1944 年夏天，去勘查湖北西部森林的王戰在磨刀溪採到了水杉的枝葉標本與果實，他以為是產自廣東的水松。第二年他託人將這水杉的標本送給植物學教授鄭萬鈞；鄭教授證明它是一種從未發現的新種，又把水杉標本寄給筆者鑒定。筆者發現它是屬於日本三木茂教授所發表的化石的水杉的一個僅存於今日的新種；它是一種古代的孑遺植物，是一種活的化石！

我國新發現的水杉是一種落葉大喬木，高達 35 公尺，胸高直徑有 2 公尺，枝對生、斜上、開張；葉對生、扁平、窄長、成羽狀排列，在冬天連同小枝一齊脫落，這是與廣東的水松相似的；雄花序多數，成圓錐花序狀；果單生，有帶葉的長梗，果鱗交叉對生，盾狀，彷彿與柏樹的果相似；種子扁平，倒卵形，有窄翅，長 6 毫米。

水杉是一種很美麗的樹，生長迅速，小時塔形，枝瘦長，葉淡綠色，老時則大枝開張，姿態雄偉，前 30 年生長甚快，現在知道它最高的年齡是 600 歲。

水杉分布的地區極其狹窄，最初在四川萬縣發現只有三株，最

〔註2376〕胡啟鵬輯釋《胡先驌墨蹟選》（初稿），2022 年 2 月，第 115～116 頁。《胡先驌全集》（初稿）第十七卷下中文書信卷，第 495 頁。

大的一株在溪邊，高至 33 公尺，下部贏徑 3.3 公尺，這便是模式樹，也是所有已發現的最大的一株，其他兩株較小。後來在湖北利川縣水杉壩等處繼續發現了大小樹約 1000 株，大的約有 100 株，高的達 30 公尺，散生於溪邊、田邊。或近水的山坡等地方。

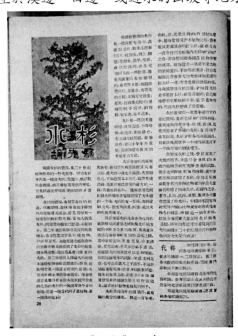

《水杉》文章

　　現在知道水杉只存在於自四川萬縣磨刀溪至湖北利川縣水杉壩方圓約 600 方公里的地區，其垂直分布為自海拔 800 至 1350 公尺之間。其地氣候溫和，雨量充足，空氣潮濕，夏天涼爽，冬天多雪而不嚴寒。在這廣大的地區都可以造林種植，但經過這幾年的試驗，知道北到北京，也可栽在露天之下過冬，不過在幼齡需要保護；在南方如廣東、福建，則生長極其迅速在南京中山陵園竟發現有些幼樹在第三年便能結果，這在松杉植物是稀見的例子。

　　水杉除其自身的價值外，最有趣的是它的歷史。將近 100 年來，在歐、亞、北美三洲的白堊紀地層中，都時常發現許多植物化石，看來頗似美國現存的紅木杉，這些化石一直分布到北極圈內北緯 80° 到 82° 之處，當時頗引起各國古植物學家的疑問。雖知道在一萬萬年前北極的氣候溫和，不如現在寒冷，但在北極附近竟有參天的大森林如美國的紅木杉一樣，究竟是難以想像的事。自我國發現水杉以

後，才知道水杉並不是紅木杉，而是落葉的，在北極地帶半年黑暗的冬季，葉子是無用的，所以水杉變成了落葉樹。

水杉最初在一萬萬年前的下白堊紀發現，是在北緯 80°的格林蘭，後來逐漸向南分布，歐洲、亞洲、北美洲都有了各種的水杉。直到兩千萬年以前，水杉才在各地逐漸滅絕，只有在我國華中一小塊地區遺留下 1000 株左右的劫後殘餘。

自發現水杉之後，曾經採集了大量的種子，分送到全世界 170 多處的植物學研究機關去栽培試驗，現在北到阿拉斯加與蘇聯，南到印度尼西亞都種了水杉，在印度尼西亞最著名的茂物植物區韻辦公大廈面前便種了兩株水杉。在國內北京、南京、上海、武昌、成都、廣州各大都市都種了些水杉。中國科學院植物研究所的盧山植物園曾經育成幾萬株水杉樹苗，準備造一個水杉林，以後各地還要大量栽培水杉做風景樹，將來到處都可以看見我們偉大的祖國在 20 世紀對於近代植物學的偉大光榮的貢獻！〔註2377〕

3月，寫水杉科論文。

水杉科（Metasequoiaceae）

此科為近年發現的活化石，此科在中生代下白堊紀起源於北極圈內，在上白堊紀廣布於歐、亞與北美三洲，至新生代逐漸南下，甚為繁盛，有一種遠布至南極洲，但在冰期以後，僅有一種，存在於中國中部極小的區域內。

莖與根莖幹雄偉，高至三十五公尺；根鋪張、能生水中；枝開張，小枝在秋末冬初與葉同脫落如在水松與落羽杉。

葉葉線形，交叉對生，成假兩列狀，無柄或幾無柄。

花與花序花雌雄同株；雄花球狀花序成圓錐狀複花序，腋生或頂生，鱗片交叉對生；雄蕊約二十個，花絲短，花藥有三室；花粉粒無翅；雌花球狀花序單生，有長梗，有十四至十六個交叉對生的鱗片；每鱗片有五至九胚珠。

果與種子毬果下垂，果梗長，有兩列對生線形的葉；鱗片木質，

〔註2377〕張大為、胡德熙、胡德焜合編《胡先驌文存》（下卷），中正大學校友會出版發行，1996 年 5 月，第 443～445 頁。

盾狀，各有五至九胚珠，種子扁形，周圍有翅。

此科現存者只有水杉（Metasequoia glyptostroboides）一種，產於中國四川萬縣及湖北利川水杉壩一帶。

經濟用途水杉的木材供建築及作家具用，又可用以造紙，其生長甚速，富於適應性，現在北至阿拉斯加、南至爪哇皆能種植，在南方生長尤速，為美麗的風景樹。〔註2378〕

胡先驌著《植物分類學簡編》，高等教育出版社出版

3月，著《植物分類學簡編》，32.7萬字，共430頁，印數4000冊，高等教育出版社初版。正文前有內容提要和自序。

內容提要

本書是預備作師範學院和農林學院的植物分類學課程做教學參考書用的，同時也是可以做為綜合大學生物系、中學生物教師或其他研究植物分類學的人參考。比較著者在一九五一年寫的「植物分類學講義」簡明。因為目的在於教學參考，所以對於理論和技術方法寫得較詳；一部分是討論演化與分類學的關係和植物分類學的理

〔註2378〕胡先驌著《植物分類學簡編》，高等教育出版社，1955年3月版，第130～131頁。胡先驌著《植物分類學簡編》（修訂本），上海科技出版社，1958年8月版，第137～138頁。

論，一部分是討論採集鑒定描寫植物和為植物命名的一切技術。書中對於中國的蕨類和其他經濟植物敘述最多，最後介紹各家的分類系統和關於研究中國植物分類的文獻。

目次

序

緒　論⋯⋯⋯⋯⋯⋯⋯⋯⋯⋯⋯⋯⋯⋯⋯⋯⋯⋯⋯⋯⋯⋯ 1

　關於中國植物分類的研究工作 ⋯⋯⋯⋯⋯⋯⋯⋯⋯⋯⋯ 1

　歐美植物學家活動時期 ⋯⋯⋯⋯⋯⋯⋯⋯⋯⋯⋯⋯⋯⋯ 1

　中國植物學家活動時期 ⋯⋯⋯⋯⋯⋯⋯⋯⋯⋯⋯⋯⋯⋯ 3

　植物分類學的目的 ⋯⋯⋯⋯⋯⋯⋯⋯⋯⋯⋯⋯⋯⋯⋯⋯ 8

第一章　演化與分類學的關係 ⋯⋯⋯⋯⋯⋯⋯⋯⋯⋯⋯⋯ 11

　演化的證據 ⋯⋯⋯⋯⋯⋯⋯⋯⋯⋯⋯⋯⋯⋯⋯⋯⋯⋯⋯ 13

　演化學說的接受 ⋯⋯⋯⋯⋯⋯⋯⋯⋯⋯⋯⋯⋯⋯⋯⋯⋯ 16

　演化的作用 ⋯⋯⋯⋯⋯⋯⋯⋯⋯⋯⋯⋯⋯⋯⋯⋯⋯⋯⋯ 17

　演化的成就 ⋯⋯⋯⋯⋯⋯⋯⋯⋯⋯⋯⋯⋯⋯⋯⋯⋯⋯⋯ 20

　進化退化與演化 ⋯⋯⋯⋯⋯⋯⋯⋯⋯⋯⋯⋯⋯⋯⋯⋯⋯ 21

第二章　高等植物鑒定的方法 ⋯⋯⋯⋯⋯⋯⋯⋯⋯⋯⋯⋯ 24

　植物分類檢索表 ⋯⋯⋯⋯⋯⋯⋯⋯⋯⋯⋯⋯⋯⋯⋯⋯⋯ 25

第三章　標本室的建立 ⋯⋯⋯⋯⋯⋯⋯⋯⋯⋯⋯⋯⋯⋯⋯ 34

　建立植物標本室的目的 ⋯⋯⋯⋯⋯⋯⋯⋯⋯⋯⋯⋯⋯⋯ 34

　臘葉標本的利用 ⋯⋯⋯⋯⋯⋯⋯⋯⋯⋯⋯⋯⋯⋯⋯⋯⋯ 35

　採集用具 ⋯⋯⋯⋯⋯⋯⋯⋯⋯⋯⋯⋯⋯⋯⋯⋯⋯⋯⋯⋯ 38

　壓制與保存標本 ⋯⋯⋯⋯⋯⋯⋯⋯⋯⋯⋯⋯⋯⋯⋯⋯⋯ 40

　選擇標本應注意的要點 ⋯⋯⋯⋯⋯⋯⋯⋯⋯⋯⋯⋯⋯⋯ 43

　壓制植物標本的特種方法 ⋯⋯⋯⋯⋯⋯⋯⋯⋯⋯⋯⋯⋯ 46

　野外記錄與名簽 ⋯⋯⋯⋯⋯⋯⋯⋯⋯⋯⋯⋯⋯⋯⋯⋯⋯ 49

第四章　植物分類學的術語 ⋯⋯⋯⋯⋯⋯⋯⋯⋯⋯⋯⋯⋯ 53

　根 ⋯⋯⋯⋯⋯⋯⋯⋯⋯⋯⋯⋯⋯⋯⋯⋯⋯⋯⋯⋯⋯⋯⋯ 53

　莖 ⋯⋯⋯⋯⋯⋯⋯⋯⋯⋯⋯⋯⋯⋯⋯⋯⋯⋯⋯⋯⋯⋯⋯ 54

　芽 ⋯⋯⋯⋯⋯⋯⋯⋯⋯⋯⋯⋯⋯⋯⋯⋯⋯⋯⋯⋯⋯⋯⋯ 55

　葉 ⋯⋯⋯⋯⋯⋯⋯⋯⋯⋯⋯⋯⋯⋯⋯⋯⋯⋯⋯⋯⋯⋯⋯ 56

花序 …………………………………………………… 61

花 ……………………………………………………… 64

果 ……………………………………………………… 68

種子 …………………………………………………… 70

第五章 苔蘚植物 …………………………………… 71

（甲）蘚綱 …………………………………………… 71

（乙）苔綱 …………………………………………… 73

第六章 蕨類植物 …………………………………… 79

（甲）松葉蘭綱 ……………………………………… 80

（乙）石松綱 ………………………………………… 81

（丙）水韭綱 ………………………………………… 84

（丁）木賊綱 ………………………………………… 85

（戊）蕨綱 …………………………………………… 85

第七章 種子植物的普通性質 ……………………… 113

種子植物的分類 …………………………………… 113

種子植物門 ………………………………………… 113

（甲）裸子植物亞門 ………………………………… 114

（乙）被子植物亞門 ………………………………… 114

1. 雙子葉植物綱 ………………………………… 114

2. 單子葉植物綱 ………………………………… 114

第八章 裸子植物各科 ……………………………… 115

第九章 雙子葉植物各科 …………………………… 136

第十章 單子葉植物各科 …………………………… 269

第十一章 植物命名 ………………………………… 314

俗名 ………………………………………………… 314

學名 ………………………………………………… 315

不合用的學名 ……………………………………… 317

著者的名的標準 …………………………………… 320

對於學名統一運動的努力 ………………………… 322

模式的概念 ………………………………………… 324

植物學命名法規的摘要 …………………………… 327

　植物命名法規的影響 ……………………………………… 328
第十二章　植物分類學的原理 ……………………………… 329
　分類的困難 ………………………………………………… 329
　分類學的基礎 ……………………………………………… 333
　分類的方案與範疇 ………………………………………… 338
　種以下的範疇 ……………………………………………… 344
　他支植物學對於分類學的貢獻 …………………………… 346
　主要與次要的性質 ………………………………………… 350
　種子植物的性質 …………………………………………… 353
第十三章　植物分類系統 …………………………………… 363
　在演化論發表以前的植物分類系統 ……………………… 363
　演化的植物分類系統 ……………………………………… 368
　關於系統學說的競爭 ……………………………………… 406
　近來對於被子植物分類研究的趨勢 ……………………… 407
第十四章　植物分類學的文獻 ……………………………… 409
　植物分類學文獻的性質 …………………………………… 409
　經典著作 …………………………………………………… 410
　基本原理 …………………………………………………… 412
　描寫手冊 …………………………………………………… 414
　中國植物手冊圖譜 ………………………………………… 419
　植物專誌 …………………………………………………… 424
　栽培植物 …………………………………………………… 426
　古植物學 …………………………………………………… 427
　詞典書目名錄等 …………………………………………… 428

　　該書第十二章植物分類的原理中，第三節為「分類的方案與範疇」。在討論物種和物種形成問題時，對李森科的物種新見解進行了批評。他寫道：

　　　　但近年來李森科在蘇聯發表他「關於物種的新見解」以為新種
　　總是由量變到質變，飛躍而成為與母種截然不同的種。李森科發現
　　在外高加索山區異常惡劣的條件下生長的小麥，在許多麥穗中發現
　　了黑麥的籽粒。如果把這些籽粒繼續播種，便會長出典型的雜草型
　　的黑麥植株。該處的農夫經常認為黑麥是由小麥變成的。這便是一

種飛躍地由一種植物變成另一種植物典型的例子。李森科認為新種
便是可能如此發生的。

李森科對遺傳性與變異性下了一個定義:「遺傳性就是生物體在
其生活上發育上要求一定的外界條件,並對這條件表現一定的反應
特性;而變異性則是在於有機體對外界環境的改變,由於新陳代謝
型式的改變而產生的。」新種便是因需要適應改變了的外界環境而
發生的。

李森科「關於生物學種的新見解」在初發表的時候,由於政治
的力量支持,一時頗為風行。接着便有若干植物學工作者發表論文
來支持他的學說;報導黑麥「產生」雀麥,橡膠草「產生」無膠蒲
公英,作物「產生」雜草,白樺「產生」赤楊,鵝耳櫪「產生」榛,
松「產生」樅,甚至向日葵「產生」寄生植物列當。但不久即引起
了蘇聯植物學界廣泛的批評。自 1952 至 1964 年各項專業的植物學
家先後發表了成百篇的專門論文,對於李森科的學說作了極其深刻
的批判,大部分否定了他的論點。

最後寫道:「這場論爭在近代生物學史上十分重視。我國的生物
學工作者,尤其是植物分類學工作者必須有深刻的認識,才不致於
被引入迷途。」〔註 2379〕〔註 2380〕

【箋注】

1954 年,胡先驌應他的得意門生四川大學的方文培和西南大學的戴蕃瑨之聯名
函請,編寫了供高等學校使用的教科書《植物分類學簡編》。該書不僅作為高等師範學
院和高等農林院校學生攻讀植物分類學的入門教材,也適作中學教師和農林幹部的重
要參考書。

在《植物分類學簡編》一書中,胡先驌對植物科、屬的記載大為精簡,重點增加
了演化與分類的關係和植物分類學原理兩章,增加了高等植物鑒定方法、標本室建立、
植物分類學術語詞彙,植物命名法等 4 章。此書名為簡編,但內容豐富、充實,配有
若干精美插圖,是一本頗受高校師生歡迎的植物分類學教科書。

〔註 2379〕 馮永康著《緬懷中國現代生物學的開山宗師胡先驌——寫在國立大學第一
個生物學系創建 100 週年之際》,2021 年 10 月 8 日。
〔註 2380〕 胡先驌著《植物分類學簡編》,高等教育出版社,1955 年 3 月版,第 342～
343 頁。

特別應該提到的是，胡先驌在《植物分類學簡編》一書中，針對前蘇聯李森科（Т. Д. Лысенко，1898～1976）關於生物種的一些反科學的謬論，提出了不同的看法。胡先驌還提醒「我國的生物學工作者，尤其是植物分類學工作者必須有深刻的認識，才不致於被引入迷途。」

1950 年代初期，我國正處在全面學習蘇聯的「一邊倒」高潮之中。寫有批評李森科謬論的《植物分類學簡編》於 1955 年 3 月剛出版，便受到北京農業大學六位青年助教和講師聯名書信的批判，也遭到在高教部工作的蘇聯專家提出「嚴重抗議」。

1955 年 10 月，在中國科學院和中華全國自然科學專門學會聯合召開的「紀念米丘林誕生一百週年」大會上，有組織地對胡先驌的「錯誤」進行了嚴厲批判。《人民日報》以大版篇幅公開發表了大會上的「創造性地研究和運用米丘林學說為我國社會主義建設服務」報告全文。中宣部部長陸定一在前內定的不點名的批判胡先驌，由此變成了完全公開化的大批判。其結果是《植物分類學簡編》一書被停止銷售，未售出的教科書被全部銷毀。

直到 1956 年 4 月，毛澤東提出了「百花齊放」、「百家爭鳴」的方針之後，中國科學院副院長竺可楨按照周恩來的相關指示，代表有關方面親自到胡先驌家中登門道歉，明確表示 1955 年對胡先驌的批判有「過火」之處，並正式邀請他參加當年 8 月在青島召開的遺傳學座談會。至此，當時國內科學界和教育界曾經轟動一時的「胡先驌事件」，才暫時告一段落。

3 月，中蘇兩國組成科考隊。

> 中國科學院與蘇聯科學院合作，由兩國知名科學家和科技工作者共同組建科學考察隊，對雲南的紫膠產區和紫膠資源進行綜合考察。中蘇聯合組建的雲南生物考察隊中方隊長為中國科學院劉崇樂教授，副隊長吳征鎰、蔡希陶和趙星三副所長；蘇方隊長為蘇聯科學院通訊院士波波夫教授、副隊長費德羅夫教授。中國科學院昆蟲研究所的廖定熹、歐炳榮，中國科學院植物研究所的朱太平，中國科學院植物研究所昆明工作站的毛品一、李錫文，雲南大學的任瑋、羅光心、薛紀如，西南農學院的黃天榮，雲南省林業廳的資雲禎，雲南省農業廳的楊星池等人參加考察。〔註2381〕

〔註2381〕 王希群、董瓊、宋維峰、王安琪、郭保香編著《雲南林業科學教育的先驅與開拓者——張福延、曲仲湘、徐永椿、任瑋、曹誠一、薛紀如年譜》，中國林業出版社，2019 年 10 月版，第 130 頁。

4月15日，與孫醒東共同為《國產牧草植物》撰寫前言。

前言

1. 我們在兩年前就開始編寫國產牧草植物小冊子，經過不斷地搜集、參考、調查、試驗研究和野外採集等，直到今日才完成初稿。

2. 在此初稿中，我們首先描述了國產牧草植物230種，包括21科102屬。這算為第一輯。我們的研究和搜集工作，仍在繼續努力中，隨時可以充實和補充。希望有計劃的將來能成為一種中國全部牧草植物資源和飼料生產的手冊。這是我們的目的和工作的方向。

3. 本小冊子的中名（正名）的採用，除根據國內植物學家和農學家的參考資料外，還有部分名詞是採用地方性的俗名；尚有一部分是由著者們的意見暫擬的，可能不甚妥當，不正確之處甚多，希望讀者們隨時予以指教。

胡先驌、孫醒東著《國產牧草植物》

4. 本書名錄的排列係依照植物經濟用途順序，先列禾本科，再列豆科和其他各科植物。每一科中的屬和種也是按照經濟用途的重要性編排的。

5. 本書內所謂國產牧草植物，是指中國現在原野自生的，和已經引進外來種栽培的而言。

6. 本書內容寫法，是按每種植物的植物形態、分類、生物學特性、栽培技術、重要經濟用途、及分布等項目順序而寫的。

7. 若蒙閱者賜示有何指正，自當誠懇接受，請徑西：（1）北京西直門外博物院路中國科學院植物研究所。

8. 本書在工作和課餘之時草成，多蒙中國科學院植物研究所林鎔、汪發纘及俞德濬諸位同志詳為校閱一部分或全部，並提出很多寶貴意見；又蒙南京大學耿以禮教授校閱禾本科全部，提示很多意見，特並致謝。

胡先驌、孫醒東序 1955 年 4 月 15 日

【箋注】

孫醒東（1897.9.16～1969.12.24），又名孫摩西，江蘇南京人。1924 年赴美深造 10 年。1927 年 6 月獲波士頓依曼紐爾大學理學士學位，1928 年獲普渡大學農學學士學位，1930 年獲普渡大學農學碩士學位，1934 年獲伊利諾大學博士學位。1934 年 4 月歸國先後在河北省立農學院、中央大學農學院、福建省立農學院任教授兼系主任。1950 年 2 月至 1969 年 12 月，在河北省立農學院（1958 年易名河北農業大學）任教授、教研室主任、校學術委員會委員等職。兼任中國科學院植物研究所研究員，分別在保定、北京主持近 10 項科研課題，撰寫論文 20 餘篇，編著、譯著 10 餘部，其中《大豆》《重要牧草栽培》《國產牧草植物》《重要綠肥作物栽培》等於 1954～1958 年相繼出版，均為中國最早版本。孫醒東是中國研究大豆、牧草及綠肥作物的先驅者之一，對中國的大豆、牧草、綠肥的資源和分類進行過開拓性的研究。

5 月 9 日，特殊時期、特殊人才。

中國科學院黨組致函中共中央宣傳部，彙報根據中共中央政治局會議精神對中國科學院學部委員名單進行修改的情況，指譜主與黃汲清、程裕淇、王力、湯飛凡、周仁、胡先驌、湯佩松等 8 人屬於「學術水平較高，政治上雖有某些可疑情節，但無適當理由向科學界進行公開解釋或因國家建設之需要，目前擔任國家機關或企業廠礦重要職務又不能不用者」。〔註2382〕

〔註2382〕潘雲唐：《程裕淇年譜》，《院史資料與研究》2006 年第 1 期（總第 91 期），第 44 頁。張立生編著《謝家榮年譜長編》（上下冊），上海交通大學出版社，2022 年 12 月版，第 826 頁。

　　6 月 1 日，中國科學院將設立學部委員。6 月 28 日，院務常務會議通過了《中國科學院學部暫行組織規程》，規定了學部的性質和 9 條任務。學部性質是：按學科分工對中國科學院所屬的各研究機構進行學術領導，並協助推動全國有關學科的發展。學部委員會會議，也稱為學部委員會全體會議是學術評議和諮詢機構，尤其表現在組織跨部門的學術討論和考察，以及制訂科學規劃等方面。中國科學院學部委員成立大會，為第一屆學部委員會全體會議，6 月 1 日～10 日，在北京召開，選聘學部委員 233 人，如物理學數學化學部 48 人，生物學地學部 84 人，其中生物學部 60 人，地學部 24 人，技術科學部 40 人，哲學社會科學部 61 人。

　　6 月，《經濟植物手冊》上冊，第一分冊，39 萬字，共 371 頁，印數 3920 冊，科學出版社初版，精裝本、平裝本同時出版。正文前有內容提要和自序。

　　　　內容提要。

　　　　本書為適用於我國全國各地區廣泛性的經濟植物手冊。所有在本國土產或栽培或可能栽培的重要農藝、園藝、森林、藥用、牧草及工藝植物，皆搜羅具備。按科、屬、種有系統地排列描述，並有分科分屬分種檢索表。每科有一圖，以表示該科的性質。經濟用途則記於種的描述之下。

《經濟植物手冊》上冊，第一分冊

　　此書以篇幅甚多，規模甚大，故分為上下兩冊；每冊又分為兩個分冊刊印，以期早日與讀者相見。

　　此書雖收羅不少自外國引種的經濟植物，但主要的仍為國產的種類，也有些植物曾經在外國栽培而在國內尚未栽培以及少數極有栽培價值而尚未經栽培的種類概經收入，以供一般從事農林、畜牧、醫藥的專家，幹部與學校師生參考之用。

目錄

序 ……………………………………………………………… 1

本手冊內高等植物分科檢索表 ………………………………… 1

　第一門　蕨類植物門 ……………………………………… 1

　第二門　種子植物門 ……………………………………… 5

蕨類植物 ………………………………………………………… 36

　1. 石松科 ……………………………………………………… 36

　2. 卷柏科 ……………………………………………………… 37

　3. 木賊科 ……………………………………………………… 40

　4. 瓶爾小草科 ………………………………………………… 41

　5. 觀音座蓮科 ………………………………………………… 43

　6. 紫萁科 ……………………………………………………… 45

　7. 海金砂科 …………………………………………………… 46

　8. 裏白科 ……………………………………………………… 48

　9. 鳳尾蕨科 …………………………………………………… 50

　10. 茛科 ……………………………………………………… 55

　11. 骨碎補科 ………………………………………………… 56

　12. 桫欏科 …………………………………………………… 59

　13. 叉蕨科 …………………………………………………… 60

　14. 烏毛蕨科 ………………………………………………… 65

　15. 鐵角蕨科 ………………………………………………… 67

　16. 水龍骨科 ………………………………………………… 70

　17. 蘋科 ……………………………………………………… 74

　18. 槐葉蘋科 ………………………………………………… 75

種子植物……………………………………………77

　19. 蘇鐵科 ………………………………………77

　20. 銀杏科 ………………………………………79

　21. 羅漢松科 ……………………………………80

　22. 紫杉科 ………………………………………83

　23. 粗榧科 ………………………………………87

　24. 南洋杉科 ……………………………………88

　25. 松科 …………………………………………90

　26. 金松科 ………………………………………118

　27. 杉科 …………………………………………119

　28. 柏科 …………………………………………125

　29. 麻黃科 ………………………………………137

　30. 買麻藤科 ……………………………………139

　31. 木麻黃科 ……………………………………140

　32. 三白草科 ……………………………………141

　33. 胡椒科 ………………………………………143

　34. 金粟蘭科 ……………………………………145

　35. 楊柳科 ………………………………………146

　36. 楊梅科 ………………………………………159

　37. 胡桃科 ………………………………………162

　38. 樺科 …………………………………………169

　39. 榛科 …………………………………………178

　40. 山毛欅科 ……………………………………191

　41. 榆科 …………………………………………220

　42. 馬尾樹科 ……………………………………229

　43. 桑科 …………………………………………230

　44. 大麻科 ………………………………………240

　45. 杜仲科 ………………………………………241

　46. 蕁麻科 ………………………………………242

　47. 山龍眼科 ……………………………………245

　48. 桑寄生科 ……………………………………247

49. 檀香科 ································ 249

50. 馬兜鈴科 ···························· 250

51. 杜蘅科 ······························ 251

52. 蓼科 ································ 253

53. 藜科 ································ 262

54. 莧科 ································ 266

55. 紫茉莉科 ··························· 271

56. 商陸科 ····························· 273

57. 番杏科 ····························· 274

58. 馬齒莧科 ··························· 277

59. 落葵科 ····························· 279

60. 石竹科 ····························· 280

61. 睡蓮科 ····························· 293

62. 蓴菜科 ····························· 300

63. 金魚藻科 ··························· 301

64. 昆欄樹科 ··························· 302

65. 水青樹科 ··························· 303

66. 領春木科 ··························· 303

67. 連香樹科 ··························· 304

68. 毛茛科 ····························· 306

69. 芍藥科 ····························· 343

70. 木通科 ····························· 347

71. 大血藤科 ··························· 352

72. 小檗科 ····························· 353

73. 防己科 ····························· 368

【背景】

1949 年之後，我國採取「一邊倒」的外交政策，與蘇聯為首的社會主義國家建立外交關係。1950 年 6 月 25 日朝鮮內戰爆發，中國作出了抗美援朝，保家衛國的戰略決策。

以美國為首的西方資本主義國家對新中國採取全面封鎖政策。政府召號科技工作者發揚自力更生，艱苦奮鬥的精神。我國科技工作者積極響應黨和政府號召，生物學

家充分利用我國豐富的生物資源，進行戰略物質研究，挖掘，最明顯的是在海南、雲南等地大面積進行橡膠試種成功。

1949 年初，經濟植物方面的專著不多，如陳嶸的《中國樹木分類學》、崔友文的《華北經濟植物誌要》，及胡先驌的《經濟植物學》，他們涉及面不廣，不夠全面。

身在北京的胡先驌，為響應國家經濟建設，有一部適合於全國性的經濟植物手冊，特別是發掘經濟植物的功效，為人民服務。他有一個宏大的計劃，幾經深思熟慮，決定編著《經濟植物手冊》，更多關注實用經濟植物，這是他幾十年的成果總結，先後花費 5 年時間，可謂厚積薄發。這是有史以來第一部全面、詳細、具體介紹我國植物經濟功能的巨著。

這部書的工作非常繁重，根據胡先驌幾十年工作經驗，對以前錯誤的植物學名進行改訂，這些改訂，不是隨意改動，而是有充分理由和事實根據，以免出現以訛傳訛。反映胡先驌精益求精的工作作風，嚴謹的科學態度，一絲不苟的科學精神。為我國經濟植物學研究，為農業工業化指明了方向，推動農業經濟發展的作出不朽貢獻。

6 月，出版《經濟植物手冊》一書中，在杉科 Taxodiaceae（包括水杉科 Metasequoiaceae）。此科 8 屬凡 13 種，廣布於北溫帶及亞熱帶。1. 杉屬，2. 柳杉屬，3. 臺灣杉屬，4. 落羽杉屬，5. 紅木杉屬，6. 大稼桿屬，7. 水松屬，8. 水杉屬。在水杉屬中寫道：

水杉屬 Metasequoia Miki ex Hu et Cheng

落葉喬木；枝上升開張；樹皮開裂成薄片；小枝對生。葉交叉對生，成假兩列狀，在冬季與小枝一同脫落。花雌雄同株，單生；雄花序腋生與頂生，對生，成總狀或圓錐狀小枝系統；苞片交叉對生；雄蕊約 20 個，各有 3 個花粉囊；花粉粒無翅。雌花序單生，有 14 至 16 交叉對生苞片；花序梗有假兩列狀交叉對生葉。毬果下垂；果鱗木質，交叉對生，盾狀，各有 5 至 9 種子；種子扁平，周圍有翅；子葉 2 個。

此屬只有 1 生存種，產於湖北西部與四川東南部。

1. 水杉 M. glyptostroboides Hu et Cheng. 落葉喬木，高至 35 米，直徑至 2.3 米，幼時塔形，老時枝開張上升；樹皮褐灰色，開裂成薄片；小枝無毛，平滑，綠色至褐色，變為褐灰色；側生小枝對生，與假兩列狀葉在冬季同時脫落，長至 7 釐米；冬芽卵圓形或橢圓形，

長 4 毫米，有 12 至 16 交叉對生鱗片。葉線形，長 8 至 15 毫米，無柄或幾無柄，中脈在兩面隆起，上面藍綠色，下面淡綠色，在每側各有 4 至 6 氣孔線。雄花序長約 5 毫米，毬果第一年成熟，下垂，幾四棱球形，或短圓筒形，長 18 至 25 毫米，暗褐色；果鱗木質，交叉對生，通常 22 至 24 個，有時至 28 個，盾狀，基部楔形，頂端擴張成一橫橢圓形或三角形盤，中間凹陷；種子倒卵形，頂有凹缺，長 5 毫米。

此種產於四川萬縣與湖北利川縣；供觀賞用，木材供建築用及造紙用。〔註 2383〕

6 月，與孫醒東合著《國產牧草植物》，13.7 萬字，共 163 頁，印數 3340 冊，科學出版社初版。該書對每種牧草植物的正名、學名、重要性狀、植物特徵、生物學特性、栽培技術、經濟用途、以及分布情況等。對當地牧草資源，先作調查、採集、收籽、栽培、繁殖、飼養等試驗，對生長的外界生活條件要求，對土壤等要求進行分析。為農業發展服務，為國家經濟建設服務。

本書內容提要

國產牧草植物的總數，根據不完全的初步估計，約在五百種以上。本書內容就已調查研究的和常見的，且為飼養各種家畜所需要的主要和次要的飼料植物，約有 230 種。每種都扼要地敘述了該種牧草植物的正名、學名、重要性狀、植物特徵、生物學特性、栽培技術、經濟用途、以及分布情況等，可供作手冊式的參考資料。

現在，各地的農業科學研究所，有關牧畜業的機構、國營農場植物研究部門及教育機關，普遍地正在展開牧草研究和試驗及採集調查等工作。因此，對於祖國重要牧草植物的分布、分類及栽培方法的簡明介紹，是有必要的，且可作為科學普及工作的宣傳參考。

本書的編寫次序是按牧草植物經濟用途的重要性排列的，第一，以科屬主，結合農業生產，及其栽培價值重要性編排的；第二，以種為主，結合該種在屬中的重要性先後排的。

本書可供作農學院、農業學校、國營農場及中等學校教師的參

〔註 2383〕 胡先驌《經濟植物手冊》上冊，第一分冊，科學出版社，1955 年 6 月印刷，第 125 頁。

考資料；也可供農場領導幹部、收草、畜牧及飼料技術人員、及米丘林生物學工作同志們參考之用。

目錄

前言

緒論 ……………………………………………………… 1

一、禾本科（Gramineae）……………………………… 4

一、豆科（Leguminoceae）…………………………… 61

三、莎草科（Cypemceae）…………………………… 117

四、眼子菜科（Potamogetonaceae）………………… 118

五、雨久花科（Pontederiaceae）…………………… 119

六、天南星科（Araceae）…………………………… 119

七、浮萍科（Lemnaceae）…………………………… 120

八、香蒲科（Typhaceae）…………………………… 121

九、三白草科（Saurauraceae）……………………… 123

十、蓼科（Polygonaceae）…………………………… 124

十一、藜科（Chenopodiaceae）……………………… 126

十二、莧科（Amarantaceae）………………………… 129

十三、蒺藜科（Zygophyllaceae）…………………… 130

十四、馬齒莧科（Portulacaceae）…………………… 130

十五、金魚藻科（Ceratophyllaceae）……………… 131

十六、十字花科（Cruciferae）……………………… 131

十七、茄科（Solanaceae）…………………………… 139

十八、傘形科（Umbelliferae）……………………… 140

十九、葫蘆科（Cucurbitaceae）…………………… 142

二十、旋花科（Convolvlllaoeae）…………………… 144

二十一、菊科（Compositae）………………………… 145

參考文獻 ……………………………………………… 150

Ⅰ. 國產牧草植物目錄索引…………………………… 152

Ⅱ. 國產牧草植物學名索引…………………………… 159

6月，為《國產牧草植物》出版撰寫緒論。

緒論

　　為了貫徹國家在過渡時期的總任務，我們科學工作者，為了祖國的今天和明天，應如何把試驗研究的工作做得更好，結合愛國主義教育的精神，能貢獻出自己的全部力量，為國家建設爭取更大的勝利而奮鬥。我們必須努力學習科學，和先進經驗。我們研究植物學和農學的人，尤須研究國產牧草植物。因為為了祖國偉大的第一個五年經濟建設和文化建設，我們要有決心來學習有關社會主義農業建設的問題，就是「草田耕作制」（特來沃頗利耕作制），以加強對於我國農業必須走向社會主義道路上的堅強信心。

　　同時，還要重視蘇聯專家對於我們工作方法所指出的：「當就地取材」；「重視現有的地方的原始材料」。克服隨便地盲目地向外國索取牧草種子的缺點。但是，在另一方面，如果有必要時，引進外來種的材料，還是必要的。今日中國的牧草植物研究問題，是在怎樣大量的發掘全國各大自然地區的當地牧草植物資源，先作調查、採集、收籽、栽培、繁殖、飼養等試驗，這是刻不容緩的任務。如果想要順利的掌握「草田耕作制」的發展和實踐，必須對於國產牧草植物有深刻的研究，尤其是豆科和禾本科的草類分類，及關於牧草植物的根系發育生長，牧草對於外界生活條件的要求，和對土壤所起的作用等問題。此外，還有對形態、鑒定、化學分析等等，都須有詳盡的周密的試驗和研究來解決這些迫切的實際問題。

　　我國各地區可作為主要牧草的植物很多，有的是零星分布，有的竟構成勻布的草皮或羣落：如在東北區的野火球（也火秋，Trifodium lupinaster L.）、披鹼草（Clinetymus dahuricus（Turcz.）Nevski.）、老芒麥（Clinelymus sibiricus（L.）Nevski.）、野草木樨（Melilotus suaveoleus Ledeb.）、野苜蓿（Medicago falcata L.）、大油芒（Spodiopogon sibiricus Trin.）、羊草（Aneurolepidium chinense（Trin.）Kitagawa）、大披鹼草（Elymus excelsus Turcz.）、拂子茅（Calamagrostis epigejos（L.）Roth）、草木樨狀黃芪（Astragalus melilotoides Pallas）、各種巢菜（Vicia spp.）及各種胡枝子（Lespedeza spp.）等。在內蒙古自治區的草原上的各種鵝冠草（Agropyrum spp.），尤其是扁穗鵝冠草（A. cristatum（L.）Gaertn.）、白茅（Imperata cylindrica（L.）Beauv.）、花苜蓿（Trigonelaa ruthenica L.）、菅草（Themeda triandre Forsk.）、芨芨草（Achnatherum splendens（Trin.）Ohwi）、老芒麥（Clinelymus sibiricus（L.）Nevski）、羊草、萊麥草（Hordeum brevisubulatum（Trin.）Link），直立黃芪又名紫錦草或地丁（Astragalus adsurgens Pallas）等。在華北區的各種胡枝子，各種早熟禾（Poa spp.），各種巢菜及各種鵝冠草。還有無芒雀麥草（Bromus inermis Leysser）、野古草（Arundinella anomala Steud.）、菅（Themeda triandra Forsk.）、草木樨（Melilotus spp.）及紫穗槐（Amorpha fruticose L.）等。在西北區的各種鵝冠草、尤其是鹼草和彎穗鵝冠草（Rocgneria semicostata（Nees）Kitagawa），還有，披鹼草、大披鹼草、各種巢菜和各種胡枝子。此外，野草木樨、裸麥（Hordeum vulgare L. var. nudum Hook. f.）、達呼里黃芪又名驢乾糧（Astragalus dahuricus DC.）、及木樨狀黃芪等，在華東、華南地區的葛（Pueraria pseudo-hirsuta Tang et Wang.）紫雲英（Astragalus sinicus L.）、各種豬屎豆（Crotalaria spp.）、狐茅（Festuca spp.）、各種巢菜、和早熟禾。還有大黍（Panicum maximum Jacq.）、野燕麥（Avena fatua L.）、馬唐（Digitaria sanguinatis（L.）Scop.）、及長花馬唐（Digitaria longiflorum（Retz.）Pers.）等。在西南區的各種巢菜和早熟禾等，還有野燕麥和裸麥以及甜根子草（Saccharum spontaneum subsp. indicum, Hack.）等。此外，我國南北各省各地區普遍生長的，可作青草飼料植物的則有：馬唐（Digitari asanguinalis（L）Scop.）、白草（Pennisetum flaccidum Grise-bach）、大油芒、各種胡枝子、和雞眼草（Kummerowia Sp.）、及各種巢菜，還有葛、狼尾草（Pennisetum alopecuroides（L.）Spreng）、茵草（Beckmamria erucaefarmis（L.）Host）、狗牙根（Cynodon Dactylon（L.）Pers.）、蘆葦（Phragmites comnunis Trin.）、知風草（Eragrostis ferruginea Beauv.）及各種早熟禾等。

　　牧草種類很多，除豆科和禾本科以外，各種野草、雜草、藻類、地衣類和苔蘚類、木賊類、蕨類等，也可作為研究牧草資源的對象。此外，還有許多科的植物可作飼料的如：毛茛科、玄參科、傘形科、旋花科、菊科、眼子菜科、薯蕷科、天南星科、浮萍科、茄科、藜科、莧科、十字花科、葫蘆科、蓼科、唇形科、樺木科、楊柳科、莎

草科、薔薇科、馬齒莧科等。

總的說來，豆科和禾本科植物實與畜牧的生產及前途，有密切的關係。我國地大物博，牧草資源豐富，遍地都是綠草和美麗的草原。我們知道的太少，沒有發現的很多，這是應引以為憾的。同時，生在這樣地大物博的祖國，我們怎麼不感興高采烈和光榮自豪呢？現在，我們還不知道能用作飼料的，或是家畜所喜歡吃的野草共有多少？如果，我國的植物和農業科學工作者，如能各就各地區把野草情況深入的研究，加以分析、鑒別、栽培、飼養、研究出來，什麼是家畜喜歡吃的？什麼是它們所不喜歡吃的？又什麼是它們所憎惡的或有毒害的？於是再加以試驗、化驗、繁殖、推廣，則我國畜牧的前途，必有極大的瞻望！

中國飼料植物的範圍，既很廣泛，而所包括各種飼養家畜牧草植物和食用飼用兼用植物的種類，也很複雜。根據作者們多年研究和野外採集經驗（不完全的統計），已經知道飼養家畜所需要的主要和次要飼料植物約有 200 餘種之多。但國產牧草植物的總數，初步的估計應當在 500 種以上。我們還在繼續地搜集和研究中。這個小冊子僅是第一輯。

現在，各地的農業科學研究所，植物研究部門及教育機關，普遍地正在展開牧草研究和試驗的工作，因此，對於我國重要牧草的植物形態、分類、生物學特性、栽培方法、經濟用途及分布等的簡明介紹，是有必要的。

現在把中國重要和次要的專用牧草（純粹用），連同秉用飼料植物（食用兼飼用），並包括中國原產牧草植物和引進種一併分別的按牧草植物經濟用途的重要性分類，分別述之如下。

夏季，《植物分類學簡編》出版受到批評。

北京農業大學六位講師、助教給高等教育出版社寫信，認為《植物分類學簡編》「是一本具有嚴重政治性錯誤，並鼓吹唯心主義思想的著作」胡先驌「詆毀蘇聯共產黨和政府，反對共產黨領導科學。」「在生物學上，他也是個唯心的形而上學的孟德爾—摩爾根主義者。」「不能容忍這本書繼續毒害青年，貽誤學界。我們建議立即停止出版胡先驌的著作，收回已售出的書。」還要求「胡先驌徹底檢

查，公開檢討，真正下決心改正」；高等教育出版社「應當深刻地進行檢查，吸取教訓。」〔註2384〕

9月18日，胡先驌致熊耀國信函。

耀國同志：

　　九月七日的來信及《廬山漢陽峰採集記》均已收到，《採集記》轉寄《旅行家》雜誌社。《廬山植物園》一文，該社以為內容不夠充實，《廬山紀勝》稿來之後，值該社十月份已發表關於廬山的一篇遊記，不擬在短期內再登載類似的文，故將稿退回，然文字不夠生動自是一主要原因。《漢陽峰》一文則較佳，且看如何。茲將兩稿退回，我以為有暇仍可試為重寫，二者且可合而為一，重寫後明年春間可再寄來一試如何。我們科學工作者，每每不善於寫通俗文章，亦是一種缺點，而值得多多練習，亦普及科學之一助。

　　　專此即頌

研祺

胡先驌

九月十八（1955年）

時已秋深，今年不作來山之計，到明年再說。〔註2385〕

　　秋，《植物分類學簡編》出版後不久就受到批判，當時在高等教育部工作的蘇聯專家曾就此書提出「嚴重抗議」，說「這是對蘇聯在政治上的誣衊」。〔註2386〕

　　10月26日，米丘林誕生百週年紀念會前，副院長竺可楨去看望秉志，談胡先驌先生《植物分類學簡編》一書的問題。中國生物學事業的開拓者與奠基人秉志表示不應該批判胡先驌。據竺可楨日記載：「農山（即秉志）認為要步曾（胡先驌）檢討不但不現實，而且無需要。秉志對於李森科的科學造詣有意

〔註2384〕薛攀皋著《「樂天宇事件」與「胡先驌事件」》，中國科學院院史文物資料徵集委員會辦公室編《院史資料與研究》，1994年第1期（總第19期），第62頁。
〔註2385〕胡宗剛撰《胡先驌先生年譜長編》，江西教育出版社，2008年2月版，第579頁。
〔註2386〕李佩珊、孟慶哲、黃青禾、黃舜娥編《百家爭鳴——發展科學的必由之路》，商務印書館，1985年11月版，第4頁。

見，認為許多人事盲從了。以後，我告訴他，院中擬承受以公平眼光對步曾書中說法加以批評」。〔註2387〕

10月28日～31日，中國科學院與中華全國自然科學專門學會聯合會舉辦了「偉大的自然改造者伊・弗・米丘林誕生一百週年紀念會」。北京和全國各地生物科學和農業科學工作者1400多人參加大會。在全體會議和分組討論中，對科學院植物所研究員胡先驌進行了有計劃，有組織的政治批判。10月28日，中國科學院生物學地學部副主任童第周在開幕式上做了題為《創造性研究和運用米丘林學說為我國社會主義建設服務》的報告，《科學通報》（1955年第11期）轉載了這個報告。他在報告中指出：「在生物學界中也還有一些人堅持孟德爾─摩爾根主義，對米丘林學說採取盲目反對的態度。個別的人，在他的研究工作中，完全忽視米丘林學說，在他的生物學著作中一字不提米丘林，又不以科學家的態度來進行學術論爭，卻別有用心地利用蘇聯科學家們對物種問題的學術爭論，利用蘇聯一些生物學家在物種問題上對李森科持有不同的學術見解，來貶低米丘林學說的意義，歪曲蘇聯共產黨對科學事業的正確的政策，說什麼李森科關於物種的新見解在初發表的時候，由於政治力量的支持而風行一時，但不久就引起了學術界的批評大部分否定了李森科的論點云云。十分明顯，這種論調是完全不符合事實。」借用胡先驌的原話提醒大家「我國的生物學工作者必須對此有十分深刻的認識，才不致被引入迷途。」〔註2388〕

10月29日，十點半回至政協禮堂參加動物組討論會，因大家對於檢討胡先驌情緒激昂，所以各組仍繼續發言者有劉崇樂、童第周、沈同、陳世驤、蔡邦華、崔芝蘭、陳篤明、黃宗甄等十人。（我到得已遲）和昨天下午植物組一樣熱烈。崔芝蘭指胡先驌過去不到辦公室，不肯學習，在院中置之不理，太放任，和昨天下午，裴維藩、汪振儒、施平等發言一樣，今日童第周也指出胡先驌的錯誤是立場問題。〔註2389〕

10月31日，竺可楨副院長在閉幕式上作會議總結時說：「在紀念會中開展了學術思想的批判，特別是對胡先驌先生在《植物分類學簡編》一書上的錯

〔註2387〕竺可楨著《竺可楨日記》（III）（1950～1956），科學出版社，1989年。
〔註2388〕童第周著《創造性地研究和運用米丘林學說為我國社會主義建設服務》，《人民日報》，1955年11月1日。
〔註2389〕竺可楨著《竺可楨日記》（III）（1950～1956），科學出版社，1989年。

誤思想，進行了一次深刻的批評。會上一致指出，胡先生在政治上的錯誤，誣衊蘇聯共產黨支持錯誤的思想，暗示科學應該脫離政治，脫離黨的領導。……在學術思想上，他系統地宣傳唯心主義，反對米丘林學說。這種錯誤引起了科學工作人員的憤怒，一致加以嚴格地批判，同時大家仍希望胡先生改變錯誤立場，改造思想，做一個愛國的科學工作者。」接著檢討說：「在此，我個人作為科學院的一同仁……沒有做好工作給胡先驌先生以必要的幫助，使胡先驌先生能提高認識改變立場。院裏邊同仁尤其是植物研究所同仁也沒有盡到他們的責任。經過這次大家的批評給我們以當頭棒喝，應該使我們在麻痺大意中清醒過來，要大家以切磋琢磨的方式來給胡先生以幫助」。〔註2390〕

11月5日，中國科學院的黨組書記張稼夫、副院長竺可楨去北京西城區石駙馬大街83號宿舍看望胡先驌，希望胡先驌寫一篇學習米丘林學說的文章，藉以承認關於蘇聯以政治力量推行李森科「學說」的說法欠妥，並批評自己的錯誤立場。動員胡先驌寫文章，做自我批評，胡先驌答應寫學習心得的文章。竺可楨日記載：「適張稼夫副院長和過興先已先在，談胡著《植物分類學簡編》中胡犯錯誤事。步曾自己承認對於批評蘇聯以政治勢力推行學說語的不妥當，決定由他寫一篇關於學習米丘林一文，論述他對於物種成功的見解，同時批評自己立場的錯誤，稼夫認為滿意。」〔註2391〕

11月18日，胡先驌致盧弼信函。

慎之先生道席：

前奉手教並大作多篇，環誦再四，承虛懷下問，尤為佩仰。以忙於專業工作，竟稽裁復，至以為歉。大作出於治學緒餘，本自異於尋章摘句之倫，古詩勝於近體，《雜感》四章直抒胸臆，自是上選。如「絕糧不患鼠，寡慮恣酣睡。已無美服指，不愛高明惡」，皆富有理境，置之宋人集中，可以亂楮。竊謂如有意為詩，當從此等處著力，庶言不空發，無膚泛之病。《石雪繪慎園寫詩圖》和《泊園案上水仙韻》二詩亦妥帖，至集韓四律則多空泛牽強處，惟第四章尚為本色。吾儕作詩自寫胸臆，矜才使氣猶不可，何可敷衍成篇乎？此

〔註2390〕竺可楨：閉幕詞，中國科學院全國科聯米丘林誕生一百週年紀念會材料，原生物學部資料，1955。

〔註2391〕竺可楨著《竺可楨日記》（III）（1950～1956），科學出版社，1989年。

老杜、夔州以後詩特耐人玩味也。狂言妄語，不知可供採擇否？宋人作詩每較唐人為能深入，亦以時代在後，非洗練不足與唐人爭勝也，山谷、後山專在此著眼。晚清則以鄭子尹為巨擘，近世則推散原、太夷。貴省名家以陳蒼虯為第一，周沈觀亦佳。至樊樊山則以撏撦排比為能事，而無真氣，如百貨公司雖琳琅滿目，錯綺具陳，然無一為本廠出品，此所以陳太傅譏為無詩才，而陳散原諷為作詩機器也。泊園有女，克紹箕裘可佩，聞其少君治哲學有年，惜無謀面之機會，不知近況奚如？錢子泉好著書，然於詩為門外漢，至其少君鍾書則博聞強記，淹貫中西，不惟高視當世，即古代亦所罕見，跨灶出藍，尚其小者，其所著《談藝錄》（開明書店出版）乃詩話之精英，《石遺室詩話》視之有遜色，則以其西學根柢湛深，融會貫通，取精用弘，遂爾陵鑠一代。公喜為詩（可設法謀取一讀），細玩之當獲益匪淺也。

　　專此敬頌

道綏

弟　胡先驌　拜啟

十一月十八日（1955年）〔註2392〕

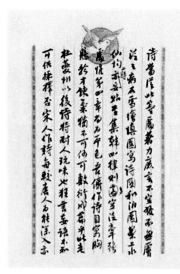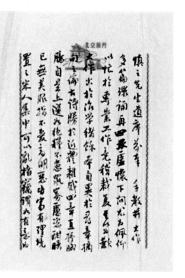

〔註2392〕胡啟鵬輯釋《胡先驌墨蹟選》（初稿），2022年2月，第117～118頁。胡啟鵬輯釋《胡先驌墨蹟選》（初稿），2022年2月，第496頁。

胡先驌致盧弼信函

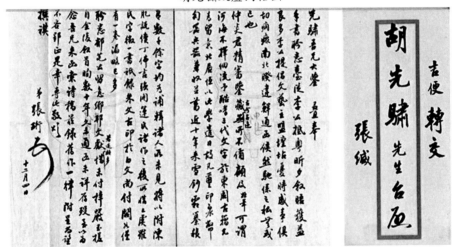

張珩交給胡先驌的書信

12月14日，張珩致胡先驌函。

吉便轉交，胡先驌台啟，張葱。

先驌吾兄大鑒：

疊奉手書聆悉，台從李公抵粵，昕夕敘晤，獲益良多。李公提倡文藝主盟壇坫優時，感事俱切痛廖，南北暌違，鮮通函候，然馳系之私無或已也。

仲炎君精審鑒藏，古今名邇，無所不備。顧及北平，可謂河海不擇細流。予酷嗜三代文字，於東周古籀，兄為留意北居，恒以此

學遺日，故凡重印、泉幣、匋器、兵器兼收並蓄，近十年來《雪鈔霜篆》積有數千餘字，均為補輯諸人所未見，附陳肒說，續丁佛言強開運氏諸作之復，所惜上虞羅氏，字微，一書祇錄朱文古印，于白文尚付闕如，僅有一卷，漏略已多。

聆悉郁芑公留鄉邦文獻，著術頗多，惜未付梓，嚴玉搓自金陵敆，肯昀數十年，久未通函，未詳存歿，玉以為念。吾兄來函，索詩稿茲錄，舊作一律，附呈為望。不吝郢正，是幸。

專此敬頌

撰祺

弟 張珩 十二月四日〔註2393〕

【箋注】

張珩（1915～1963），上海人，字蔥玉，別署希逸，古書畫鑒定專家。曾兩度被聘為故宮博物院鑒定委員、任上海市文物管理委員會顧問、文化部文物局文物處副處長兼文物出版社副總編輯。

12月20日，胡先驌致盧弼信函。

慎之先生侍席：

日前寄上一函，想登記室昨日取到。大著《三國志集解》，煌煌巨製，展閱之際，佩仰讚歎，匪言可喻。王葵園補注之後得見是書，猶是清儒規範，非近代淺學者所能望其涯俟。回思當日付梓經過，此書韞櫝幾二十年，至今始能公諸於此，得非文運復興之兆耶？！快慰快慰！

專此致謝

敬頌年釐！

先驌 拜啟

十二月廿（1955年）〔註2394〕

12月25日，胡先驌致盧弼信函。

〔註2393〕胡啟鵬輯釋《胡先驌墨蹟選》（初稿），2022年2月，第369～370頁。

〔註2394〕胡啟鵬輯釋《胡先驌墨蹟選》（初稿），2022年2月，第119～120頁。胡啟鵬輯釋《胡先驌墨蹟選》（初稿），2022年2月，第498頁。

慎之先生侍席：

　　在津得聆教言，欣感無似。承示將以大作《三國志集解》見惠，至以為感。可尚未收到，無任企盼。大著《整理國故方案》曾面交行嚴、效彬二公。效彬閱後寄回，未贊一辭。行嚴面云政府萬務待舉，一時恐無暇及此。證以前數年編纂《百科全書》之計劃雖經毛公批轉，尚石沉大海，則此方案之難實現可以想見。故郭公處遂未致送，想能諒之也。《慎園詩文集》明春印成，亟以先睹為快。

　　專此敬頌

冬綏

　　　　　　　　胡先驌 再拜 十二月廿五日（1955）〔註2395〕

　　12月，《經濟植物手冊》上冊，第二分冊，31.5萬字，共301頁，印數2850冊，科學出版社初版，精裝本、平裝本同時出版。正文前有內容提要與第一分冊相同。

《經濟植物手冊》上冊，第二分冊

〔註2395〕胡啟鵬輯釋《胡先驌墨蹟選》（初稿），2022年2月，第121頁。胡啟鵬輯釋《胡先驌墨蹟選》（初稿），2022年2月，第497頁。

目錄

74. 木蘭科 ·· 373

75. 莽草科 ·· 391

76. 北五味子科 ·· 393

77. 蠟梅科 ·· 397

78. 蕃荔枝科 ·· 400

79. 肉豆蔻科 ·· 405

80. 樟科 ··· 406

81. 罌粟科 ·· 417

82. 紫菫科 ·· 431

83. 白花菜科 ·· 434

84. 十字花科 ·· 437

85. 木犀草科 ·· 462

86. 辣木科 ·· 464

87. 伯樂樹科 ·· 464

88. 豬籠草科 ·· 466

89. 茅膏菜科 ·· 467

90. 景天科 ·· 468

91. 虎耳草科 ·· 477

92. 繡球花科 ·· 484

93. 海桐花科 ·· 517

94. 金縷梅科 ·· 519

95. 懸鈴木科 ·· 531

96. 薔薇科 ·· 533

12月，中國科學院植物研究所編輯《中國主要植物圖說‧豆科》，92.3萬字，科學出版社初版。本書正文前有內容提要、編輯例言。

本書內容提要

本書是「中國主要植物圖說」全部的一個重要組成部分，又是數十年來中國植物分類工作者對於豆科植物分類初步總結的一個集體創作。它共收錄七百九十一種和變種豆科植物，栽培的、野生的和有經濟價值的都有，分隸一百二十屬。所有中國豆科植物各屬，

只要見諸記載的,都已收錄無遺。種數約占中國已經記載的百分之七十左右,包括全國區域,遠至新疆、西藏等地所產的豆科植物都經收錄在內。

書中有科、亞科、屬、種和變種的記載,並有分亞科、分屬和分種檢索表。每一種豆科植物的記載有漢名、拉丁文學名、形態說明、分布和經濟用途的說明,基本各附有一幅圖,一共有七百零四幅圖,可供農、林、牧、園藝幹部與科學教育工作者和學生們對照參考。

本圖說稿本曾給若干來本所學習分類的幹部同志看過,他們認為這是中國目前最迫切需要的一本參考書。我們也看到,為中國建立草田耕作制,為了水土保持和為了牧草栽培,豆科植物都是必不可少的原始材料,而這本圖說就是為適應這種種要求才編輯的。

編輯例言

1. **編輯起緣和工作經過**　在中國共產黨和中央人民政府的正確領導下,新中國的園民經濟獲得了迅速恢復和空前發展。正因為國民經濟的發展,它對於祖國植物資源的調查、培植和開發就提出了巨大的要求。從我們農、林、牧作物以外的野植物代表中所獲得的植物資源,在新中國國民經濟體系中開始佔據了重要的地位,而且在最近的將來,必然有增無已地要佔據重要的地位。在總路線的光輝照耀之下,隨著新中國經濟的發展而很快增長起來的新工業部門的建立和發展,也要求植物原料的新來源,尤其是對於廣大勞動人民的國民經濟所迫切需要的植物原料的新來源。在這個新中國的新時代裏,在怎樣找到和研究植物資源的時候,植物原始材料的分類和辨識的知識的需要就愈是劉不容緩了。在這幾年中,每年都有從各地各學校、場所派來本所學習植物分類的工作同志們,也有不斷把植物標本寄來本所委託鑒定學名的,還有擔任各地植物調查者們對有些植物需要在野外就能知道種名的,所有這些事實都反映目前迫切需要一種學習植物分類和辨識植物的書籍,特別是有圖和說明的書籍,以資廣泛而有效地幫助農、林、牧、園藝幹部與科學教育工作者和學生們參考學習。像這一類的書籍已經出版者,主要的有陳嶸的「中國樹木分類學」,賈祖彰的「植物圖鑒」,胡先驌的「經

濟植物學」，崔友文的「華北經濟植物誌要」等等，這些書的內容，有的偏於記載一地區的植物，有的只限於記載木本植物，有的夾著不少日本土產植物，有的沒有圖，而且它們所收羅的植物種數都非常有限，遠不夠今天的要求。為了適應這個迫切的新的要求起見，緊跟著「中國植物科屬檢索表」的編纂之後，並在全國植物分類工作者分工合作的有利條件下，我們就決定著手編纂一部「中國主要植物圖說」。全書將包括全國各地各科屬的主要植物共達五、六千種，約占祖國所有的種子植物種數五分之一到四分之一，基本上是準備每一種植物有說明，並各有一幅圖，計劃在五、六年的期間把全書完成。

我們一開始就編纂豆科植物圖說，其理由是：這一科植物與農、林、牧、園藝等的關係更加密切；為了在我國建立草田耕作制，為了水土保持和牧草栽培，豆科植物是主要材料之一，其他如食用植物，蜜源植物、除蟲植物、藥用植物和工業原料植物等，也都離不了豆科植物。

這一工作是在 1953 年開始的，準備在當年年底完成，後來因為所內外若干同志為工作計劃之外的臨時任務或工作所牽，使他們分不出時間來參加這一工作，以致本書只能完成 70～80%，其餘的 20～30%，延至 1954 年第一季度才完成，又由於需要新繪的圖很多，而繪圖的人力又有限，繪圖工做到 1954 年 6 月底才完成。

2. **參加工作者**　在參加本圖說編纂工作者中，院外的只孫醒東同志一人，他是保定河北農學院教授，所外的只侯寬昭同志，他是本院華南植物研究所研究員，其餘都是北京本所工作同志。因此，趁本書出版之日，特要求全國各植物分類專家踴躍參加這一工作，參加的人愈多，離全圖說完成的日期就愈早。

下面所列舉的姓名是參加工作的主要人員（依姓名筆劃多少排列），共 21 位，姓名右上角有*符號的係繪圖人員。

王文采、匡可任、朱蘊芳*、汪發纘、吳征鎰、胡先驌、侯寬昭、唐進、孫醒東、黃成就、張榮厚*、張肇騫、崔鴻賓、馮晉庸*、傅書遐、楊漢碧、劉瑛、劉春榮*、蔣杏牆*、鄭斯緒、戴倫凱。

3. **內容**　本書共收錄七百九十一種和變種豆科植物，包括栽培的，野生的和有經濟價值的種類，分隸一百二十屬。書中有科、亞科、屬、種和變種的記載，並有分亞科、分屬和分種檢索表，每一種豆科植物，除有記載外，基本上各有一幅圖以資對照，一共有七百零四幅圖。

4. **排列系統**　豆科下分三個亞科，各亞科及其下之各屬悉按達拉・陶瑞和哈姆斯：「依據恩格勒系統的有花粉管植物屬名冊」（C. G. de Dalla Torreet H. Harms, "Genera Siphonogamarum ad Systema Englerianum Conscripta, 1900～1907"）先後排列。至各植物種的先後次序，為簡易方便起見，差不多全是人為的，並沒有表現種間親緣關係的意圖。

5. **參考文獻**　參考圖書十分廣泛，在工作中，凡能接觸到的，大都予以利用。就中最主要者，中文的如陳嶸的「中國樹木分類學」，西文的如「蘇聯植物誌」，「印度植物誌」和「印度支那植物誌」各書的豆科部分，以及恩格勒的「植物科誌」的豆科部分，其他參考書籍還很多，不能一一備舉，因而從略。

6. **插圖**　本書所載插圖計有自繪的、轉載他書的和翻印照片的三大類。自繪的圖共 368 幅，就中極少數是摘抄他書的，其餘都是極據研究過的植物標本新繪的。轉載他書的共 294 幅圖，採用了 49 種圖書，大大小小達 92 本。翻印照片的共 42 幅，幾乎全是根據秦仁昌先生從國外標本室照回來的植物標本照片。

7. **標本**　本圖說絕大部分植物種的記載是根據本所所收藏的植物標本寫的，只紅豆屬是侯寬昭同志根據本院華南植物研究所材料寫的，因此，參考標本有限，沒有彙集全國各地各標本室的植物標本作一周詳全面的研究和整理，這是工作中一個很大的缺點。

8. **名稱**　每一種豆科植物都各有漢名和拉丁學名。漢名部分有的是利用本所數據室歷年收集的數據，有的是幾年來本所派赴各地的植物調查隊所採訪來的民間流傳的俗名，如再遇沒有名字的，就由各著者按植物特性、拉丁文意義或植物產地編譯一個新名。如遇一植物不只一個漢名，而有兩個或幾個漢名，就選用一個通用的為正名，用黑體字，其餘的作為別名，列在正名的後面，用普通字體。

這裡的缺憾是，有些植物是西藏、內蒙、新疆等地都有的，卻沒有各自的土名，而事實上，並不是這些植物沒有土名，而是我們過去沒有重視搜集少數民族語言的植物土名。希望以後在這些地區工作的同志們多多幫助收集少數民族的植物土名，既豐富本書的內容，也可推廣本書的流傳。拉丁學名在漢名下面，用正楷黑體字，常見的和必要的拉丁異名跟在後面，用斜體字。

9. **說明** 科、屬、種的形態說明所用名詞儘量根據中國科學院編譯局編訂的「種子植物形態學名詞」。

由於我們是初次集體編纂圖說，沒有經驗，所以各植物說明有短有長，有詳有簡，形式至不一律，描述的技術水平也不一致，因而有參差不齊的缺點。

說明中用的度量名詞是依照本院規定而採用米（m）、釐米（cm）和毫米（mm）。

10. **分布地區** 地區分布有國內和國外之分；國內地區是根據植物標本記載的，占大多數，也有參考文獻和數據而加入的，占極少數；國外地區幾乎全是參考各書記載的。

11. **經濟用途** 在各參考書中如記載有經濟用途而又為我們接觸到的，悉予收入，並給以說明。為了儘量介紹豆科植物的經濟用途，在本稿排印以前，再由本所資料室馬仕偉同志把他在這幾年來所收集的資源植物資料中有關於豆科的作了一個總增添。同其他各科植物一樣，豆科植物資源是很豐富的，所以一定有不少植物種的用途仍為我們收羅所不及，也一定還有不少豆科植物出現它們的新用途。今後，我們還應不斷注意這方面的搜集，並希望讀者隨時供給我們以寶貴的賣料。

12. **總結** 上面已經說過，我們是初次編纂「中國主要植物圖說」，沒有經驗，在編纂過程中，幾乎是各搞各的，沒有集會過一次來交流工作經驗，取長補短，改進工作，統一工作方式，而使大家有一個都能同意的圖說規格。就整個工作說來，自始至終都是匆匆忙忙，趕任務，所以本書內容遺漏錯誤的地方必定很多。我們自己要詳細的檢查，尤盼望各方面的讀者在參考本書時，如有寶貴意見或發現有錯誤，或在工作中遇有新增資料，統請通知我們。來信請

徑寄本所唐進、汪發纘收，以便隨時集中整理，而在再版時予以有系統的修正。

　　茲謹向所有與植物資源調查研究直接或間接有關而又熱心於本書的同志們，表示熱誠的歡迎，並預致衷心的謝意。

　　是年，《中國崖豆藤屬六新種》文章在《植物分類學報》雜誌（第 3 卷第 3 期，第 355～359 頁）發表。摘錄如下：

鎮康崖豆藤 Milletia chenkangensis，新種

　　雲南南部：鎮康縣，海拔 1000 米，荒地，花紫紅色，常見，王啟無 72795 號（模式標本），1936 年 3 月；佛海縣，海拔 1000 米，在樹林中，木本植物，高 5 尺，花淡紅色，王啟無 74778 號，1946 年 6 月。

　　此種的特性為小葉小，多數；圓錐花序總狀，有生 1～4 花無柄的節與生 3～5 花的小枝；苞片與小苞片不脫落，刺毛狀，花柄毛細管狀；旗瓣無胼胝無耳，外面密生細毛；子房無柄，有 6 個胚珠。此種似與 Milletia Bran Kurz 有密切關係，不同處為小葉只有 5～6 對側脈，紫紅色花瓣，與同時有生 1～4 花的無柄的生花節與生 3～5 花的生花的小枝。

貴州崖豆藤 Milletia Kueichouensis，新種

　　貴州：楓香溪，鍾補勤第 749 號（模式標本），1928 年 6 月 10 日。

　　此種與海南崖豆藤 Milletia pachyloba Drake 有密切關係，不同處在其 2 對小葉，紫色花與其特別短而小的翼瓣。

順寧崖豆藤 Milletia shuningensis，新種

　　雲南：順寧，海拔 1000 米，在叢薄中，攀援灌木，花淡紅色，常見，俞德濬 16297 號（模式標本），1938 年 6 月 16 日。

　　此種與貴州崖豆藤 Milletia kweichouensis Hu 有密切關係，不同處在其較窄的圓錐花序有較短的生花枝，與其淡紅色花，與其無胼胝的旗瓣，與其較小的小葉。其與海南崖豆藤 M. pachyloba Drake 不同處在其較短的圓錐花序有較短的生花枝，與其淡紅色花有無胼胝的旗瓣與其較小的小葉。

菖蒲桶崖豆藤 Milletia champutongensis，新種

雲南西北部：菖蒲桶東南部，海拔 1800 米，攀援灌木，花深紫色，花瓣背面有絲狀毛，習見，俞德濬 19128 號（模式標本），1938年 7 月 2 日。

此種與順寧崖豆藤 Milletia shunningensis Hu 有密切關係，但不同處在其較闊的圓錐花序有較長的生花枝，與其較大的暗紫色花具有二胼胝在其旗瓣的中部，與其較小的葉。

鈍葉崖豆藤 Milletia obtusifoliolata，新種

雲南：打拉立，蘇打橋，江邊，海拔 1700 米，雜木林中，藤本，花紫色，習見，俞德濬 22043 號（模式標本），1938 年 6 月 25 日。

此種與貴州崖豆藤 Milletia kueichouensis Hu 一群的區別處在其頂端鈍的矩圓小葉。

富寧崖豆藤 Milletia fooningensis，新種

雲南東南部：富寧，海拔 550 米，有石岩的河岸，攀援灌木，葉下面淡綠色，花深青蓮紫色，稀見，王啟無 88378 號（模式標本），1940 年 4 月 11 日。

此種與所有其他中國種不同處在其甚大的花與其厚矩圓小葉。

〔註 2396〕

是年，王景祥與胡先驌交往回憶。

1955 年，當我在浙江省西部山區採到一種開紅花結大果的油茶新物種時，難以鑑別。該植物種子經浙江衢州油脂公司取樣榨油分析後，其油質與普通油茶相同甚至更優，含油率也更高，其花大豔麗，無疑是一種經濟價值高又可供觀賞的優良樹種，完全可以開發利用。我把採到的標本和調查資料所得，一方面寄給當時在中央林業研究所的林剛教授，因為他是搞經濟林的專家，請他研究是對口的；另一方面，我也把同樣採得的標本和調查記錄寄給胡校長，因為他當時在中科院北京植物研究所工作，正著手整理研究中國山茶科植物，請他作分類上的鑒定也是完全對口的。孰料我寄給林剛教

〔註 2396〕張大為、胡德熙、胡德焜合編《胡先驌文存》（下卷），中正大學校友會出版發行，1996 年 5 月，第 437～442 頁。

授的標本最後還是轉到胡校長那裏，兩份材料全部集中他一處，那時我寄去的是花標本，果標本待採。1956 年，當我調至浙南工作後，在麗水山區我同樣也採到了這種開紅花的油茶物種，除採了花標本，繼又採到了果標本，我把調查採集所得同樣補寄給胡校長，此時，他已無疑地肯定了這是一種從未發表過的新種植物，感到十分高興。因為他認為：中國的山茶科植物主要分布於中南部至西南部一帶，而今居然在東南沿海的浙江也產有如此經濟價值高且花大豔麗的油茶新物種，怎不令人鼓舞！從此，我們之間的聯繫就頻繁起來了。至 60 年代初，在對這種油茶物種的分類地位已充分肯定的前提下，他寫信告訴我，要派畫師專程來麗水繪製此油茶物種彩色圖，在我精心安排下，於 1963 年春順利地完成了此項任務，當畫師攜歸彩圖展現在他眼前時，他是感到何等的高興，來信表示道謝並祝賀。他同時把以上情況告訴了張肇騫、陳封懷二位老師，以示他通過師生合作途徑取得如此成功而感到欣慰和光榮。研究報告一直推遲到 1965 年 4 月才正式發表，題為《中國山茶屬與連蕊屬新種與新變種（一）》，該文為首介紹的就是這種山茶科植物，定名為浙江紅花油茶 Camellia chekiangoleosa，兩張彩圖（另一張為博白大採油茶）刊於文後，這是《植物分類學報》自創刊至今獨有的兩張彩圖，可見該學報對此篇論文之重視，非同一般，可惜的是這篇論文卻成了胡校長一生中最後發表的兩篇論文之一。第二年（1966），「文化大革命」開始，他首當其衝，慘遭迫害，以後就再也沒有看到他在分類學報上發表文章了，他的山茶科研究工作被迫中斷了，至今他那寄來的單印本山茶科論文我還保存著，其首頁右上方他親筆寫的「景祥同志惠存，胡先驌贈，1965 年 5 月 13 日」兩行鋼筆字依舊赫然在目，但是，見物不見人了。

　　胡校長對培養人是不遺餘力的。自我於 1955 年發現浙江紅花油茶提供給他研究素材以後，他發現我這個人還不錯，可以培養為植物分類學的接班人。大概是 1956～1957 年期間吧，當時全國部分重點科研單位和大學招收副博士研究生，中科院已批准給胡校長一名招生名額時，他主動來信叫我去應考，寄來了他的著作《植物分類

學簡編》，囑我細細閱讀，也指點了其他考試課目應如何去準備。那時，我的心情是複雜的，因為自己年齡已三十有餘，有一妻三子女的拖累，工作單位經商量後也不予輕放，我就在那種喜憂交錯的矛盾心態中，難以解脫，從而喪失了進取的良機，現在回想起來，還是一樁憾事！

胡校長早在本世紀初就曾專程來過浙江，進行標本採集，從他的詩集中可以發現他的足跡幾乎已遍歷了半個浙江，到過天目、天台、南北雁蕩（平陽、樂清）、建德、小九華（衢州）、江郎山、仙霞嶺（江山）、麗水、松陽、龍泉、遂昌等地，他給我的來信中也曾談到這樁往事。總之，他對浙江省是懷有感情的。他認為浙江省地理環境優越，植物資源豐富，很有必要在植物資源方面作一番全面深入的調查。他對我寄予厚望，希望我能夠團結組織一些人，把這個擔子挑起來。1961年，他來信向我提出，可否以你我雙方工作單位名義簽訂「浙江植物調查採集」的合同，中科院北京植物研究所一方出資，提供必要的技術指導；我方出力量，深入各地調查採集，所得標本和資料分存兩個單位，共同研究。我方經與學校商量後，同意簽訂合同。1962年工作開始了，進行了兩年多。就難以堅持下去了，主要是因為我方力量單薄，人手少，學校課務重，不可能擠出更多的時間下去調查採集；其次，是因為經歷了三年自然災害以後，人的體力都很差，我曾得了浮腫病，難以勝任經常性的跋山涉水工作，工作就這樣無形中停了下來。可以告慰的是，胡校長生前的一片良好願望現在都已經實現了。通過近十餘年來，在省級有關部門的領導和支持下，發動並組織了全省的植物資源調查和分類研究方面的骨幹力量，在基本摸清浙江省植物區系內容的前提下，分工合作，編著完成了《浙江植物誌》這部具有歷史里程碑意義，擁有數百萬字的科學巨著，並已通過鑒定，專家們普遍認為，這是一部「內容十分豐富，學術水平很高的志書，堪為科學著作中的上乘之作」。〔註2397〕

〔註2397〕王景祥著《憶故人、思校長》。胡啟鵬主編《撫今追昔話春秋——胡先驌學術人生》，北京燕山出版社，2011年4月版，第310～312頁。